Formar docentes para la equidad
II

Adriana Casamajor, Inés Dussel, Nancy Montes,
Paula Pogré, Cecilia Rodríguez, Cecilia Ros
(Coordinadoras)

Formar docentes para la equidad II

Formar docentes para la equidad II / coordinado por Adriana Casamajor; Inés Dussel ; Nancy Montes. -1a ed. - Buenos Aires : Teseo; PROPONE, 2010.
    334 p. ; 20x13 cm. - (Educación)

    ISBN 978-987-1354-75-7

    1. Formación Docente. I. Casamajor, Adriana, coord. II. Dussel, Inés, coord. III. Montes, Nancy, coord.
      CDD 371.1

© PROPONE, 2010

© Editorial Teseo, 2010
Buenos Aires, Argentina

ISBN 978-987-1354-75-7
Editorial Teseo

Hecho el depósito que previene la ley 11.723

Para sugerencias o comentarios acerca del contenido de esta obra, escríbanos a: **info@editorialteseo.com**

www.editorialteseo.com

ÍNDICE

Agradecimientos 11

Introducción 13

Acceso y permanencia

Una mirada a las representaciones que tienen los alumnos y docentes sobre los factores que inciden en la permanencia de los alumnos en el ISFD Dr. Carlos María Carena
Silvia Inés Villarreal
Stella Marys Tello
María Alejandra Cortez
(Instituto Superior Dr. Carlos María Carena) 21

La inclusión en el Nivel Superior a través del Programa Nacional de Becas
Estela Iris Butel Pantazzis
Margarita Raquel Cano
María Cristina Córdoba
Luciana María Martínez
(Instituto Superior de Formación Docente
Profesor Alberto G. Cavero, Chilecito,
Provincia de La Rioja) 41

La importancia del acompañamiento pedagógico
María Carolina Barrionuevo
Patricia Elizabeth Fernández
Marco Antonio Ferrau
(Instituto Superior de Formación Docente
de Nivel Terciario Padre Dante Darío Celli, Chaco) 67

La inclusión educativa y el acceso al conocimiento en los ISFD: ¿utopía o desafío? Una aproximación a las condiciones de acceso y permanencia en un instituto de formación docente
Daniel Alejandro Mazzola
María Concepción Mirada
María Estela Moyano
Asesora: Mónica Maldonado
(Escuela Normal Superior Dr. Agustín Garzón
Agulla, ciudad de Córdoba) 93

Tendiendo puentes entre pares. Las ayudantías de cátedra como estrategia para facilitar el acceso, permanencia y promoción de los estudiantes del Profesorado de Matemática
Silvana Favre
Mirta Germanier
Nancy Favre
Carina Garnier
(Escuela Normal Superior de Villa Elisa, Entre Ríos) 129

DISPOSITIVOS DE ENSEÑANZA

Alcances de la tutoría académica en la formación docente
Blanca Nely Barrionuevo
Sara Lía Díaz
Patricia Lidia Villafañe
(Instituto Superior de Formación Docente
Aguilares, Tucumán) 149

La alfabetización académica en la formación docente y las condiciones de equidad en el acceso al conocimiento
Ana María Papes
Andrea Raquel Castromán
Silvia Julia Martinelli
(Instituto de Formación Docente Escuela Normal Superior Olegario Víctor Andrade, Gualeguaychú, Provincia de Entre Ríos) 177

Nuevas modalidades de enseñanza que posibilitan el acceso al conocimiento con calidad y equidad en la Educación Superior
Nélida Beatriz Gelroth
Elena Mariel Pacheco
María Cristina Villata
(Instituto Superior de Formación Docente n° 807 Perito Moreno, Chubut) 211

Atendiendo a la inclusión: estrategias de intervención en la formación docente inicial
Susana Díaz Amodey
Alicia Paugest
Aldo Villanueva
Co-responsables: Claudia Gocek, Luisa Moglia, Lilian Pereyra, Sandra Seitune, Patricia Todero
(Instituto de Formación Docente de San Antonio Oeste, Islas Malvinas y Alemandri, San Antonio Oeste, Río Negro [8520]) 261

Implementación de mapas conceptuales como estrategia de aprendizaje en el primer año del profesorado de la carrera de EGB 1 y 2 de la Escuela Normal Superior Florentino Ameghino
Ana María Aragón
Graciela del Valle Giménez
Rita Elena Villafañe Almonte
(Escuela Normal Superior Florentino
Ameghino, Tucumán)..291

El impacto de la primera instancia de evaluación en la permanencia de los alumnos de primer año del profesorado de educación especial del Instituto de Nivel Terciario de Villa Ángela
Andrea Fabiana Bilán
Silvia María Cristina Leite
Rita Graciela Squarzon
(Instituto de Nivel Terciario de Villa Ángela,
Rivadavia y Los Andes, Villa Ángela, Provincia
del Chaco) 311

AGRADECIMIENTOS

El trabajo que aquí se presenta fue posible gracias a la acción conjunta de la red PROPONE, integrada en la Argentina por la Universidad Nacional de General Sarmiento y la Facultad Latinoamericana de Ciencias Sociales, con el apoyo de la Fundación Ford y el Instituto Nacional de Formación Docente.

La Fundación Arcor apuntaló y acompañó la tarea e hizo posible esta publicación.

Introducción

Quienes participamos del proyecto de "Construcción conjunta de indicadores de equidad en el acceso al conocimiento en los Institutos Superiores de Formación Docente" partimos de la idea de que la formación docente tiene hoy el compromiso de delinear caminos y alternativas para que los niños y jóvenes encuentren, en su pasaje por el sistema educativo, las oportunidades de concretar sus derechos educativos.

Estos derechos son posibles cuando las políticas y los actores son capaces de promover la igualdad, resguardando la diversidad; pero también acompañando esta convicción profundamente política con capacidad técnica para proponer respuestas adecuadas, que orienten el trabajo de las instituciones y los docentes preocupados por comprender los problemas con los cuales diariamente se enfrentan en sus aulas.

Para que las diferencias no convaliden las desigualdades, la formación docente inicial y continua debe actualizar su agenda incluyendo oportunidades para que los futuros docentes puedan tomar debida cuenta de los procesos de inclusión y exclusión, no solamente desde la discusión teórica y conceptual, sino también desde la reflexión sobre las prácticas que propongan una mirada sobre los problemas educativos desde perspectivas que excedan lo individual y transformen el ideal de la inclusión en un compromiso de todos. Se trata de crear espacios donde se entrelacen nuevas y viejas preguntas, dilemas clásicos de la enseñanza y se analicen formas nuevas de vulnerabilidad y exclusión que comprometen no solamente a los jóvenes sino también a los adultos responsables de la formación.

Generar una instancia para la investigación y para la acción sostenida desde los Institutos Superiores de Formación Docente (ISFD) constituye una apuesta a que la producción de conocimiento por parte de los actores directamente comprometidos en la formación permita visualizar, iluminar y poner en discusión nuevas alternativas.

En nuestro país existe, por un lado, una gran cantidad de indicadores cuantitativos que muestran los procesos de exclusión, y por otro, sólo algunos indicadores cualitativos que muestran aspectos del modo en que funcionan los pares equidad / inequidad, inclusión / exclusión. Así, al profundizar en la construcción de indicadores de equidad en los procesos pedagógicos se busca contribuir al desafío político de que la escuela se constituya en actor promotor de la equidad.

La apuesta es apoyar las acciones de los diversos actores educativos que diariamente desarrollan iniciativas que amplían condiciones de equidad, produciendo información en torno a dichos procesos. Avanzar en la equidad educativa de los sistemas no sólo requiere actuar sobre indicadores estructurales y de nivel macro, sino también hacer visibles estrategias que contribuyen a disminuir la inequidad que ocurre cotidianamente en las instituciones educativas y sus aulas, reflexionar sobre ellas y difundirlas.

La construcción de indicadores se apoya en el supuesto de que, para lograr mejores resultados en la calidad y equidad de la educación, es necesario modificar prácticas al mismo tiempo que actuar sobre las interpretaciones, los conocimientos y las representaciones que tienen los actores involucrados.

Dentro de este marco, y teniendo como objetivo la elaboración y validación de indicadores de equidad en los procesos pedagógicos, el proyecto de "Construcción conjunta de indicadores de equidad en el acceso al conocimiento en los Institutos Superiores de Formación Docente" se propuso contribuir a generar conocimiento sobre formas y contenidos de la formación docente y su relación con el avance de la equidad.

El recorte del problema estuvo orientado por las siguientes decisiones:

- *Tomar como nivel de análisis la institución*: el foco está puesto sobre las iniciativas institucionales, sus prácticas y los resultados reconocidos por diversos actores, diferenciando dentro de las mismas: 1) estrategias vinculadas al ingreso y la permanencia en la formación docente; 2) formas de apoyo a los procesos de aprendizaje de los estudiantes; y 3) condiciones del liderazgo pedagógico que favorecen la equidad.
- *Analizar dispositivos y/o prácticas promotoras de equidad*: el peso está puesto sobre lo que se hace y no sobre lo que falta.
- *Incorporar las perspectivas de los diferentes actores institucionales* sobre los procesos de inclusión / exclusión y sobre las acciones que se desarrollan en torno de los mismos.
- *Construir indicadores de procesos*: es decir, describir procesos (en el marco de resultados reconocidos por las instituciones), desde una perspectiva cualitativa y en profundidad.

El *objetivo general* que orientó la investigación fue el de identificar indicadores para valorar la equidad en el acceso al conocimiento en los ISFD. Para llevar adelante este trabajo se construyeron tres ejes de indagación:

- *Acceso y permanencia*: a partir de este eje se buscó indagar acerca de prácticas, experiencias o dispositivos de acompañamiento a estudiantes y docentes que favorecen el acceso y la permanencia de los mismos en las instituciones.
- *Dispositivos de enseñanza*: a partir de este eje se buscó indagar las estrategias para atender institucionalmente las diversas condiciones socioculturales de los estudiantes. Se consideraron particularmente aquellas estrategias que atienden a los tiempos y modalidades de cursada y la calidad de los procesos educativos.
- *Conducción y liderazgo*: a partir de este eje se buscó indagar acerca de la labor pedagógica del equipo directivo y su vínculo con los docentes, los estudiantes y la comunidad en pro de la equidad. Particularmente, se pretendió focalizar en las capacidades de organización y conducción pedagógica de quienes las dirigen en relación con el aprendizaje de los estudiantes como eje principal y la supervisión y apoyo sobre las prácticas como la condición indispensable para lograrlo.

Estas decisiones conceptuales fueron sometidas a la discusión en dos oportunidades, una con especialistas en investigación educativa y otra con especialistas en formación docente. Una vez validados estos ejes se realizó la convocatoria a los directores de educación superior de todas las provincias del país y se decidió conjuntamente avanzar en el trabajo con siete provincias: Chaco, Córdoba, Chubut, Entre Ríos, La Rioja, Río Negro y Tucumán.

Formaron parte de este colectivo once ISFD. Ellos, junto con los trabajos que aquí se presentan, son: el Instituto Superior Dr. Carlos María Carena de Mina Clavero, Córdoba, "Una mirada a las representaciones que tienen los alumnos y los docentes sobre los factores que inciden en la permanencia de los alumnos en el ISFD Dr. Carlos María Carena";

la Escuela Normal Superior Dr. Agustín Garzón Agulla de la ciudad de Córdoba, "La inclusión educativa y el acceso al conocimiento en los ISFD: ¿utopía o desafío? Una aproximación a las condiciones de acceso y permanencia en un instituto de formación docente"; el Instituto Superior de Formación Docente Padre Dante Darío Celli de Chaco, "La importancia del acompañamiento pedagógico"; el Instituto de nivel terciario de Villa Ángela de Chaco, "El impacto de la primera instancia de evaluación en la permanencia de los alumnos de primer año del profesorado de educación especial"; el Instituto de Formación Docente Escuela Normal Superior Olegario Víctor Andrade de Gualeguaychú, Entre Ríos, "La alfabetización académica en la formación docente y las condiciones de equidad en el acceso al conocimiento"; la Escuela Normal Superior de Villa Elisa, Entre Ríos, "Tendiendo puentes entre pares. Las ayudantías de cátedra como estrategia para facilitar el acceso, permanencia y promoción de los estudiantes del profesorado de matemática"; el Instituto Superior de Formación Docente nº 807 Perito Moreno de Chubut, "Nuevas modalidades de enseñanza que posibilitan el acceso al conocimiento con calidad y equidad en la educación superior"; el Instituto de Formación Docente de San Antonio Oeste, Río Negro, "Atendiendo a la inclusión: estrategias de intervención en la formación docente inicial"; la Escuela Normal Superior Florentino Ameghino de Tucumán, "Implementación de mapas conceptuales como estrategias de aprendizaje en el primer año del profesorado de la carrera de EGB 1 y 2"; el Instituto Superior de Formación Docente Aguilares de Tucumán, "Alcances de la Tutoría Académica en la Formación Docente"; y el Instituto Superior de Formación Docente Profesor Alberto G. Cavero de Chilecito, La Rioja, "La inclusión en el nivel superior a través del programa nacional de becas".

En cada uno de estos institutos se diseñó e implementó un estudio que indagó procesos de equidad en la formación docente. Los institutos convocados contaron con recursos adicionales para llevar adelante estos proyectos. Todo este proceso fue acompañado por dos dispositivos: 1) tres seminarios-talleres realizados en la ciudad de Buenos Aires de dos jornadas de duración cada uno, y 2) un sostenido intercambio vía correo electrónico entre especialistas y los equipos de investigación.

Previo a esta publicación, y como cierre del proyecto, se realizó en febrero de 2009 en la Universidad Nacional de General Sarmiento el Segundo Seminario Nacional "Formar docentes para la equidad. Construcción de indicadores de equidad en el acceso al conocimiento en el nivel de la formación docente", en el cual, luego de la disertación de especialistas, los docentes presentaron y sometieron a discusión sus trabajos.

Los artículos que a continuación se presentan son el fruto del trabajo, que en un período limitado de seis meses, docentes de ISFD de trayectorias investigativas muy disímiles (para muchos de ellos este ha sido su primer acercamiento a la investigación) lograron producir.

Queremos destacar que en este proceso todos pudieron identificar un problema sobre el cual desarrollar un trabajo de producción sistemática y reflexiva de conocimiento, poner en relación qué y cómo investigar y diseñar un proyecto de investigación, y producir y analizar información y comunicar los resultados.

La experiencia les permitió trabajar entre pares reflexionando sobre las prácticas institucionales, consensuar maneras de abordar estas problemáticas, y construir herramientas de observación y análisis que sin duda trascenderán este esfuerzo.

ACCESO Y PERMANENCIA

Una mirada a las representaciones que tienen los alumnos y docentes sobre los factores que incidEn en la permanencia de los alumnos en el ISFD Dr. Carlos María Carena

Silvia Inés Villarreal[1]
Stella Marys Tello[2]
María Alejandra Cortez[3]
(Instituto Superior Dr. Carlos María Carena[4])

Introducción

La temática que nos preocupa y que actuó como eje motivador para la realización de este proyecto de investigación, tiene que ver con la permanencia de los alumnos de nivel superior en el Instituto Dr. Carlos María Carena de Mina Clavero, Córdoba.

La realidad misma, sujeta a cambios continuos y veloces, nos obliga a provocar una ruptura que genere nuevas relaciones entre condiciones educativas de los alumnos del ISFD y su permanencia en él. Sin bien no es una problemática particular de la institución, ya que es común en todos los niveles, requiere un tratamiento particular en cada caso.

---

[1] silvilla48@hotmail.com
[2] recaldetello@vdolores.com.ar
[3] alecortez@hotmail.com
[4] Av. San Martín 1545-5889, Mina Clavero, Provincia de Córdoba. Teléfonos: 03544-476274 / 03544-15468008. Año 2009

Nos encontramos, entonces, con la necesidad de conocer, de construir conocimientos sobre esta zona y esta realidad que nos toca vivenciar junto a nuestros alumnos. Una realidad de la que somos partícipes, que nos pone a prueba constantemente, y sobre la cual debemos trabajar para poner en juego la posibilidad de cambio y poder intervenir reforzando estrategias promotoras de la equidad vinculadas a la permanencia y promoción en la formación docente.

La problemática es muy amplia y compleja, y en esta instancia nos abocamos a detectar los factores que inciden en la permanencia de los alumnos en el Instituto Superior Dr. Carlos María Carena desde la mirada de los actores. De esa multiplicidad indagamos sobre aquellos en los cuales podríamos tener injerencia, de manera que este proceso de investigación nos permitiera reflexionar y nos sirviera de marco de referencia para la toma de decisiones en relación con las estrategias propias de los alumnos y de los docentes.

Partimos del concepto de *estrategia* de Pierre Bourdieu, "como desarrollo activo de líneas objetivamente orientadas, que obedecen a regularidades y forman configuraciones coherentes y socialmente inteligibles, es decir comprensibles y explicables, habida cuenta de las condiciones sociales externas e incorporadas por quienes las producen."

El uso de estrategias de enseñanza lleva a considerar al agente que las utiliza, especialmente en el caso del docente, como un ente reflexivo, estratégico, que puede ser capaz de proponer lo que algunos autores han denominado con acierto una *enseñanza estratégica*.

Los dos tipos de estrategias –de enseñanza y de aprendizaje– se encuentran involucrados en la promoción de "aprendizajes significativos". Se debe considerar que la estrategia utilizada por los alumnos o por el agente de enseñanza deberá ser empleada como "procedimiento flexible, heurístico y adaptable dependiendo de los contextos de enseñanza, demandas o secuencias de enseñanza que se trate." (Díaz Barriga 1999).

Por ello nos centramos, por un lado, en las representaciones de los docentes sobre aprendizaje de calidad, es decir, la calidad de aprendizaje que sus alumnos creen que poseen, las dificultades que éstos tienen y las estrategias que aquellos ponen en juego para superarlas. Por otro lado, nos centramos también en las representaciones de los alumnos del ISFD, acerca de lo que imaginan que los profesores esperan de ellos para generar aprendizajes de calidad, sus dificultades y las estrategias propias y las que utilizan los docentes que les permitirían superar esas dificultades y que favorecerían su permanencia en él.

Consideramos que si conocemos los factores que inciden en la permanencia de los alumnos en el ISFD desde la mirada de los actores, podremos direccionar nuestras prácticas docentes para favorecer la misma en el Instituto. La concreción de este proyecto nos permitirá, entonces:

- Contribuir a la reflexión sobre nuestras prácticas institucionales.
- Aportar elementos para el mejoramiento de las estrategias de la equidad.
- Promover la permanencia de los alumnos en la carrera.

Todo proceso de reflexión implica indagación de la realidad institucional, el sentido de preguntar consiste precisamente en dejar al descubierto la posibilidad de discutir sobre el sentido de lo que se pregunta. Según Gadamer, el preguntar es también el arte de pensar. Podemos decir, interpretando el sentido de sus palabras, que "preguntar y pensar son dos procesos intelectuales inseparables; primero porque quien pregunta formaliza la búsqueda reflexiva del conocimiento; y segundo, porque si el hombre piensa y tiene conciencia de ello puede asimismo plantearse preguntas y posibles respuestas; a partir de este necesario enlace se producen nuevos conocimientos." (Zuleta Araujo 2002).

Así, preguntándoles a nuestros alumnos, preguntándonos a nosotras mismas y a nuestros colegas, podremos generar conocimiento que esperamos influya en nuestras prácticas, pues cuando se conoce, se piensa y se tiene conciencia de ello, no se puede permanecer indiferente si hay algo que nos interpela.

Metodología

Con el objeto de conocer los factores que inciden en la permanencia de los alumnos del ISFD desde la mirada de los actores, se tomaron como fuentes primarias a los alumnos y docentes del profesorado de primero y segundo ciclo de la Educación General Básica del ISFD Dr. Carlos María Carena.

Se realizaron encuestas a todos los alumnos y entrevistas sólo a quince, para indagar los factores que, desde su punto de vista, inciden sobre la permanencia de los alumnos en la carrera. Para ello analizamos sus opiniones sobre lo que creen que esperan los docentes de ellos, sus principales dificultades y las experiencias que facilitarían la superación de las mismas. Teniendo en cuenta las diferentes realidades contextuales, se trabajó con seis alumnos de procedencia rural y nueve de procedencia urbana.

Se indagó a toda la población, catorce docentes, mediante encuestas semiestructuradas y entrevistas. El análisis de los discursos fue cualitativo y sirvió de insumo para su posterior categorización. Las categorías no estaban previstas a la hora de elaborar el marco teórico, pues lo que se pretendía era provocar una ruptura que generara nuevas relaciones entre las *condiciones educativas de los alumnos del ISFD y su permanencia.*

Por otro lado cuantificamos los resultados de la encuestas a los alumnos sobre "experiencias significativas" para realizar posteriormente un análisis cuantitativo. Parte de la información obtenida fue organizada en gráficos y tablas con el objeto de comunicar, más fácilmente, el conocimiento.

Resultados

Lo que diferencia al hombre de los otros seres de la naturaleza, es según Samaja (1999) "su capacidad para generar y/o participar de tramas vinculares, transformando así el mundo externo y también a sí mismo." Esta trama vincular pasa a configurar una matriz de aprendizaje, un esquema básico de ser en el mundo, de relacionarse con las cosas, de relacionarse con los demás, de aprender nuevas situaciones en la vida y modificarlas, de aprender conocimientos.

Como ISFD nuestra función se basa en la enseñanza, que pretendemos produzca aprendizajes de calidad. En este recorrido nos enfrentamos con una creciente problemática: la deserción. Sabemos que los factores que inciden en la deserción son vastos y complejos, e imbricados en una red difícil de desentrañar, que tienen que ver con lo social, lo cultural, lo económico, lo geográfico, lo familiar, lo personal, lo institucional...

Para abordar esta problemática indagamos las representaciones de alumnos y docentes sobre los factores que hacen a la permanencia de los alumnos en el ISFD, en los que podemos tener injerencia, y así recuperarlos, potenciarlos y replicarlos.

Aprendizaje de calidad

Mirada de los alumnos

Se pretendió recuperar experiencias que tuvieran relación con su tarea cognitiva como consecuencia de experiencias previas, imágenes, conceptos y algunas relaciones, es decir, las correspondientes representaciones mentales que tienen los alumnos de su propio aprendizaje. Desde esa mirada, la construcción de aprendizajes de calidad depende mucho de lo personal, especialmente en los primeros años del cursado, en relación con los hábitos y tiempos dedicados al estudio, a su organización personal, a poder expresarse en forma oral y escrita.

> "Necesito organizar mis ideas luego de leer un texto."
> "Necesito mejorar mis orales y escritos."
> "Me gusta que se mantenga la puesta en común de los temas tratados porque me ayudan a superar mis debilidades."

Por otro lado, la postura de los alumnos que cursan el segundo o el tercer año vincula la calidad de aprendizaje con la posibilidad de transferir sus conocimientos a la práctica docente. Consideran como elementos necesarios para la construcción de aprendizajes de calidad: el aprendizaje de estrategias de enseñanza, el uso de recursos, la comunicación, la cantidad de experiencias áulicas y la reflexión sobre la práctica que les ayude en la toma de decisiones frente a un problema.

> "Ver más la realidad, tener contacto con los chicos, yo siempre busco información extra pero el contacto es el verdadero aprendizaje."
> "Más comunicación, más práctica, ir a las escuelas. Ver si tenés un problema cómo solucionarlo".

Desde esta concepción de aprendizaje de calidad, los alumnos consideran que sus profesores tienen expectativas tanto en referencia a los aspectos actitudinales (destacándose la predisposición para aprender y la responsabilidad con la construcción de su propio conocimiento) como a lo procedimental (destacándose el desarrollo de competencias para transmitir y transferir la teoría a la práctica).

Mirada de los docentes

Subyace en los discursos de la mayoría de los docentes que el alumno es el único responsable de un aprendizaje de calidad.

"Deben poseer base de conocimientos, predisposición para incorporar conocimientos nuevos, voluntad para la investigación."
"Tienen que proponerse la excelencia, tener ganas de ser excelentes, sumado a eso lo fundamental es la actitud, responsables y comprometidos al 100% con lo que van a hacer."
"Que el alumno sea el responsable de su propio conocimiento."

Sólo algunos docentes expresan en sus respuestas que ellos y la institución pueden ser elementos clave que ayuden a los alumnos a construir aprendizaje de calidad, haciendo hincapié en la "capacitación docente", "en la gestión curricular", "en las relaciones de la institución con el contexto y otras instituciones" y "la participación en talleres articulados con espacios curriculares".

Ante la pregunta realizada en las entrevistas en relación con los saberes, competencias y habilidades que creían que deberían tener los estudiantes al ingresar para poder cursar su carrera, respondieron con un gran abanico de competencias, habilidades y contenidos, como por ejemplo: "Conocimientos básicos", "buena dicción y redacción", "cultura general", "habilidades como la argumentación y fundamentación", "manejo de técnicas de estudio", y actitudes vinculadas con la "responsabilidad", "perseverancia", y "voluntad y adultez".

Dificultades que se presentan más frecuentemente en el aprendizaje

Mirada de los alumnos

En una primera lectura se manifiestan dificultades diversas:

"Me cuesta expresarme, me genera una situación de tensión, no los contenidos sino cómo hablar."
"No puedo seguir el ritmo."
"No tuve ninguna dificultad."
"No tenía dificultades, ya que había cursado estudios universitarios."
"Falta de autoestima, de seguridad. En el secundario hay discriminación, te hacen sentir distinta y yo que siento esto, peor."
"Yo tengo que terminar aunque me venga a dedo (lo he hecho), tener el objetivo y no bajar los brazos, cuando decaigo miro a mi hija."

En el marco de estas respuestas de nuestros alumnos y en relación directa con el tema que nos ocupa –la permanencia en el ISFD–, se han identificado cuatro categorías en base a las imágenes sobre dichas dificultades: factores sociales, personales, académicos y organizacionales.

- Factores sociales externos a la institución y que condicionan el aprendizaje: trabajo, condiciones económicas, de distancia, etc.
- Personales: baja autoestima, timidez, falta de carácter, escasos conocimientos previos y competencias ideológicas y/o culturales.
- Académicos, que implican las competencias que deben poner en juego en las situaciones de aprendizaje. Éstas se centran en la comprensión y producción oral y escrita: argumentación, redacción, elaboración y comunicación de ideas, utilización de vocabulario específico, participación en clase; dificultades que inciden directamente en la práctica profesionalizante, es decir, en la planificación y puesta en marcha de proyectos.
- Organizacionales: organización curricular en relación con la distribución de contenidos, lo administrativo (régimen de faltas, evaluación, ingreso).

En una lectura más profunda, y teniendo en cuenta que hicimos recorte de los diversos alumnos posibles –rural y urbano–, se observa que presentan dificultad en la producción y comprensión de textos; en los primeros se agudiza ya que inciden los factores personales: "Es muy difícil no poder comunicarse, es feo no poder decir, sentirse nerviosa." "Me cuesta expresarme con algunos profesores que tienen carácter fuerte y me inhiben."

El alumno de la zona urbana, en sus respuestas expresa no tener dificultades en la comprensión de textos simples; los textos más profundos le cuestan por el vocabulario específico. No tiene mayores inhibiciones en la expresión y seguridad personal: "La mayor dificultad, los nombres, los términos. Los términos pedagógicos nos costaron mucho, y los términos elevados."

El análisis cuantitativo también refleja que las mayores dificultades se vinculan con la comprensión y producción, la comunicación y los factores personales.

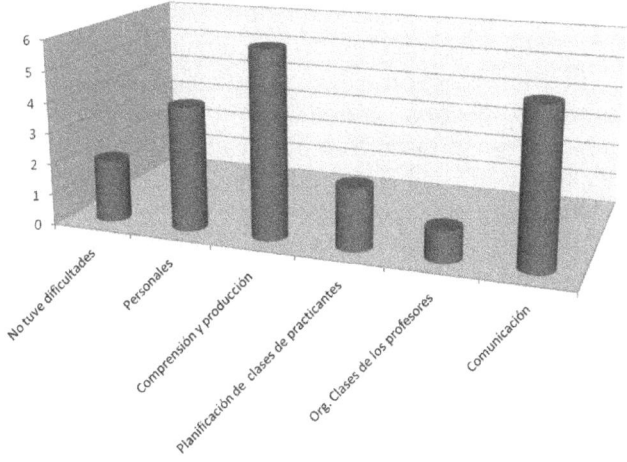

Mirada de los docentes

Les solicitamos a los docentes que se expresaran sobre *las competencias que deberían poseer los alumnos al ingresar, cuáles de éstas creían que ponían en práctica y cuáles no*. Las respuestas apuntaron en su mayoría a la excelencia en relación con las habilidades disponibles: "Las básicas", "buena dicción", "redacción", "hábitos de estudio", "lectura y comprensión", "producción de textos", "que sean críticos", "que tengan vocación docente", "que sean criteriosos", "argumentación y fundamentación", "técnicas de estudio", "contenidos de la escuela media", "expresión oral y escrita", "adoptar una postura de adultos", "manejo de vocabulario", entre otras.

Ante la pregunta de cuáles de esas competencias –para ellos fundamentales en el inicio de una carrera de nivel superior– poseen los ingresantes y cuáles no, responden que disponen de aquellas ligadas con lo afectivo: "Voluntad", "ganas de aprender", "la mayoría razona bien y tienen espíritu docente", "buena actitud", "utilizan alguna técnica", "algunos tienen competencias comunicativas".

Los docentes coinciden con lo manifestado por los alumnos respecto a las dificultades en relación con su aprendizaje, con mayores especificaciones en cada área. Ponen el acento en los siguientes factores:
- Producción de texto.
- Lectura.
- Información del mundo actual.
- Manejo de situaciones áulicas.
- Redacción.
- Ortografía.
- Expresión oral.
- Argumentación.
- Asunción del rol de profesor y adulto.
- Vocación.

En las competencias que dicen que tienen los alumnos redundan expresiones como: "Tienen deseos, ganas..."; "Manejan alguna técnica..."

Consecuencias de las dificultades detectadas

Los alumnos que concurren a nuestra institución provienen de distintas localidades y comunas de la región oeste de la Provincia de Córdoba, que constituye una de las zonas más desfavorables económica, social y geográficamente. Los estudiantes identifican algunas dificultades como determinantes para la permanencia o no en el instituto: los recursos económicos, familiares, geográficos. Éstos componen factores externos sobre los cuales no es fácil de incidir, ya que dependen de políticas sociales, de trabajo, de seguridad, que escapan a nuestras posibilidades.

Desde una política institucional sostenida en el tiempo se alienta el cursado de la carrera como un proyecto de vida plausible en las condiciones personales, sociales y económicas que le toca vivir a cada alumno, independientemente de la duración del plan de estudios.

Una de las características más relevantes que percibimos en las respuestas de los alumnos, toma como eje la comunicación en todas sus dimensiones, en la posibilidad de entender y hacerse entender, competencia imprescindible para poder cursar una carrera de nivel superior y ejercer un buen desempeño docente. La percepción de esta dificultad en la competencia comunicativa es compartida tanto por docentes como por alumnos. Y en los discursos, esta dificultad dicen que repercute, en algunos casos, en el escaso rendimiento académico, en la no permanencia en el instituto, y en otros en la dificultad que tienen para alcanzar un desempeño satisfactorio en el momento de la práctica.

	Docentes	Alumnos
Escaso rendimiento académico	• "No sabía cómo tomarlo, tenía los saberes de mi materia pero en el momento del escrito fallaba un montón y uno termina siendo cómplice del sistema." • "Mirá: en todos el tema pasa por armar una buena redacción y expresar una idea, al contenido lo saben, lo tienen, pero…" • "La falta de interés por la lectura imposibilita que tengan fluidez en la expresión de conceptos y les da inseguridad." • "Al no poseer conocimientos básicos de nivel secundario, se revisan esos contenidos y no se puede avanzar." • "Al tener problemas de comprensión se les hace difícil estudiar todas las materias." • "Bajo rendimiento en los trabajos prácticos."	• "No le doy sentido al texto. No me animo a preguntar porque no sé cómo hacerlo." • "Tengo que estudiar de memoria." • "Me cuesta expresarme, con algunos profes no puedo, me inhiben y creen que no sé."
No permanencia en el instituto	• "No saber estudiar y la falta de tiempo porque trabajan, generan el fracaso en las cursadas y el abandono." • "Algunos asumen los errores y aceptan la ayuda y otros sucumben antes los primeros intentos y abandonan, y otros se hacen estudiantes crónicos."	• "Si no te armás de un grupo que te ayude, es muy difícil y abandonás." • "Ante tantos términos desconocidos muchos se asustaron y dejaron." • "Al enfrentarnos con los textos no podíamos y muchos compañeros se quedaron en el camino." • "Muchos no pudieron vencer las dificultades, creen que no pueden y dejan."

	Docentes	**Alumnos**
Desarrollo profesional	• "Las dificultades en la aplicación de las estrategias para el manejo de grupo y para coordinar una clase hace que se prolongue el período de prácticas o las abandone." • "Se estudia para el profesor entonces luego les cuesta transferirlos en la programación y en el manejo de las situaciones de aula."	• "Esta carrera exige que no estudie de memoria y que tenga competencias de cómo bajar al aula contenidos. Lo pude lograr, se notaron en mis prácticas." • "Al no poder expresarme no puedo exponer mis ideas en los planes y eso es un problema." • "No sabía que podía dramatizar, con los chicos soy otra persona, bailo, juego, dramatizo y no tengo los prejuicios que tengo en el aula."

Estrategias facilitadoras de la construcción del aprendizaje

> Las estrategias de aprendizaje son procedimientos (conjunto de pasos, operaciones o habilidades) que un aprendiz emplea en forma consciente, controlada e intencional como instrumentos flexibles para aprender significativamente y solucionar problemas (Fiavell 1987).

Al elaborar la pregunta en relación con las estrategias propias que le resultaron facilitadoras para el aprendizaje, pretendíamos indagar sobre las creencias que una persona tiene sobre su conocimiento y sobre el de los otros; las estrategias utilizadas, su aplicación y su eficacia. Las respuestas pueden sintetizarse en el siguiente cuadro:

	Estrategias propias de los alumnos	Estrategias docentes	Sugerencias
Mirada de los alumnos	Resúmenes. Mapas conceptuales. Lecturas con sus compañeros.	Exposición y explicación de temas. Trabajo en grupos. Trabajo en el pizarrón. Debate. Guías de trabajo y puesta en común.	• Que partan de un buen diagnóstico. • Salidas didácticas. • Más tiempo para clases y prácticas. • Que se hagan siempre las puestas en común. • Articulación teoría-práctica. • Utilización de recursos tecnológicos, de material concreto y en el contexto. • Clases más dinámicas y movilizantes.
Mirada de los docentes	Dificultades: • Argumentar y expresar ideas. • Falta de lectura como acceso a la cultura.	• Reflexión de aspectos escolares cotidianos. • Análisis de películas y textos. • Producción de textos. • Recuperación de conocimientos previos e ideas de los autores. • Simulación de situaciones. • Entrevistas en contextos reales. • Elaboración de portafolio. • Procesos de síntesis de unidad y cuatrimestre.	• Uso de recursos tecnológicos y periódico en el aula. • Planificar y dictar clases a sus compañeros y detectar problemas y encontrar posibles soluciones en sus intervenciones.

Las respuestas de los alumnos aluden a las técnicas que implican la utilización de estrategias de aprendizaje. La mirada de los docentes sobre las estrategias de los alumnos fue expresada en relación con la pregunta de cuáles son los elementos que, según creen, poseen o no sus alumnos. La clasificación de estrategias de aprendizaje, según el tipo de proceso cognitivo y finalidad perseguida alude a:

- Estrategias de recirculación: se consideran como las primitivas de cualquier aprendiz, son las más simples, implican un procesamiento de carácter superficial y son utilizadas para conseguir un aprendizaje al pie de la letra de la información. La más utilizada es el repaso con el objeto de memorizar hasta establecer una asociación que permita retener.
- Estrategias de elaboración: suponen básicamente integrar y relacionar la nueva información con los conocimientos previos. Pueden ser de elaboración visual o verbal. Por ejemplo, lectura de mapas, extraer el tema de un texto; atienden a su significado.
- Las estrategias de organización de la información: permiten realizar una reorganización constructiva de la información. Con ellas es posible organizar, agrupar o clasificar la información con la finalidad de hacer una representación correcta de ésta, explotando las relaciones posibles entre sus distintas partes y/o entre la información que ya se posee. Por ejemplo, la elaboración de mapas conceptuales que alude a la relación de ideas, descubrir y construir significados para encontrar sentido en la información. Esto implica mayor retención y aplicación (Pozo 1990).

Los alumnos dicen aplicar estrategias como los resúmenes o los mapas conceptuales, y contrariamente a estas expresiones, los docentes señalan como una de las mayores dificultades la aplicación de estrategias de organización de información y transferencia a situaciones de la práctica.

Una de las posibles interpretaciones que hacemos a esta dicotomía es que no se refieren al mismo sujeto individual; el alumno habla de sí mismo y el docente mira solamente el déficit de algunos como representativo del todo.

Estrategias

Desde la mirada de los docentes

En las respuestas de los docentes, en una primera lectura, se puede percibir que no describen estrategias concretas, sino expresan deseos de generar pensamiento crítico, de movilizar la inquietud del alumno, de promover la lectura, de desarrollar escenarios para dramatizar situaciones que les den seguridad, etc.

Ante la pregunta sobre sugerencias de estrategias para utilizar en el aula, se refieren en su mayoría a estrategias institucionales: talleres y seminarios obligatorios, articulación con el nivel medio, ampliación de los alcances del CUI.

A través de la encuesta a los docentes sobre prácticas exitosas, podemos destacar aquellas que tienen las siguientes características:
- Utilizan recursos varios.
- Formato taller.
- Salidas didácticas.
- Debates.
- Trabajos en laboratorios.

Discusión

Las preguntas que se formularon a los docentes y alumnos fueron abiertas y no directas en relación con el tema abordado, por lo cual el sentido del dato ofrecido como respuesta obtiene su significación en la lectura total de las encuestas y entrevistas. Las respuestas centran la responsabilidad de un aprendizaje de calidad en el alumno, poniendo así en un cono de sombra dos aspectos de enorme relevancia: ¿en qué medida el aprendizaje de calidad es una responsabilidad que debe asumirse desde los propios docentes? Poner afuera (mayoritariamente) la responsabilidad en la construcción de aprendizajes, es plantear la ajenidad del docente frente al hecho educativo.

Para abordar las dificultades que los alumnos enfrentan frecuentemente en el aprendizaje, no fijamos categorías previamente determinadas, sino que los actores directos se expresaron en forma abierta y flexible.

Al considerar la muestra de alumnos, trabajamos con rurales y urbanos. Cabe aclarar que lo que define su condición de rural es el contexto y espacio geográfico, la distancia a los centros de salud, el transporte, el sistema de comunicación, el no pertenecer a un ejido municipal. En los alumnos urbanos se puede especificar, en sus respuestas, que poseen dificultad en la comprensión de textos y vocabulario específico. Se apoyan en el trabajo grupal, y si lo entienden lo pueden expresar. Los alumnos rurales también poseen dificultad en la comprensión de textos y en el vocabulario general, les cuesta la integración grupal, y consideran que debido al esfuerzo y a las motivaciones personales pueden superarlas.

La siguiente cuestión está relacionada con dos aspectos finales que hemos indagado, respecto a los factores que favorecen la permanencia de los alumnos en el instituto. Por un lado se intentó detectar las *consecuencias* más comunes que se derivan de la presencia de las dificultades que hemos comentado anteriormente. Por otro, identificar *cuáles son las estrategias* de los alumnos y de los docentes que facilitan la permanencia, también desde la mirada de los actores.

La dificultad en la competencia comunicativa es compartida por docentes y alumnos, y se refleja en algunos casos en el escaso rendimiento académico de los alumnos y en la no permanencia en el instituto, y en otros en la dificultad que tienen para alcanzar un desempeño satisfactorio en el momento de la práctica.

En cuanto a estrategias facilitadoras del aprendizaje, los alumnos dicen utilizar estrategias de reorganización de la información, y un alto porcentaje reconoce al vínculo que puede establecer con sus compañeros como muy importante para la permanencia, en lo afectivo y en la construcción de conocimientos.

Los docentes, según sus expresiones, parecieran no reconocer estrategias que los alumnos dicen usar, como las de reorganización de la información, y hacen alusión a la utilización de las de recirculación. Las estrategias utilizadas por docentes son reconocidas más claramente por los alumnos, y más aun en las sugerencias, mientras que los docentes expresan deseos muy generales. En cuanto a la encuesta a los alumnos sobre prácticas significativas y a los docentes sobre prácticas exitosas, estas coinciden.

Ahora bien, ¿qué características tiene para los alumnos una práctica significativa? En sus manifestaciones ellos hacen hincapié "en la dinámica de la clase", "en la capacidad para despertar interés, es decir que sea motivadora", "en el vínculo con el docente", "que puedan luego relacionarlo con la práctica y en la puesta en común."

Esas prácticas no tienen continuidad ni son utilizadas por todos los docentes, por lo que los alumnos sugieren que las repliquen otros. Se deben conocer, luego analizar, mejorar, para luego replicarlas. Y esto, según los docentes, es una decisión institucional, pues las sugerencias para mejorar las prácticas tienen que ver más con lo institucional que con lo personal.

Pero, ¿quién es la institución si no sus profesores, los que día a día ponen su esmero, sus conocimientos, sus esperanzas, también sus sueños? Sin embargo, hacerlo en forma colaborativa es más fácil. Juntos, pero sin ánimo de homogeneizar nuestras prácticas, deberíamos trabajar para que esas que son exitosas y significativas puedan servir de insumo, de conocimiento para generar las propias y las adecuadas. Por ello es necesario trabajar interdisciplinariamente pero desde las unidades curriculares; esto es parte estricta de nuestra interpretación, en la cual intentamos hacer hablar a los datos y mostrar significaciones más implícitas del discurso.

Cabe señalar que nuestra interpretación sólo es una manera de mirar la realidad, por lo tanto es relativa, limitada, falible, ya que las respuestas son múltiples, significativamente elocuentes, problematizadoras y problemáticas. Por lo que más que cerrar círculos se abren nuevos; éstos hoy, con nuestra experiencia en este proyecto, nos resultan desafiantes y no los podemos ignorar.

Creemos que los objetivos del análisis deben ir más allá de la mera reflexión, y necesitamos socializar esos resultados en nuestra comunidad educativa, discutirlos e iniciar acciones que permitan afianzar los logros y replicar las prácticas exitosas para asegurar la equidad y permanencia de nuestros alumnos en el ISFD.

Bibliografía

Díaz Barriga Arceo, Frida (1999), *Estrategias Docentes para un Aprendizaje Significativo*, México, McGraw-Hill.

Samaja, J. (1999). *Epistemología y metodología de la Investigación*. Buenos Aires: Eudeba.

Zuleta Araujo, Orlando (enero de 2002), "La Pedagogía de la pregunta: una contribución para el aprendizaje", en *Educación y Cultura*, núm. 59, Santa Fe de Bogotá, Colombia.

La inclusión en el Nivel Superior a través del Programa Nacional de Becas

Estela Iris Butel Pantazzis
Margarita Raquel Cano
María Cristina Córdoba
Luciana María Martínez
(Instituto Superior de Formación Docente Profesor Alberto G. Cavero, Chilecito, Provincia de La Rioja)

Introducción

El abandono de los estudios por parte de los alumnos del nivel superior parece ser una constante en la historia de los países que ideológicamente apuestan a la educación como eje del desarrollo. Es un tema que ha sido objeto de un sinnúmero de trabajos por parte de especialistas en educación, también de preocupación de autoridades nacionales y provinciales.

Los antecedentes consultados dan cuenta de un aumento en el porcentaje de la deserción en la última década (Córdoba 2008). Otros advierten que no existe tal aumento, sino que se debe a estrategias de las instituciones educativas para incrementar el número de la matrícula, lo que permitiría negociar mayores presupuestos, según las conclusiones realizadas en el seminario de "Diagnóstico y experiencias para la disminución de la deserción estudiantil" (*La Nación* de octubre de 2008).

El porcentaje en los niveles de deserción en el que coincide la mayoría de estos trabajos de investigación ronda el 50%; también alude a que el mayor porcentaje se produce en el primer año del cursado y que las cifras varían de acuerdo a los tipos de carreras.

En Argentina el gobierno nacional, a través de las jurisdicciones provinciales, ha implementado una serie de acciones que tienen por objeto disminuir esta tendencia. En coincidencia con la misma, el ISFD Alberto G. Cavero, de la ciudad de Chilecito, Provincia de La Rioja, a partir del año 2006 implementó diferentes proyectos con el propósito de mejorar el nivel de inclusión / retención y desempeño académico del alumnado.

El presente trabajo es un análisis de uno de esos dispositivos: el Programa Nacional de Becas "Elegir la Docencia" (PNB en adelante). El PNB otorga una ayuda monetaria a aquellos alumnos que en los dos últimos años del nivel polimodal han obtenido un promedio de ocho puntos o más, a condición de que mantengan ese promedio durante el cursado de la carrera. Exige la participación de los becarios en proyectos sociocomunitarios, que son espacios de intervención diseñados teniendo en cuenta las oportunidades que brinda la localidad en la que está inserta la institución. El diseño de dichos proyectos es realizado por los tutores institucionales contratados por la Nación, y los mismos "se terminan de delinear de acuerdo a los intereses de los estudiantes producto de su compromiso con la realidad del país" (Ministerio de Educación de la Nación 2005: 6)

Se eligió este dispositivo (PNB) por la amplitud de dicha propuesta, pues contempla tres dimensiones: la económica, el rendimiento académico y la participación en proyectos sociocomunitarios. Desde estas dimensiones se aborda el fenómeno de la inclusión educativa en el nivel superior. Esta investigación describe la inclusión de los alumnos becarios en los años 2006 y 2007 a partir de las siguientes variables: la permanencia en el programa, el rendimiento académico y los modos de participación de los alumnos en los proyectos sociocomunitarios.

Este estudio se articula con uno de los ejes de trabajo propuestos por la red PROPONE "Acceso e inclusión en los ISFD", y pretende ser un aporte a la construcción de indicadores sobre equidad en el acceso al conocimiento en el nivel de la formación docente. Se aborda el problema de la inclusión en los estudios de nivel superior como resultado de un entramado de causas entre las que se reconoce la importancia del binomio equidad / inclusión o inequidad / exclusión. Estas nociones remiten a la idea de participación en la comunidad educativa y social, en nuestro caso, a partir de los proyectos sociocomunitarios dentro del PNB.

Se entiende la educación inclusiva como aquella que lleva a "incrementar la participación de los estudiantes y reducir su exclusión del currículum común, la cultura y comunidad" (Parrilla Latas 2002). Se trata de lograr una participación activa de los diferentes actores institucionales, y por otra parte, de luchar para la supresión de las barreras que impiden la participación.

Las barreras son las disposiciones de diversa índole que impiden el desarrollo personal, que niegan a algunas personas la posibilidad de obtener un provecho similar a los demás. Éstas son siempre variadas y serán distintas en cada centro; lo que importa es que los centros y los profesores asuman el compromiso de ir modificando dichos obstáculos de forma progresiva. Por ejemplo, se debiera flexibilizar la organización de tiempos, espacios y recursos institucionales, organización y puesta en marcha del currículum, los elementos constitutivos de la cultura institucional: el interjuego entre lo instituido y lo instituyente, entre otras cosas.

Por otro lado, es posible recuperar el concepto de *equidad* como un término que define situaciones en las cuales se enfrenta el problema de la desigualdad pero respetando las diferencias. Dicho en otros términos, equidad implica promover la igualdad, y al mismo tiempo proteger la diversidad.

El objetivo de la mejora de la escuela inclusiva es la "eliminación de los procesos de exclusión en la educación que son una consecuencia de las actitudes y respuestas a la diversidad de raza, clase social, etnicidad, religión, género y habilidad" (Vitello y Milhaug 1998: 2). Agregamos, para este caso estudiado, las competencias de tipo académico inherentes al nivel superior.

En la idea de inclusión, un concepto clave es el de *participación*. Jaume Trilla y Ana Novella (2001) consideran los siguientes tipos: "Participación simple, participación consultiva, participación proyectiva y metaparticipación." La participación simple consiste en tomar parte en un proceso o actividad como espectador o ejecutante, sin que el sujeto haya intervenido para nada ni en su programación ni en las decisiones sobre su contenido o desarrollo. En la participación consultiva se le demanda su parecer sobre asuntos que de forma directa o indirecta, le conciernen. Se le alienta a opinar, proponer o valorar y se facilitan canales para ello. En la participación proyectiva el sujeto se convierte en agente. Requiere mayor compromiso y corresponsabilización, y para su ejercicio es condición que el participante sienta como propio el proyecto. La metaparticipación tiene como objeto la propia participación, implica un proceso de reflexión sobre la misma.

Existen criterios que interjuegan para distinguir los modos de participación. Entre ellos se destaca, en primer término, la implicancia, que constituye un factor de motivación favorable a la participación e influye fundamentalmente en la dimensión emotiva. En segundo lugar, la información / conciencia que hace referencia preferentemente a la dimensión cognitiva.

La información juega un papel relevante en la calidad del proceso participativo; éste logra mayor eficacia cuando los participantes son conscientes de lo que pretenden, en nuestro caso con el PNB y los proyectos sociocomunitarios, y comprende sus implicancias. En tercer lugar la capacidad de decisión; la misma no depende sólo de las competencias psicológicas del sujeto sino también de aspectos contextuales, legales, políticos y económicos. Depende, en definitiva, de las condiciones factuales y de las relaciones de poder que hagan al caso. El último elemento lo constituye el compromiso / responsabilidad que implica la asunción de las consecuencias que se deriven de la acción participante.

Otro de los requisitos que establece el PNB para permanecer en él, es el mantenimiento del rendimiento académico (RA en adelante) durante el cursado de la carrera. Consideramos que el RA no es el producto de una única capacidad, sino el resultado sintético de una serie de factores: competencias individuales, predisposición socioemocional, propuestas pedagógicas, curriculares, metodológicas que actúan en y desde la persona que aprende.

Es necesario tener presente en el RA, además de los factores individuales, la dimensión histórico-social. En este sentido los aportes de Bourdieu y Passeron (2006), advierten que en estudios realizados:

> cuando se pregunta a una muestra de individuos cuáles son los factores principales de éxito en la escuela, cuando más abajo se desplaza hacia los extremos inferiores de la escala social, más creerán en el talento natural o en los dones, más creerán que los que tienen éxito están mejor dotados con capacidades intelectuales concedidas por la naturaleza. (p. 24)

En esta oportunidad y dado lo acotado del proceso de investigación, se ha tomado el concepto de RA como el nivel de conocimiento de un alumno medido en una prueba de evaluación.

Otra de las dimensiones del PNB es la económica, que otorga a los estudiantes beneficiarios un monto con modalidad de subsidio (beca) en dinero efectivo como aporte para mejorar las condiciones económicas del becario. Para analizarla se tomaron algunos aportes de la teoría de la reproducción cuando sostiene:

> No hay mejor manera de servir al sistema –creyendo combatirlo– que imputar únicamente a las desigualdades económicas o a una voluntad política todas las desigualdades ante la educación. En efecto, el sistema educativo puede asegurar la perpetuación del privilegio por el solo juego de su propia lógica; dicho de otro modo puede servir a los privilegiados sin que los privilegiados deban servirse de él: en consecuencia, toda reivindicación que tienda a automatizar un aspecto del sistema de enseñanza, se trate de la enseñanza superior en su totalidad o, por una abstracción de segundo grado, de tal o cual aspecto de la enseñanza superior, sirve objetivamente al sistema y a todo lo que sirve al sistema porque alcanza con dejar actuar a los factores, desde el jardín maternal a la enseñanza superior, para asegurar la perpetuación del privilegio social (*op. cit.*: 45).

En el caso analizado, a partir de las expresiones de los alumnos, se puede advertir que el aporte económico por si solo no está percibido como un factor que favorezca la permanencia y por ende la inclusión. Otros son los elementos que se destacan en el discurso de los alumnos, como por ejemplo, la exigencia del mantenimiento del RA; esto les llevaría a pensar que el éxito o fracaso como estudiante recae en sus aptitudes personales.

Decisiones metodológicas

Con el objeto de abordar el problema planteado en este trabajo de investigación, se ha optado por un diseño descriptivo. El enfoque propuesto es una integración de métodos cualitativos con el aporte de herramientas cuantitativas. En forma coherente con este enfoque la recolección de los datos se realizó a través de los siguientes instrumentos y fuentes:

- Cuestionario autoadministrado a los alumnos que integran la muestra para construir su perfil sociocultural. El cuestionario consta de veintidós preguntas cerradas, semiestructuradas y abiertas. Está organizado en tres partes: situación social, situación económica y grado de participación en los proyectos sociocomunitarios.
- Entrevista a la docente tutora responsable de la elaboración e implementación institucional del proyecto y la coordinación del grupo de becarios, para conocer desde su perspectiva la implementación del programa, los logros alcanzados y dificultades que interfirieron su pleno desarrollo.
- Entrevista a una becaria: para obtener desde su perspectiva de beneficiaria elementos que permitieron interpretar y triangular los datos obtenidos en el cuestionario autoadministrado.
- Entrevistas a docentes de las tres carreras, profesorado en Lengua y Literatura, profesorado en Historia y profesorado en Lengua Inglesa: para recabar datos respecto del RA de los alumnos y de la institucionalización del proyecto, que posibilitaron comparar los datos obtenidos en el cuestionario.
- Análisis de documentos para determinar la presencia de elementos inclusivos en el PNB, lo que permitió trabajar el marco organizativo del programa, para interpretar su sentido y carácter inclusivo.
- Análisis de los proyectos sociocomunitarios para interpretar si sus objetivos y acciones responden al paradigma de la inclusión, a partir del tipo de participación

propuesto y del acompañamiento académico de los becarios.
- Análisis de planillas de asistencia y libros de actas de examen para recabar datos y analizar la permanencia de los becarios.

La población estudiada está constituida por los alumnos que accedieron al programa. En relación con la muestra, las unidades de observación fueron todos los alumnos y alumnas beneficiados en los años 2006 y 2007. En total doce alumnos: siete de la cohorte 2006 (uno del profesorado en Historia y seis del profesorado en Lengua Inglesa) y cinco alumnos de la cohorte 2007 (tres del profesorado en Lengua Inglesa y dos del profesorado en Lengua y Literatura).

El análisis de los datos tuvo por objeto interpretar, desde la perspectiva de los sujetos involucrados, los efectos del PNB en la inclusión. Para ello fue necesario definir un procedimiento analítico, el cual consistió en una construcción dialógica entre lo empírico y lo teórico a partir de los interrogantes iniciales.

El análisis de datos cuantitativos permitió, por un lado, construir el perfil sociocultural y económico de los alumnos becarios para conocer algunas variables de su situación socioeconómica, como así también describir su situación académica.

El análisis cualitativo de los documentos base del programa permitió comprender el sentido del mismo desde el paradigma de la inclusión. Además se interpretaron algunos significados construidos por los alumnos respecto de su participación en el programa y se confrontaron con la mirada de la tutora y de otros docentes.

Tomando los referentes teóricos, se logró avanzar en la interpretación de los datos obtenidos en una primera aproximación al campo, y con algunas categorías teóricas avanzar en la elaboración de descripciones analíticas.

Resultados

La inclusión en el PNB

El PNB forma parte del Programa Nacional de Renovación Pedagógica, desarrollado en el marco de la Dirección Nacional de Gestión Curricular y Formación Docente. Es una propuesta de trabajo para el período 2004-2007. Esencialmente se define como línea de acción tendiente a mejorar la formación docente y como política de estímulo a la opción por la docencia. Se propone:

- Contribuir al fortalecimiento de los procesos sustantivos de la formación.
- Promover experiencias y posibilidades alternativas para el conjunto de los sujetos y actores de la formación.

Es decir que desde sus propósitos y objetivos, se presenta como una propuesta formativa integral que pretende contribuir al mejoramiento de la formación inicial, dinamizando la tarea a partir del proyecto y la participación de los becarios.

Desde este marco de definiciones básicas, consideramos que el programa, en sus tres dimensiones (académica, económica y sociocomunitaria), contempla elementos que responden al paradigma de la inclusión educativa. El movimiento de la educación inclusiva es una evolución del paradigma de la integración escolar, en cuanto considera los conceptos de *comunidad* y *participación* en su definición. Se añaden dos dimensiones: la primera es el carácter de proceso en vez de estado, y la segunda es la conexión de inclusión a los procesos de exclusión. "La idea de inclusión implica aquellos procesos que llevan a incrementar la participación de estudiantes y reducir su exclusión del currículum común, la cultura y comunidad." (Booth y Ainscow 1998: 2).

En la dimensión académica propone acciones tendientes a mejorar la formación inicial a partir de distintas líneas de trabajo. Se destaca en primer lugar aquella que pretende lograr una aproximación progresiva a las instituciones escolares del nivel para el que se forman los becarios. Por eso el documento sugiere que los proyectos incluyan espacios de indagación y reflexión sobre temáticas educativas en su contexto. Se subraya la importancia de la participación del becario y propone múltiples espacios: colaboración en la organización de actividades culturales y recreativas, el armado de redes de apoyo escolar, en articulación con maestros, profesores y estudiantes del ISFD.

En segundo lugar y no menos importante, se encuentra la propuesta de reconstrucción colectiva de conocimiento tomando como punto de referencia los encuentros de intercambio e itinerarios pedagógicos en los que deben participar los becarios. En este sentido, la realización de encuentros en diferentes lugares del país permite a los implicados conocer realidades diversas y documentar la experiencia a través de diferentes estrategias.

En tercer lugar se propone la escritura de experiencias pedagógicas como un recurso relevante para la formación docente.

La producción escrita representa un elemento esencial para el análisis del programa mismo y su posterior evaluación, proponiéndose múltiples escrituras, como por ejemplo el hecho de que cada alumno escriba un diario de formación, ya sea de manera individual o colectiva, en el que figuren estas experiencias y sus reflexiones. De esta manera la sistematización que se realiza para comunicar la experiencia permite abordarla como objeto de conocimiento.

El sentido de estas líneas de acción es mantener y fortalecer el vínculo del alumno con el conocimiento a través de diversos procesos de construcción e intervención en la realidad educativa y sociocomunitaria.

En la dimensión económica, el programa brinda una ayuda monetaria, a través de un plan de becas. Entre los objetivos básicos de esta línea destacamos uno de estímulo económico y otro de orden simbólico. Este último tiene el propósito de incidir en las representaciones que existen respecto a la carrera docente: "Como otro objetivo no menos importante es poder ejercer algún efecto del orden de lo simbólico en las representaciones respecto de la docencia: hacerla visible como una instancia deseable de formación profesional, correr esta elección profesional de un lugar de desprestigio u olvido." (Ministerio de Educación de la Nación 2005: 3).

Entre los requisitos para acceder al Plan de Becas del Programa Elegir la Docencia, se establece: edad de hasta veintitrés años, promedio mínimo de ocho puntos en el penúltimo año del nivel polimodal, y mantener este promedio durante el cursado de la carrera docente.

El componente económico del programa es un elemento altamente significativo para la inclusión educativa, ya que intenta equiparar las condiciones económicas entre distintos alumnos, para acceder al cursado y mantenimiento en la carrera. Sin embargo, se considera que no es lo más importante, ya que de esta manera se pretende eliminar sólo un tipo de barreras (las de carácter económico) como si esto fuese suficiente para garantizar la permanencia.

Desde la dimensión sociocomunitaria y en forma coherente con lo que se propone como objetivo esta línea, destaca la importancia de la transmisión cultural como un aspecto central del rol docente; busca fortalecer este aspecto proporcionándole herramientas para el análisis y la intervención desde una perspectiva pedagógica, en el contexto comunitario.

Esta propuesta se basa en la interacción becarios-sociedad, y considera al alumno becario como un dinamizador, tanto a nivel institucional como comunitario. El documento base sugiere algunas opciones temáticas entre las que figuran la recuperación del patrimonio social y cultural. Además se establece que los proyectos los elabora el tutor y que se terminan de delinear de acuerdo a los intereses de los becarios.

Cobra aquí sentido la figura del tutor, como responsable institucional de la elaboración e implementación del proyecto sociocomunitario y en el acompañamiento del becario. El documento del Programa Sistema de Tutoría resume los fundamentos y las características principales del mismo. Respecto al rol del tutor señala que éste consiste en el acompañamiento y orientación para el desarrollo de las potencialidades formativas que se proponen. La tarea sustantiva que debe realizar el tutor consiste en:

- La planificación y desarrollo de las distintas líneas de formación que prevé el programa.
- El acompañamiento del becario, orientándolo en el diseño y desarrollo de su trayecto de formación, atendiendo no sólo a las necesidades formativas de los becarios sino también a los propósitos que vinculan cada propuesta con el fortalecimiento y la renovación de las prácticas pedagógicas.

El lugar y la tarea del tutor se comprenden como de un "gestor" del programa, "entendiendo la gestión como acción política, como capacidad de crear condiciones para que algo se movilice en los sujetos y en las matrices culturales de la institución." (Ministerio de Educación de la Nación 2005).

Proyectos sociocomunitarios. "Reconstruyamos nuestro pasado para comprender nuestro presente"

Este proyecto se elaboró e implementó en el año 2006 teniendo en cuenta las sugerencias que figuran en el documento base del Programa Elegir la Docencia: orientaciones, líneas de acción y estado actual. Se propone recuperar la memoria histórica en relación con los acontecimientos sucedidos durante la dictadura del período 1976-1983.

El análisis de los objetivos permite observar que este proyecto pretende aportar al conocimiento de este período histórico a partir de la consulta de diferentes fuentes (personas, archivos, diarios), y articular con otras propuestas, fundamentalmente con el proyecto "A 30 años del golpe" del Ministerio de Educación Nacional que se implementó en el ISFD.

Entre las acciones planificadas se destacan: visitas a archivos públicos y privados para revisar diarios de la época, fotografiar documentos, clasificar fotos, plasmarlas en *PowerPoint* y elaborar un documento escrito.

Se considera que este proyecto resulta en sí mismo una unidad que se propone y desarrolla, pero con escasa articulación en relación con la formación del rol del futuro docente, ya que sólo se observa una actividad vinculada a la formación pedagógica (presentación en *PowerPoint* al interior del ISFD sobre la investigación realizada). No se especifican tareas vinculadas a la articulación con las escuelas del nivel polimodal, por lo que los objetivos del Programa de Renovación Pedagógica no se cumplirían acabadamente.

Patrimonio histórico cultural. Educar para preservar

Por otra parte, en el año 2007, siguiendo los lineamientos del PNB, se elaboró e implementó otro proyecto sociocomunitario denominado "Patrimonio histórico cultural. Educar para preservar".

Se propone incorporar a los formadores en proyectos de intervención sociocomunitarios y trabajar con organizaciones comunales (centros vecinales, escuelas, fundaciones), y también la elaboración e implementación de un proyecto en articulación con las escuelas de nivel polimodal, con el objetivo de promover la inserción temprana de los docentes en las instituciones escolares y trabajar en forma articulada para preservar el patrimonio cultural.

Incluye dos acciones de carácter sociocomunitario: la publicación del proyecto "Ruta Arqueológica" con una traducción al inglés y la recuperación de mitos y leyendas típicas de la zona. En este proyecto se pudo avanzar hacia una integración de los becarios con las escuelas destino de nivel polimodal a través de algunas acciones: organización de actos escolares, recopilación y lectura de mitos y leyendas de la zona como las más significativas desde la perspectiva pedagógico-didáctica y valoradas positivamente por los alumnos becarios.

Se cree que de esta manera se contribuye a fortalecer la construcción de su rol como futuros docentes, respondiendo en parte a la articulación con el Programa de Renovación Pedagógica que afirma que la formación inicial se debe centralizar en la construcción del rol docente como un *continuum* para los alumnos.

Perfil de los becarios

El perfil sociocultural y económico de los becarios fue estimado a través de un cuestionario autoadministrado de veintidós preguntas a un total de doce becarios, siete de la cohorte año 2006 y cinco de la cohorte año 2007

Situación social

Los datos obtenidos nos permiten apreciar que la edad de los becarios oscila entre los veinte y veinticuatro años de edad. Predomina el sexo femenino y en su mayoría son solteros. Cuatro becarias son solteras, tienen hijos a cargo sin contar con trabajo.

Situación económica: del total de doce becarios, cuatro de ellos trabaja en relación de dependencia, en comercios o en otras instituciones de carácter privado. Tres alumnas cumplen su jornada laboral en horario vespertino, horario de cursado de la carrera, existiendo así una superposición horaria que obstaculizaría la actividad como alumno regular. Seis alumnas son solteras, tienen hijos a cargo y no trabajan; por ello las consideramos en situación de vulnerabilidad económica.

Permanencia y rendimiento académico

Otras de las variables examinadas fueron la permanencia y el RA de los becarios, debido a que el mantenimiento de un promedio mínimo de siete puntos es una de las condiciones exigidas para permanecer en el programa. En el caso analizado se tuvo en cuenta esa exigencia, y se fijó el promedio de asistencia en 70% como mínimo para investigar la permanencia.

En la cohorte 2006 el 84% de los becarios logró un promedio de asistencia entre 70 y 100%, con lo que alcanzaron la condición de alumnos regulares o promocionales, según se establece en el régimen de evaluación vigente. Mientras que en la cohorte 2007 el porcentaje de promedio de asistencia bajó al 66,33%.

Como mencionamos anteriormente, el RA fue estimado mediante una sola dimensión: la nota obtenida en los exámenes finales. Del total de becarios de la cohorte 2006, sólo uno logra cumplir con los requisitos exigidos por el PNB, es decir, aprobar las materias con siete puntos o más, mientras que el resto no cumplió con esta exigencia. De igual manera, en la cohorte 2007 sólo un becario cumple con los requisitos exigidos por el PNB. Esto indicaría una evidente flexibilización por parte del ISFD de las condiciones para permanecer en el programa.

Análisis de la participación de los alumnos en las acciones de los proyectos sociocomunitarios

El análisis de las acciones propuestas en los proyectos sociocomunitarios permite inferir distintos tipos de participación. Al estudiar las respuestas de los alumnos respecto a su participación en el proyecto "Reconstruyamos nuestro pasado para comprender nuestro presente", es posible observar que más del 71% de becarios afirma haber participado a veces en la elaboración del proyecto, mientras que el 29% sostiene no haber participado nunca.

Esto implicaría una participación simple según nuestra mirada, lo que hace suponer que las actividades desarrolladas por los becarios serían pensadas y diseñadas por el tutor del programa, que luego se comunicaron a los becarios. De esta manera, no habría espacio para la resolución e iniciativa grupal, y no se favorecería la participación consultiva ni la participación proyectiva.

En relación con las actividades específicas de este proyecto, el 85% reconoce no haber participado de la visita a los medios masivos de comunicación que había sido planteada como una manera de difundir y apoyar el cuidado y la preservación del patrimonio histórico. Tampoco admite haber participado en la toma de fotografía de documentos. En ningún caso se reconoce haber realizado una presentación en *PowerPoint*, ni haber redactado un documento escrito de dicha acción, y tampoco haber realizado su difusión en los medios masivos de comunicación. Sin embargo, esta tarea (de difusión) se realizó en el interior del ISFD y en las escuelas destino. En el ISFD la difusión del proyecto se llevó a cabo con la participación de los becarios en una jornada organizada por la coordinación del programa "A 30 años del Golpe", que consistió en una jornada de esclarecimiento y reflexión sobre la violación de los derechos humanos en la última Dictadura, para lo cual se presentaron testimonios de ex secuestrados.

Retomando los criterios o factores moduladores de la participación, en relación con el grado de implicancia, se considera que el mismo fue bajo e incidió negativamente en la motivación para participar con mayor intensidad. En cuanto a la capacidad de decisión de los becarios, la misma está referida a asistir a las actividades propuestas –encuentros, visitas a archivos históricos–, como así también a cumplimentar total o parcialmente las acciones propuestas por la tutora.

Finalmente, al indagar el grado de compromiso / responsabilidad o asunción de consecuencias que se derivan de la acción participante, se limitó a seguir las indicaciones de la tutora ya, que no hubo propuestas de acciones por parte de los becarios. Esto reafirmaría lo sostenido al principio en cuanto a considerar a esta participación como de tipo simple.

En el segundo proyecto sociocomunitario "Patrimonio histórico cultural. Educar para preservar", se avanzó a otros niveles de participación, tales como la participación consultiva; por ejemplo, en las acciones planificadas se propone la socialización del proyecto, la lectura y análisis del mismo. Además se favoreció la participación proyectiva en la elección de material didáctico que se pretende utilizar en las escuelas de nivel polimodal durante la etapa de intervención.

A partir del análisis de los componentes que acompañan el concepto de *participación,* se observa que el grado de implicancia en este caso fue mayor. En las encuestas los alumnos manifiestan haberse sentido más motivados a participar fundamentalmente en aquellas acciones que los vincularon de manera directa con la tarea docente, con la inclusión temprana en las instituciones del nivel polimodal. La tutora propone la socialización del proyecto y la información sobre el mismo a los becarios. Así resulta, entonces, un mayor grado de información / conciencia de los becarios.

La capacidad de decisión necesaria para la participación proyectiva se fomentó cuando se implicó a los alumnos en la planificación y ejecución de las acciones en las escuelas del nivel polimodal (recopilación de mitos y leyendas de la zona).

El compromiso y la responsabilidad se incrementaron de la mano de lo anterior, ya que a más participación asistimos a mayor responsabilidad y compromiso, pues "en cierto modo, participación, responsabilidad y compromiso se exigen mutuamente y tienden a correlacionarse de forma positiva." (Trilla y Novella 2001: 155).

Si bien la letra del proyecto tiende al logro de un nivel de participación consultiva, desde la perspectiva de los becarios se puede reconstruir que en relación con la participación en la planificación del proyecto, el 100% manifiesta haber participado "a veces". Sin embargo, el 80% sostiene haber participado en las visitas a escuelas para difundir, dar clases y charlas referidas al patrimonio cultural, y también en la recopilación de mitos y leyendas. Este contraste en los porcentajes de las respuestas permite inferir un solapamiento de las actividades y cierta confusión que los alumnos/as tenían sobre las actividades propias de cada proyecto.

Con respecto a la pregunta referida a si el entrevistado elaboró un informe sobre la experiencia de trabajar con otros grupos, según las actividades planificadas del proyecto, el 80% de los alumnos/as responden afirmativamente. En principio, esto lo relacionan con la tarea de registrar en un cuaderno (diario) las experiencias planteadas como ruta o itinerario de los alumnos/as para la formación. Esto es importante al constituirse como una instancia formativa valorada dentro de las líneas de acción del programa (escritura de experiencias pedagógicas).

En relación con la traducción al inglés del folleto sobre "Ruta Arqueológica de Chilecito", actividad que aparece como una manera de integrar las tres carreras, coinciden en señalar que no se concretó.

Al considerar las actividades planificadas en los diferentes proyectos y la opinión de los alumnos respecto de su efectivización y participación en las mismas, surge que de esas actividades sólo algunas pudieron realizarse, mientras que otras no, aunque fueron reemplazadas por diferentes acciones tales como "dar una clase de concientización sobre la importancia de la cultura regional", "clases de apoyo", u "organización de actos", las cuales resultaron para ellos más satisfactorias y tuvieron mayor sentido al estar relacionadas en forma directa con el rol docente.

Es por ello posible afirmar que, si bien desde las intenciones expresadas en la letra del proyecto se tiende a lograr un nivel de participación consultiva, ésta no se logró en su implementación. En ninguno de los dos proyectos analizados se avanzó hacia la metaparticipación, ya que no se concretaron espacios de reflexión sobre la participación. Estos alumnos se quedaron en el nivel de la queja o de la protesta, sin avanzar en propuestas de construcciones colectivas sobre el programa o sus acciones.

Discusión

El PNB, en sus principios programáticos, responde al paradigma de la inclusión, pero su implementación efectiva en el caso analizado no se cumple. En la dimensión académica propone desarrollar nuevas formas de relación con el conocimiento, establece como requisito el rendimiento académico fijando un promedio de siete puntos; es decir, se busca formar un alumno de calidad al recuperar su trayectoria escolar desde una propuesta formativa integral. Sin embargo, los becarios afirman que les resulta difícil responder a esta exigencia académica, por lo que la permanencia con calidad, desde su perspectiva, operaría como barrera para lograr la permanencia en el PNB.

Si bien el PNB se propone como línea de acción contribuir al mejoramiento de la formación inicial, en su implementación no hace centro en el acompañamiento de la trayectoria formativa de los alumnos/as. Al carecer de dispositivos de acompañamiento académico y al no haberse institucionalizado el programa, no dio lugar a una propuesta sistemática e integral desde los distintos espacios curriculares.

Acompañar la trayectoria formativa de los alumnos/as es importante si se tiene en cuenta sus características de estudiantes de nivel superior. Según el diagnóstico elaborado en el instituto (proyecto de monitoreo y seguimiento), los ingresantes presentan dificultades en habilidades consideradas fundamentales para el nivel superior: comprensión y producción de textos, resolución de problemas y pensamiento crítico, como así también falta de hábitos adecuados para el nivel.

Como se dijo antes, entender que el "buen rendimiento académico" alcanzado en el nivel polimodal garantizaría su continuidad en el nivel superior, pertenece a una mirada reduccionista que haría recaer en las habilidades individuales el "éxito académico", desconociendo las variables contextuales e históricas que atraviesan cada situación personal.

En la dimensión económica (plan de becas), se ofrece un aporte en dinero que se concibe como ayuda económica y contribuye a mejorar las condiciones materiales del alumno. Sin embargo, en su implementación se descuidan otros factores de igual importancia a la hora de incluir a los alumnos/as en la propuesta formativa. En principio, el incentivo económico cumple con el objetivo de estimular la elección de la carrera docente, pero la falta de pago en tiempo y forma de las cuotas desvirtúa el objetivo, ya que cuando el alumno/a necesita contar con ese dinero para la compra del material de estudio (a principio de ciclo lectivo) no lo tiene disponible, y cuando finalmente lo percibe lo destina a otros gastos, según surge de lo expresado por los alumnos/as.

El alumno/a necesita de dicho aporte, pero esto no es suficiente para igualar sus puntos de partida, por lo que es necesario, además, definir dispositivos de acompañamiento académico, de lo contrario se avalaría la idea de que sólo el estímulo económico es suficiente para lograr la permanencia. En este sentido, según Gutiérrez al analizar a Bourdieu:

No hay mejor manera de servir al sistema –creyendo combatirlo– que imputar únicamente a las desigualdades económicas o a una voluntad política, todas las desigualdades ante la educación. Siguiendo este posicionamiento, toda reivindicación que tienda a automatizar un aspecto del sistema de enseñanza, se trate de la enseñanza superior en su totalidad o de tal o cual aspecto de la enseñanza superior, sirve objetivamente al sistema porque alcanza con dejar actuar a los factores, desde el jardín maternal a la enseñanza superior, para asegurar la perpetuación del privilegio social (Gutiérrez 2006).

En la dimensión sociocomunitaria es central el concepto de *participación* de los becarios en diferentes acciones que se definen e implementan a partir de dicho proyecto.

Sin embargo, las barreras persisten y éstas pueden identificarse en la organización de tiempos y espacios institucionales, en los proyectos, en las acciones planificadas y realizadas desde los mismos.

El documento base del PNB pone énfasis en la participación de los alumnos tanto en el interior del instituto como en la comunidad, desde las nuevas miradas de la formación docente. Al mismo tiempo uno de los proyectos sociocomunitarios –"Patrimonio Histórico-Cultural. Educar para preservar"–, por el tipo de actividades que planifica, tiende a una participación consultiva. No obstante, desde el discurso de los alumnos/as, se infiere que el tipo de participación efectivamente lograda fue simple, lo cual explicaría el menor grado de compromiso y responsabilidad en las acciones de los proyectos (Trilla y Novella 2001).

Finalmente, preparar a los sujetos para la participación es una tarea fundamentalmente educativa. Consiste en facilitar a los individuos la adquisición de las capacidades necesarias para participar. Se trata de ciertas actitudes –la de querer involucrarse, la de ejercer la tolerancia– y también de ciertas capacidades expresivas y dialógicas.

Si incluir significa eliminar las barreras para la participación –barreras que hacen referencia a todo tipo de obstáculos que la impiden–, los proyectos sociocomunitarios no lo lograron plenamente. Por ello será necesario trabajar de manera institucional la articulación de diferentes proyectos, tomando como eje la trayectoria formativa de los estudiantes.

En otro sentido, la burocratización en la implementación de los proyectos sociocomunitarios, entendida como la dilatación en la selección y designación de tutores, la demora en la efectivización de los pagos de las cuotas de las becas, el esporádico seguimiento y monitoreo en la elaboración e implementación de los proyectos, o los tiempos prolongados para la institucionalización de los mismos, le restaron viabilidad y eficacia al programa, convirtiéndose en otra barrera significativa para el análisis.

La flexibilización de las barreras institucionales para facilitar dicha implementación, no ha significado una mejora en el rendimiento académico del estudiante beneficiado, según se infiere del análisis del RA, por lo que en principio se puede decir que si bien se logró la inclusión, ésta no necesariamente fue con calidad.

Al flexibilizar las condiciones y tipo de participación en los proyectos sociocomunitarios, se propició un grado de participación simple no avanzando hacia niveles de participación consultiva y metaparticipación, que implican mayor grado de responsabilidad y concienciación necesarias en su formación. Entonces, ¿hasta qué punto se avanzó hacia la apropiación de aspectos simbólicos altamente significativos en la construcción del rol docente?

Esta flexibilización, que obedecía en principio a medidas de tipo inclusivas tratando de igualar puntos de partida de los alumnos, en este caso habría operado como reproductora de la diferencia de aquellos que se encuentran en situación de desventaja. Cabría preguntar si en este aspecto la flexibilización de las barreras se corresponde con los procesos de equidad en la formación docente.

Si bien el PNB no impactó de manera definitoria en el mantenimiento del rendimiento académico de los becarios, rescatamos desde las voces de estos sujetos que sí impactó positivamente, a través del proyecto sociocomunitario, en el trabajo colaborativo de los alumnos, en el sentido de pertenencia institucional. También permitió un acercamiento al campo estableciendo vínculos con la comunidad y con el nivel educativo para el cual se forman, influyendo positivamente en la construcción del rol docente.

Bibliografía

AA.VV. (2002), "Educación inclusive", *Revista de Educación*, p. 327.

Ainscow, M. (1999), *Understanding the Development of Inclusive Schools*, Londres, Falmer Press. [Traducción al castellano de Pablo Manzano: Ainscow, M. (2001), *Desarrollo de escuelas inclusivas,* Madrid, Narcea.]

Alonso Hiojal, I. (1989), *Educación y Sociedad. Las sociologías de la educación*, Madrid, Centro de Investigaciones Sociológicas.

Ambroggio, G. (2005), *Notas sobre la evaluación en ámbitos educativos*, Córdoba, Escuela de Ciencias de la Educación, FFyH, UNC.

Arnaiz, P. (2003), *Educación inclusiva: una escuela para todos*, Málaga, Aljibe Booth.

Bourdieu, P. (1988), *La Distinción: criterios y bases sociales del gusto*, Madrid, Taurus.

Bourdieu, P. (1981), *La reproducción: elementos para una teoría del sistema de enseñanza*, Barcelona, Laia.

Bourdieu, P. (2006), *Los Herederos*, Buenos Aires, Siglo Veintiuno Editores.

Bourdieu, P. y otros. (1975), *El oficio de sociólogo*, México, Siglo Veintiuno Editores.

Cea D' Ancona, María de los Ángeles (1996), *Metodología Cuantitativa: estrategias y técnicas de investigación social*, Madrid, Síntesis Editorial.

Córdoba, M. (2008), "La deserción en el primer año del Profesorado en Lengua y Literatura del ISFD A. G. Cavero", Trabajo Final Especialización en Pedagogía de la Formación, Córdoba, FFyH, UNC.

Diario *La Nación* (31 de octubre de 2008), "La deserción preocupa pero no puede calcularse". Disponible en línea: www.lanacion.com.

Forni, F.; Gallart, M. A.; Vasilachis, T. y Gialdino, I. (s/f), *Métodos Cualitativos II, la Práctica de la Investigación*, Buenos Aires, Centro Editor de América Latina.

Huesca, M. G. y Castaño Corvo, M. B. (2005), *Causas de deserción en alumnos de primer año de una universidad privada*, México, UNAM.

Mastache, A. *et al.* (2006), *La deserción y la permanencia de los alumnos de primer año de la Universidad Nacional del Sur*, Universidad Nacional del Comahue.

Ministerio de Educación de la Nación (2005), *Programa de renovación pedagógica. Elegir la docencia*, Buenos Aires.

Observatorio de la Universidad de Colima (2000), *La deserción en la educación superior*, México, Observatorio.

Ortega, F. (2000), *Los desertores del futuro*, Córdoba, Serie Investigación, UNC.

Parrilas Latas, A. (2002), "Acerca del origen y sentido de la educación inclusiva", en *Revista de Educación*, núm. 327.

Perrenoud, P. (s/f), *La construcción del éxito y del fracaso escolar*, Galicia, Fundaciones Morata SA, Paideia.

Polacina, M.; Martín, R. y González, Z. (1983), *Deserción, desgranamiento, retención, repitencia*, Buenos Aires, Editorial Kapelusz.

Samaja, J. (1999), *Epistemología y metodología de la Investigación*, Buenos Aires, Eudeba.

Sarrionandia, G. (2004), *El camino hacia una educación más inclusiva*, México, UNAM.

Susinos, T. (2005), "¿De qué hablamos cuando hablamos de inclusión educativa?", en *Escuela Española*, núm. 13, Cantabria.

Tenti Fanfani, E. (comp.) (2006), *El oficio de docente: vocación, trabajo y profesión en el siglo XXI*, Buenos Aires, Fundación OSDE-Siglo Veintiuno Editores.

Teobaldo, M. (1995/1996), "Evaluación de la calidad educativa en el primer año universitario: una combinatoria de enfoques cuantitativos y cualitativos", en *10 estudios-investigación*, Pesun.

Trilla, J. y Novella, A. (2001), "Educación y Participación en la Infancia", *Revista Iberoamericana de Educación*, núm. 26.

La importancia del acompañamiento pedagógico

María Carolina Barrionuevo[5]
Patricia Elizabeth Fernández[6]
Marco Antonio Ferrau[7]
*(Instituto Superior de Formación Docente de Nivel
Terciario Padre Dante Darío Celli, Chaco)*

La inclusión, una construcción en proceso

El radio de influencia del Instituto de Nivel Terciario Padre Dante Darío Celli, comprende todo el departamento de Bermejo, ubicado en el sudeste de la Provincia del Chaco, en la frontera con el Paraguay. Sus principales localidades son Las Palmas, La Leonesa, General Vedia, Puerto Bermejo, Puerto Eva Perón e Isla del Cerrito.

La matrícula total está conformada por 440 alumnos aproximadamente, grupo compuesto de docentes de nivel primario y jóvenes egresados de los colegios de educación polimodal, técnica y bachillerato para adultos que desean continuar sus estudios superiores. Además existe una fuerte proporción de desocupados, empleados, pequeños agricultores, empleadas domésticas, vendedores que buscan una salida laboral y una vida profesional digna.

El instituto ofrece cuatro carreras en la actualidad: profesorado para EGB 3 y polimodal en Biología, y profesorado

---

[5] carolina_barrionuevo1@hotmail.com
[6] patrielis@hotmail.com
[7] marcoantonio68@yahoo.com.ar

para EGB 3 y polimodal en Lengua. También tres tecnicaturas de la siguiente manera: tercer año de Animación sociocomunitaria, tercer año de Turismo (Las Palmas), y segundo y tercer año de Gestión de microemprendimientos.

La gestión curricular se ha caracterizado por la actualización y/o mejoramiento de las asignaturas, y la inclusión gradual e integral de innovaciones curriculares vinculadas con la realización de proyectos inter e intraespacios. Se destaca la participación de la institución en acciones con otras instituciones de la comunidad. Otros tipos de participaciones se vinculan con la realización de eventos turísticos y sociales, tanto con organizaciones gubernamentales como no gubernamentales.

La misión que se propone la institución es garantizar el acceso, la permanencia y finalización de los estudios de la población que atiende, brindar una formación de calidad respetando los fines de la educación nacional y provincial y optimizar el uso de los recursos disponibles.

En este contexto, se llevó a cabo el trabajo de investigación realizado en el Instituto de Nivel Terciario Padre Dante Darío Celli de la localidad de Las Palmas, Provincia del Chaco, en el transcurso del año lectivo 2008. El trabajo se enmarcó en uno de los lineamientos planteados por el proyecto red PROPONE, correspondiente al acceso y permanencia en los ISFD; pretende indagar acerca de prácticas, experiencias o dispositivos de acompañamiento a estudiantes y docentes para favorecer el acceso y la permanencia de los mismos en las instituciones. En este eje de trabajo, la investigación centró su mirada en el equipamiento y acompañamiento informático y bibliográfico institucional, como estrategia de estímulo para la permanencia y equidad al acceso del conocimiento en los alumnos.

Luego de definir y comprender al eje temático por el cual iba a dirigirse este proceso, se elaboró el diseño de investigación, precisando claramente cada uno de sus componentes: desde el planteamiento del problema, su caracterización y objetivos hasta tratar qué aspecto de la realidad o marco teórico interesaba trabajar. De manera, se buscó que cada uno de estos puntos esté planteado con una coherencia y lógica interna tal que nos permita comprender el trabajo empírico, para el que también se realizó el diseño de los instrumentos de recolección de datos.

Como se mencionó más arriba, el problema que encausó este proceso puso énfasis en el modo de influencia del uso que hace el alumnado de la biblioteca y la sala de informática, como estrategia de estímulo para la permanencia y equidad al acceso al conocimiento en los alumnos de primer año del profesorado en Lengua del ISFD Padre Dante Darío Celli.

Ante ello, partimos de la hipótesis siguiente: cuando existen estrategias institucionales que se representan en el desarrollo de tutorías brindando asesoramiento a los alumnos en el uso de la biblioteca y la sala de informática, se favorece el acceso equitativo al conocimiento, atendiendo las demandas principales de los alumnos, posibilitando la permanencia en el sistema educativo y mejorando la calidad del proceso de enseñanza y aprendizaje.

Por lo tanto, el objetivo general propuesto se tradujo en describir y caracterizar la función y finalidad del asesoramiento tutorial al alumnado del primer año en el uso de los equipamientos informático y bibliográfico como estrategia institucional que favorezca la equidad en el acceso al conocimiento.

La metodología adoptada priorizó un análisis cualitativo de contenido temático, codificación e interpretación, tomando como población de estudio a treinta alumnos de primer año del profesorado en Lengua –comisiones A y B–, tres docentes del primer año de la carrera de Lengua, un docente a cargo de la sala de informática y dos docentes a cargo de la biblioteca.

Los instrumentos de recolección de datos aplicados según las muestras seleccionadas fueron encuestas estructuradas con preguntas cerradas a treinta alumnos de ambas comisiones, seleccionando once de ellos para describir el uso de la biblioteca, indagando acerca de los medios con los que cuenta para acceder al material bibliográfico necesario para el cursado de los espacios, los requisitos para acceder al uso de la biblioteca, la frecuencia de asistencia a la biblioteca, los espacios curriculares que requieren su uso, el asesoramiento para la utilidad del material bibliográfico, la función que cumple la biblioteca institucional en el proceso de aprendizaje y el tiempo que permanecen en la biblioteca haciendo uso de sus recursos. Con otros diecinueve alumnos restantes se trabajó el uso de la sala de informática y los requisitos para acceso a la misma, la frecuencia de asistencia y la finalidad de su uso, los espacios curriculares que requieren el uso de la sala de informática y a través de qué tipo de tareas, la descripción del asesoramiento para la utilidad de los recursos tecnológicos existentes en la sala y su influencia en el proceso de aprendizaje, el tiempo que permanecen en la sala de informática haciendo uso de sus recursos, si dispone de recursos tecnológicos en su domicilio y cuáles de ellos son útiles para el desarrollo de la carrera.

Se trabajó con entrevistas semiestructuradas, de preguntas abiertas a docentes a cargo de la sala de informática indagando sobre el cargo desempeñado, las funciones principales que realiza en la sala de informática, el asesoramiento a los alumnos acerca del uso de la tecnología, de qué tipo, qué conocimientos manejan los alumnos acerca del uso y funciones del mismo, quiénes son los alumnos que utilizan la sala con más frecuencia y para qué la usan, los requisitos para poder utilizar la sala de informática y cuántos de los alumnos de la institución cumplen con ellos, el tipo de registro que se utiliza para el control del uso del equipamiento tecnológico e informático y quiénes comparten el control del mismo, en qué horarios se encuentra disponible, la designación de los turnos para su uso, la frecuencia de la concurrencia a la sala de informática de los profesores, cuántos alumnos atiende diariamente y cuántos pertenecen al primer año.

También se entrevistó a la profesora a cargo de biblioteca, analizando los siguientes aspectos: el cargo que desempeña, las funciones principales que realiza en la biblioteca, el tipo de registro utilizado para el control del uso del material bibliográfico disponible, los horarios de atención, la frecuencia de asistencia de los profesores a la biblioteca, la cantidad de alumnos que atiende diariamente y el tipo de asesoramiento que realiza acerca del material bibliográfico disponible. Asimismo, las entrevistas realizadas a la coordinadora de carrera y equipo de conducción tuvieron en cuenta las estrategias institucionales de acompañamiento y asesoramiento a los alumnos que se inician en la formación docente, la función o utilidad que cumplen en el proceso de enseñanza y aprendizaje de los alumnos la sala de informática y la biblioteca, de qué manera se coordinan o se organizan las acciones para el funcionamiento de estas estrategias, los criterios de acceso al uso de la sala de los alumnos y los docentes y el seguimiento que se realiza del funcionamiento de las estrategias de acompañamiento informático y bibliográfico institucional.

En la aplicación de los instrumentos de recolección de datos explicitados anteriormente, se visualiza un trabajo con las unidades de análisis y sus respectivas variables, atendiendo a la coherencia del desarrollo del proceso de investigación y la construcción de conocimientos y saberes a partir de su respectivo análisis.

Como fuente de información se tuvo en cuenta a los docentes a cargo de la sala de informática y de la biblioteca, las planillas de control de utilidad del equipamiento informático y bibliográfico, y los alumnos regulares que asistían a la sala de informática y a la biblioteca.

Se intentó, entonces, realizar un análisis exhaustivo del uso que hacen los alumnos de la sala de informática y de la biblioteca, identificando contextos del uso, fines, variaciones según las circunstancias, etc. Ante ello, se percibió la intención del IFD de integrarse a la propuesta inclusiva, poniendo en prácticas estrategias de acompañamiento pedagógico, a fin brindar oportunidades de acceso al conocimiento a todos los alumnos de igual manera y con iguales condiciones. Estos equipamientos aspiran a actuar como estrategias de estímulo en la permanencia y favorecer de esta manera la equidad en el proceso de enseñanza y aprendizaje.

Las prácticas educativas que hoy tienden a reforzar la inclusión son múltiples, sin embargo queda mucho por hacer para alcanzar los logros deseados. Así lo expresa Carbonelli (2003) cuando dice que la conciencia de esa insatisfacción y el hecho de que las buenas intenciones no sólo sean insuficientes sino también, a veces, el camino hacia un infierno no deseado, hayan hecho que por todo el mundo afloraran iniciativas y proyectos educativos que buscan ir más allá de lo logrado hasta ahora en términos de equidad, integración y calidad educativa para todos. En las instituciones con una intención *inclusiva*, dedican gran atención y esfuerzo a la tarea de revisar críticamente su cultura escolar, sus planes de acción y sus prácticas cotidianas buscando aquellas *barreras* que, por las razones que sea, limitan las posibilidades de algunos alumnos a la experiencia de poder aprender y participar en iguales condiciones que sus compañeros.

¿Se trabaja para la inclusión? El uso y el impacto del equipamiento en el proceso de aprendizaje de los alumnos

a) Equipamiento informático: sala de informática

La sala de informática recibe diariamente un promedio de veinticinco alumnos por turno, los cuales, para el uso y control de las computadoras, completan una planilla en la que consta el día, el nombre y apellido del alumno, la carrera que cursa, el número de PC utilizada y los horarios de comienzo y fin del uso. El control de esta planilla la realizan los encargados de la sala en los horarios de atención. Del análisis de las encuestas realizadas a los alumnos se puede visualizar que la utilización del equipamiento informático es persistente en la totalidad de los alumnos, como una herramienta que profundiza el proceso de enseñanza y aprendizaje, dando la posibilidad de acceder a información, buscarla, y ocuparse en la realización de los trabajos prácticos desde los espacios curriculares que los requieran.

Al preguntar a los alumnos acerca de la disponibilidad de los medios necesarios para el cursado de los espacios, mencionaron que poseen algunas fotocopias, apuntes prestados, hojas, etc.; son muy pocos los que cuentan con una PC en su propia casa, impresora, retroproyector audiovisual, cámara fotográfica, elementos que tienen a su disposición en la sala de informática pudiendo utilizarlos el tiempo que los necesiten.

En relación con la frecuencia continua y diaria de asistencia a la sala de informática, lo hacen todos los días para realizar trabajos prácticos y búsqueda de información. El tiempo que permanecen es de tres a cinco horas aproximadamente, resaltando que el asesoramiento y la tutoría que se brindan para el uso del equipamiento informático son adecuados y constantes: "El profe nos ayuda a sacarnos las dudas, y corregir los errores, permitiéndonos adquirir y aprender lo que no sabemos hacer en la computadora. Y nos ayuda a dar formato a nuestros trabajos prácticos"... Todos los alumnos de las diferentes carreras de la institución utilizan la sala de informática y sus recursos audiovisuales.

El asesoramiento en el uso de las máquinas y de las herramientas informáticas es permanente por parte de dos profesionales a cargo, atendiendo en turnos matutinos, vespertinos y nocturnos. También enseñan cómo almacenar información en distintos dispositivos, por ejemplo CD o *pen drive*. El trabajo institucional desde el diseño y operación de la sala de informática, así como sus recursos disponibles, se despliegan en el objetivo de poder generar mayores oportunidades de aprendizaje y enseñanza, brindando la posibilidad a *todos* los actores institucionales a tener acceso no restringido a la búsqueda, interpretación y comprensión de conocimiento desde variadas dimensiones y herramientas para trabajar. Esto se fundamenta en las palabras de Inés Dussel (2004):

> Que haya sujetos que pueden educarse depende de lo que hagamos con ellos en la escuela, no sólo lo que haga la familia o la sociedad: depende de cómo los recibamos y los alojemos en una institución que los considere iguales, con iguales derechos a ser educados y a aprender. Lo cual no quiere decir abolir la asimetría de la relación pedagógica: tiene que haber un docente con una voluntad y un deseo y un saber que transmitir. Pero esa transmisión debe pensarse como un acto de institución de la igualdad, actual, efectiva, y no como la promesa de que alguna vez aquel que tenemos enfrente se convertirá en un igual.

Hay diferencias importantes en las habilidades y competencias que se requieren para el uso de los recursos informáticos, y estas son situaciones que la institución debe atender, sin ninguna duda. Debemos desconfiar de la retórica fácil que habla de una supuesta "generación digital", que plantea que todos los jóvenes están comunicándose en línea todo el tiempo y que, sólo por ser jóvenes, tienen una afinidad espontánea con la tecnología que la gente adulta no posee. Desde las encuestas trabajadas podemos ver que no se puede afirmar que contamos en nuestros alumnos con la presencia de una generación digital; el conocimiento que poseen acerca del uso de las máquinas es variado, hay algunos con muchos conocimientos que no necesitan de un asesoramiento continuo, y otros que por primera vez tienen un contacto con una PC, por lo que requieren más atención.

El semiólogo italiano Umberto Eco escribió que si uno quiere usar la televisión para enseñarle a alguien, primero tiene que enseñarle a usar la televisión. La alfabetización en medios debería reemplazar a las materias de informática, y tendría que estar mucho más integrada con el aprendizaje de Lengua y Literatura.

En su mayoría, los alumnos son de escasos recursos económicos, lo que para algunos es un obstáculo para el acceso al conocimiento por no disponer de los recursos necesarios. Una respuesta de acompañamiento a los mismos, por parte de la institución, se efectiviza en la disponibilidad, la posibilidad equitativa y el asesoramiento en el uso del equipamiento tecnológico informático.

En este sentido, los alumnos expresan: "El proceso que cumple es muy importante porque me ayuda a ampliar los temas que nos piden los profesores"; o "cumple una función muy importante, ya que facilita una herramienta fundamental como la computadora y también la impresora. Indispensable para realizar los trabajos prácticos."

La educación inclusiva tiene que formar parte de una política escolar de igualdad de oportunidades para todos. Si llega a ser así, proporcionará la base para analizar e identificar las fuerzas o los factores que inducen a la exclusión. Los valores que mantiene la inclusión deberían, por ejemplo, educar a los alumnos en la conciencia de la necesidad de participación social de todas las personas, y deberían también suponer en la práctica la entrada en escena de una generación de ciudadanos comprometidos socialmente en la lucha contra la exclusión. Los valores de la educación inclusiva tienen que ver con abrir la escuela a nuevas voces (las menos familiares) y con escucharlas activamente; pero también con el respeto y la redistribución de poder entre todos los miembros de la comunidad escolar, incluidos aquellos que tradicionalmente han sido excluidos o mantenidos testimonialmente (sin voz y sin voto). La nueva ética supone, en definitiva, pasar de aceptar la diferencia a aprender de ella.

Del trabajo realizado a través de los instrumentos de recolección de datos, es decir, encuestas realizadas a diecinueve alumnos del primer año del profesorado en Lengua, se llegó a un análisis e interpretación, siendo los gráficos que se despliegan a continuación un soporte importante de visualización detallada de los datos trabajados desde cada una de las preguntas realizadas.

Pregunta nº 1: ¿Cuenta con los medios necesarios para el acceso al material bibliográfico requerido para el cursado de los espacios curriculares?

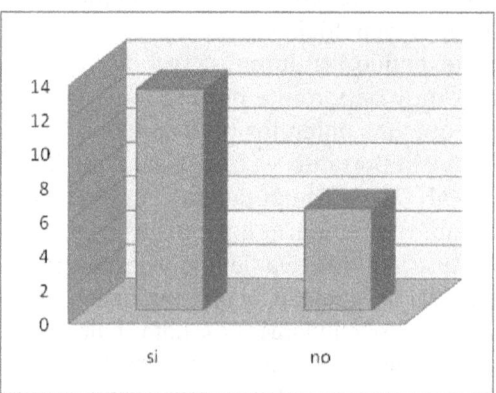

Pregunta nº 2: ¿Con qué frecuencias asiste a la sala de informática?

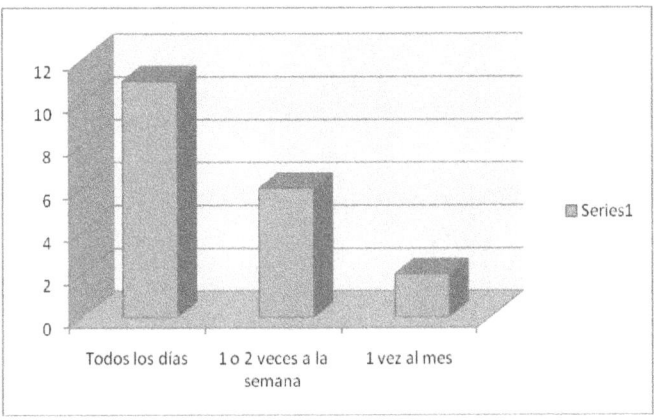

Pregunta nº 3: ¿Se brinda algún asesoramiento para la utilización de los recursos tecnológicos existentes en la sala de informática?

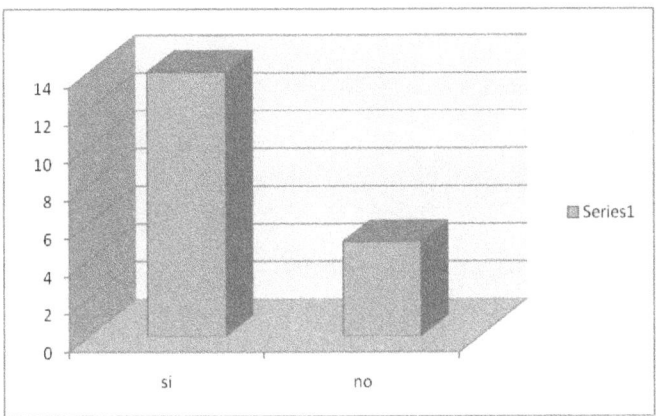

Pregunta nº 4: ¿Cuánto tiempo permanecen en la sala de informática haciendo uso de sus recursos?

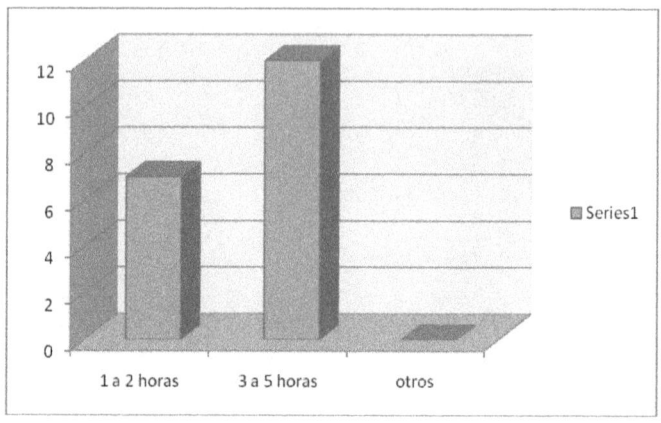

Pregunta nº 5: ¿Dispone de recursos tecnológicos en su domicilio?

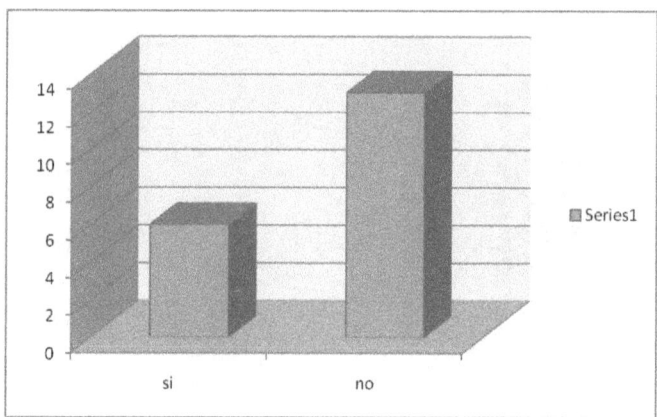

b) Equipamiento bibliográfico: la biblioteca

La totalidad de los alumnos manifiestan que la institución, por medio de la biblioteca, posibilita el acceso al material bibliográfico para el cursado de las materias. Además de todos los libros que tienen a su disposición, material de consulta y trabajo de los espacios curriculares, se pueden encontrar también los módulos fotocopiados que sirven de *dossier* de cada unidad curricular, los cuales se prestan sin restricciones, tanto a los alumnos como a los docentes.

La frecuencia con la que asisten a la biblioteca es asidua, de dos a cinco veces a la semana, en búsqueda de información, obras, apuntes, videos, películas, revistas, etc. El tiempo que permanecen trabajando es de dos a cuatro horas, lo que puede corroborarse en los comentarios extraídos de las encuestas realizadas a los alumnos: "Asisto a la biblioteca para el uso de diccionarios y también buscando algunas obras, las cuales no todas se encuentran ahí, las que están nos ayuda la profe a entenderlas, y las que no están nos dice cómo y donde encontrarlas"; "para los que recién empezamos es todo nuevo y difícil, y los profes nos exigen cada vez más, lo que nos lleva acudir a la biblioteca o a la sala de informática. Es el único medio para terminar nuestro trabajo."

La tarea tutorial de acompañamiento la realiza una docente profesora en Lengua y bibliotecaria, que se encuentra en turnos matutinos y nocturnos. Acompaña a los alumnos en la selección de materiales, búsqueda de información, realización de trabajos monográficos. Además, colabora en la compra y gestión de libros o materiales bibliográficos que se necesiten, ayudando a ampliar los recursos y medios para que todos puedan acceder a ellos en el momento y el tiempo que lo requieran. Es considerada por los alumnos como un apoyo y asesoramiento continuo dentro de la institución, que ayuda al acceso, búsqueda, interpretación, comprensión de material para el cursado y desarrollo de los espacios.

Podemos ver entonces que la biblioteca juega un rol principal en el proceso de inclusión educativa, como estrategia institucional de acompañamiento a los alumnos en su formación inicial, permitiendo también el acceso al conocimiento a todos los alumnos de la institución, tratando de servir como herramienta de alcance igualitario para el total de la población estudiantil, que la utiliza como medio de búsqueda, profundización e interpretación del conocimiento necesario para los procesos de enseñanza y aprendizaje.

El uso de la biblioteca es exclusivo del alumnado y personal docente de la institución. Los pedidos y préstamos de material se registran en planillas de control, sin límite de tiempo.

Cabe citar a Carina Kaplan (2005), que afirma que existe la esperanza de que el fracaso del alumno pueda "superarse si se mejoran las condiciones que le ofrece la escuela en su trayectoria educativa. La confianza mutua, el fortalecimiento de la autoestima educativa y social del alumno, el reconocimiento y respeto por la diversidad de los sujetos que configuran el mapa de la institución escolar son algunas de las opciones que la escuela debiera considerar."

El IFD ve en la estrategia institucional puesta en marcha una gran posibilidad de generar medios igualitarios y accesible a todos los actores institucionales, principalmente haciendo eco en el alumnado, para guiar, acompañar y ayudar a seguir estudiando, y para evitar que al verse limitado por no contar con los recursos que se le solicitan para el cursado o para el desarrollo de sus materias, sus ganas de seguir se apaguen y abandone sus estudios. La institución intenta posibilitar que tenga a su alcance todos los medios que favorezcan en sus procesos de formación, tratando de trabajar en constante coordinación con los docentes y demás miembros, para que la acción de generar estrategias de inclusión educativa sea una responsabilidad y toma de conciencia de que el alumno se tiene que quedar para formarse en igualdad de condiciones en su propia construcción de conocimientos.

Esta investigación es, entonces, un proceso de acción y puesta en práctica de instrumentos de recolección de datos que permiten recabar información, analizarla e interpretarla, generando en muchos de los casos una construcción de conocimiento y saberes. Los instrumentos utilizados para lograr el detalle de información postulada anteriormente, nos permitieron además obtener a través de los gráficos de barras un detalle aun más específico de los datos recabados en cada una de sus preguntas, trabajando con una población de once alumnos del primer año del profesorado en Lengua.

Pregunta n° 1: ¿Cuenta con los medios necesarios para el acceso al material bibliográfico requerido para el cursado de los espacios curriculares?

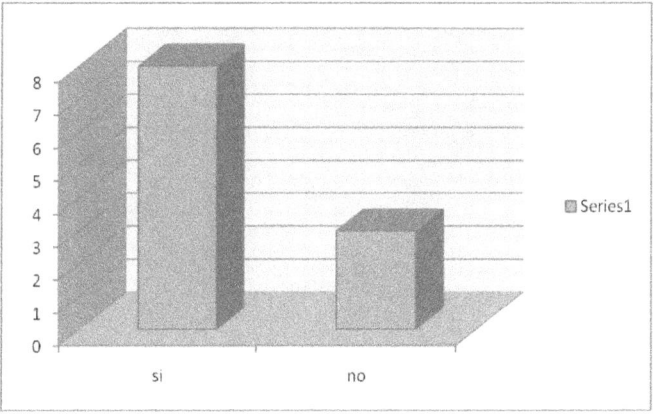

Pregunta nº 2: ¿Con qué frecuencia asiste a la biblioteca?

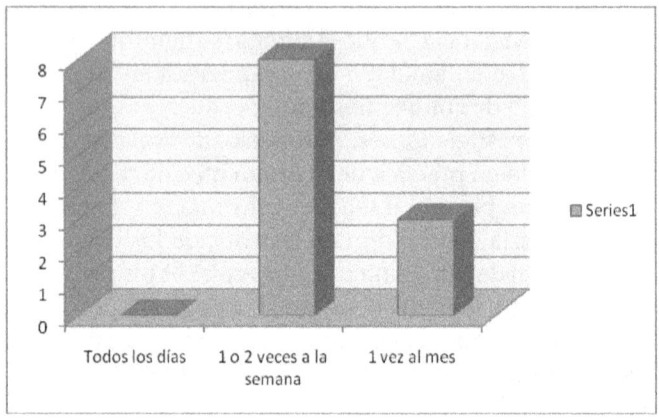

Pregunta nº 3: ¿Se brinda algún asesoramiento para la utilización de los recursos bibliográficos existentes en la biblioteca?

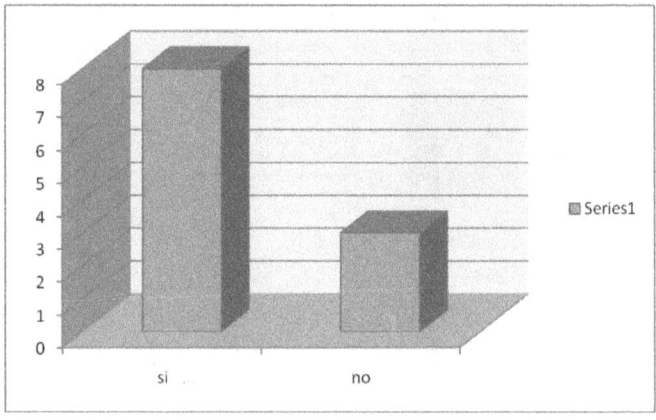

Pregunta nº 4: ¿Cuánto tiempo permanecen en la biblioteca haciendo uso de sus recursos?

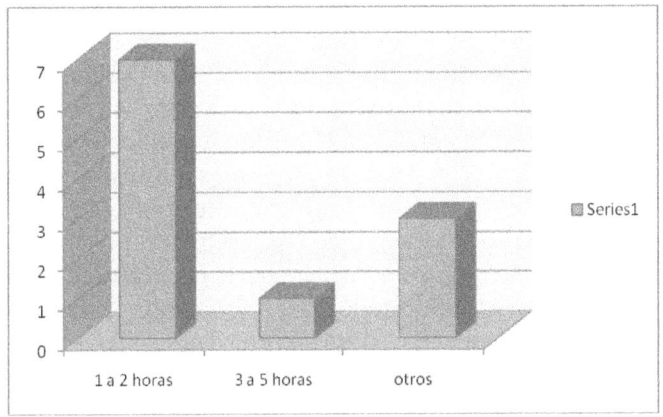

Pregunta nº 5: ¿Dispone de recursos bibliográficos en su domicilio?

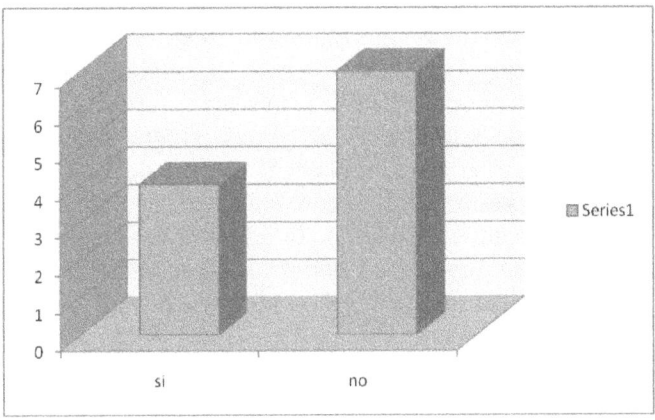

Una institución que pretende incluir

Si bien los docentes de la institución entrevistados coinciden en que el equipamiento tecnológico con que cuenta el Instituto de Nivel Terciario Padre Dante Darío Celli, a veinticinco años de su creación, es importante –sobre todo teniendo en cuenta que durante mucho tiempo solamente la tiza, el pizarrón y los libros impresos fueron los soportes y recursos tecnológicos utilizados–, hoy se puede contar con una sala de informática con computadoras conectadas en red y a la Internet, cañones con pantalla, equipo de sonido, televisor y reproductor, entre otros elementos a disposición de profesores y estudiantes. Ellos entienden la potencial importancia de este equipamiento tecnológico, pues como dice Daniel Filmus (2004), nos encontramos ante una transformación tecnológica que, en el ámbito educativo, sólo puede tener parangón con la invención del libro impreso. Aquel avance ocurrido hace más de cuatrocientos años permitió modificar radicalmente la organización del aprendizaje, posibilitó que la enseñanza fuera un proceso colectivo y generó las condiciones para que todos pudieran acceder a la escuela. Actualmente la incorporación de la informática, las redes comunicacionales y los medios audiovisuales ofrecen una perspectiva similar.

Esta transformación tecnológica que repercute en el ámbito educativo, en realidad hunde sus raíces en los hábitos de consumo de los jóvenes y adolescentes actuales, cuya correcta descripción del perfil sería la de una persona que navega por Internet, mirar TV, escucha música, escribe un mensaje casi sin mirar la tecla de su celular y hace la tarea escolar al mismo tiempo. Jóvenes que aprenden y razonan de manera diferente a los adultos, y que también difieren en la percepción que tienen de la realidad, en sus actitudes ante el conocimiento y en el modo en que conciben el mundo.

Tal vez las instituciones escolares no perciban ese cambio revolucionario, y los docentes, aunque conscientes de ello, no logren implementar efectivamente el uso de esas nuevas tecnologías, debatiéndose entre lo que alguna vez fue efectivo, el currículo y el capital cultural que poseen los estudiantes actuales. Roxana Morduchowicz, doctora en Comunicación de la Universidad de Paris, aclara esta idea al afirmar que la escuela nace ligada a la palabra escrita. Surge de la imprenta y por eso a lo largo del tiempo se mantiene en el aula un desprecio hacia el lenguaje audiovisual. Aparece una teoría común que circula en las salas de profesores y en el imaginario docente: la televisión, los medios audiovisuales, la computadora, Internet y todo formato que no aparezca encuadernado y en hoja de papel son amenazas para la cultura escrita, y por ende para la educación, pues se vinculan con la distracción, el entretenimiento y la ficción, que se oponen a la disciplina, la autoridad y el esfuerzo, que conforman la lógica propia de la escuela (Morduchowicz 1997).

Los centros comerciales, la televisión, las revistas, los recitales, Internet, son puntos de referencia clave en las experiencias de los chicos y los jóvenes de hoy. Allí acceden a gran cantidad de bienes culturales y de allí escogen buena parte de los símbolos y signos con los cuales construyen sus propias identidades. La escuela, sin embargo, parece no estar enterada de ello. Por un lado, se resiste a los saberes desarrollados fuera de su ámbito; por el otro, se empeña en transmitir, con poco éxito, conocimientos que los jóvenes encuentran sin sentido o fatalmente alejados de sus intereses y contextos (Morduchowicz 2004).

Justamente, en este cortocircuito entre lo que los niños y jóvenes viven dentro y fuera de la escuela, debemos buscar una de las razones, si no la más importante, del llamado "fracaso escolar" y de la importancia de la inclusión educativa, pues en las entrevistas realizadas a los profesores siempre están presente frases como: "Los alumnos que manejan Internet tienen más información, pueden relacionar y analizar mejor."[8] Esto implica reconocer la importancia de las nuevas tecnologías, aunque la mayoría de los docentes y la institución no se animen a dar el paso decisivo de tender puentes entre los contenidos curriculares y el universo real en el que se mueven los jóvenes, entre la cultura letrada y la oral y audiovisual, en suma, entre la escuela y la cultura.

Lo que el sociólogo e intelectual francés Pierre Bourdieu denomina *capital cultural*. En efecto, Bourdieu analiza las formas típicas del capital cultural, distinguiendo para cada forma o estado una modalidad de adquisición y de transmisión. El capital cultural puede existir en estado incorporado, es decir, bajo la forma de disposiciones duraderas del organismo; en estado objetivado, bajo la forma de bienes culturales, cuadros, libros, diccionarios, instrumentos, máquinas, etc., y en estado institucionalizado, como es el caso de los títulos escolares que confieren a su portador un valor convencional, constante y garantizado jurídicamente.

De todos ellos, el estado incorporado o *habitus* es la forma fundamental de capital cultural, está ligado al cuerpo, no puede ser delegado y su transmisión no puede hacerse por donación, compra o intercambio, sino que debe ser adquirido. Queda marcado por sus condiciones primitivas de adquisición, no puede ser acumulado más allá de las capacidades de apropiación de un agente singular y muere con las capacidades biológicas de su portador. El *habitus* es ese principio generador y unificador que retraduce las características intrínsecas y relacionales de una posesión en un estilo de vida unitario, es decir, un conjunto unitario de elección de personas, de bienes, de prácticas. Al igual que las posiciones de las que ellos son el producto, los

---

[8] Entrevista semiestructurada realizada a un profesor del Instituto Padre D. D. Celli.

habitus están diferenciados, pero también son diferenciales (Bourdieu 2008).

Los docentes del instituto, utilizando el sentido común, acuerdan en la importancia pedagógica de la sala de informática y de los recursos tecnológicos que posee la institución. Están convencidos de que es un acompañamiento en la formación de los futuros docentes, y en sí mismo conlleva a mejorar la inclusión de los alumnos y alumnas. Insistimos en esto cuando decimos "utilizando el sentido común", pues reconocen, también, un desconocimiento generalizado de cuáles son los límites de la aplicación a los procesos de aprendizaje en la actualidad de los avances de la informática, las redes como Internet y los nuevos medios audiovisuales. "Los especialistas coinciden en afirmar que actualmente en la educación se está aprovechando menos del 10% de las potencialidades de estos avances (Filmus 2004: 153)

Ahora bien, los docentes entrevistados, más allá de las dudas y las posturas en relación con la utilización de las nuevas tecnologías y sus alcances, coinciden en la amplitud y complejidad del tema. De enorme importancia es poner la cuestión en estado de debate permanente; un debate que no es nuevo, por cierto, y que todavía tiene mucho camino, pero que fundamentalmente es de una relevancia y riqueza inmensas para el futuro de la educación, de la formación docente y de la escuela pública.

¿Una institución inclusiva?

El desafío principal que afrontan los sistemas educativos en todo el mundo es cómo favorecer la inclusión. Supone una nueva ética, unos nuevos valores basados en la igualdad de oportunidades. Los cambios habrán de introducirse progresivamente en el ámbito de la cultura (los modos de pensar y de hablar sobre la diversidad en las escuelas), en las políticas escolares (las normativas, sistemas de gestión y rutinas de todo rango que rigen la vida en las escuelas) y, cómo no, en la propia práctica cotidiana de las aulas y de las instituciones.

Señalan los docentes de la institución en estudio la necesidad de incrementar la colaboración entre profesores (en la planificación conjunta, en la integración de diferentes espacios curriculares en el desarrollo de contenidos), entre alumnos (enseñanza cooperativa, sistemas de mediación para la resolución de conflictos), o entre el IFD y las escuelas del nivel para el que forma (redes, seminarios) y con otras instituciones del entorno. Existen estrategias institucionales y experiencias como las trabajadas en esta investigación que ayudan a romper con el aislamiento profesional, y agilizan el intercambio de ideas, recursos y profesionales que facilitan el cambio hacia una mejora de la calidad.

Este proceso de investigación recorrido permitió al grupo investigador, en primer lugar, desarrollar una mirada interior sobre el conocimiento construido acerca del significado desde el cual se miraba a la inclusión, a la exclusión, al acceso al conocimiento y a la equidad en el sistema educativo; lo que en su momento significó y dio origen a muchos interrogantes, dudas personales, derivando en debates y reflexiones grupales.

Se concibe a la equidad como la aspiración de intentar considerar las necesidades educativas de todos los alumnos por igual –*no como iguales*–, no viendo como más importantes y dignas de atención prioritaria las necesidades educativas de unos alumnos considerados "normales", frente a las necesidades de aquellos que se han venido considerando a lo largo de la historia como "alumnos especiales o con dificultades para aprender", bien sea por razones de sexo, capacidad, procedencia, estrato social u otras. Por *inclusión* se entiende un modelo teórico y práctico de alcance mundial que defiende la necesidad de promover el cambio en las escuelas, de forma que éstas se conviertan en escuelas para todos, escuelas en las que todos puedan participar y sean recibidos como miembros valiosos de las mismas.

La inclusión conlleva la idea de participación. Así pues, no basta con reconocer el derecho de cualquier sujeto a pertenecer (a matricularse) en una institución; lo esencial de la inclusión consiste en cambiar paulatinamente los modos habituales de organizar la institución y el currículo para conseguir aumentar la participación de todos los miembros de la escuela. Se trata de que los docentes identifiquen y eliminen las barreras para la participación.

En este marco, cabe resaltar que el uso del equipamiento informático y bibliográfico responde a una tarea de inclusión educativa conjunta y en coordinación de todo el personal docente de la institución. El uso de la sala de informática es de gran utilidad, porque favorece el acceso a la información brindada por Internet. Pues la mayoría de los alumnos carecen de recursos materiales necesarios y esta posibilidad que brinda la institución permite enriquecer los trabajos solicitados por los profesores de los distintos espacios sin ningún costo, colaborando de esta manera a un mejor proceso de aprendizaje. La sala está a disposición de los alumnos, tanto para buscar información como para pasar trabajos e imprimirlos, en los tres turnos en los cuales funciona el IFD.

En cuanto a la biblioteca, aunque tiene una bibliografía todavía insuficiente para las carreras actuales, brinda el acceso a materiales tanto en papel como digitales, videos y revistas, que van siendo incorporados en sus instalaciones según las demandas de las carreras. La biblioteca pretende ser además un espacio de lectura, de asesoramiento y de encuentro con los soportes necesarios para llevar adelante el proceso de enseñanza y aprendizaje, pues la consultan tanto alumnos como docentes.

Los estudiantes en general necesitan tener una forma de alfabetización crítica que les permita comprender cómo se produce la información, cómo circula, cómo se consume, y cómo llega a tener sentido. Se necesita ante todo una concepción coherente y rigurosa sobre la "alfabetización digital", acerca de lo que los alumnos *necesitan saber* de estos medios. Esto es mucho más que una cuestión de habilidades técnicas o funcionales.

Los alumnos marcados en sus trayectorias vitales por procesos de exclusión de diversos tipos, tienden a percibirse a sí mismos como causa última de su propio fracaso; se desacreditan como producto del descrédito del que han sido objeto. Pero al mismo tiempo se pone de relieve el valor insoslayable que posee la institución para atender a los alumnos que atravesaron por los condicionamientos materiales y simbólicos de la pobreza; allí donde la sociedad los excluye, en instituciones como éstas aprenden a revalorizarse como sujetos de derechos, lo cual resignifica su propia valía social y educativa.

La institución educativa debe favorecer la producción de experiencias significativas de los sujetos que permita despegarse de lo concreto, de lo inmediato y pueda generar espacios nuevos, articulando sus propias condiciones de existencia con nuevas experiencias de descubrimiento acerca de lo desconocido, de lo que puede alcanzar. Se puede decir que cuando un sujeto adquiere el afán de saber, ya no lo pierde jamás; es entonces cuando las barreras sociales, que articulan orígenes y destinos ya no actúan de manera eficaz y selectiva.

No basta con asegurar el acceso y la permanencia en el sistema, sino que es necesario revisar cualitativamente las experiencias que se brindan a los alumnos en la educación y su repercusión en sus proyectos y expectativas de vida, así como en su tránsito por otras instituciones sociales.

Pensamos, para cerrar, en una frase de Hannah Arendt que nos dice:

La educación es el punto en el que decidimos si amamos al mundo lo bastante como para asumir una responsabilidad por él y así salvarlo de la ruina que, de no ser por la renovación, de no ser por la llegada de los nuevos y los jóvenes, sería inevitable. También mediante la educación decidimos si amamos a nuestros hijos lo bastante como para no arrojarlos de nuestro mundo y librarlos a sus propios recursos, ni quitarles de las manos la oportunidad de emprender algo nuevo, algo que nosotros no imaginamos, lo bastante como para prepararlos con tiempo en la tarea de renovar un mundo en común (Arendt 1996: 208).

Bibliografía

Ainscow, Mel (2005), "El próximo gran reto: la mejora de la escuela inclusiva", Presentación de apertura del congreso sobre efectividad y mejora escolar, Barcelona.

Apple, Michael W. y Beane, James A. (1992), *Escuelas democráticas*, Madrid, Editorial Morata.

Arendt, Hanna (1996), "La crisis de la educación", *Entre pasado y futuro. Ocho ejercicios sobre la reflexión política*, Barcelona, Península.

Bourdieu, Pierre (2003), *Capital cultural, escuela y espacio social*, Buenos Aires, Editorial Siglo XXI.

Bourdieu, Pierre (2008), *Capital cultural, escuela y espacio social*, Buenos Aires, Editorial Siglo XXI, 2º edición argentina, revisada.

Bourdieu, Pierre y Passeron, Jean C. (1977), *La reproducción*, Barcelona, Editorial Laia.

Buckingham, David (s/f), *Más allá de la tecnología: repensar el aprendizaje en la era de la cultura digital*, s/r.

Dussel, Inés y Southwell, Myriam (octubre de 2004), "La escuela y la igualdad: renovar la apuesta", en *El monitor de la educación*. Revista del Ministerio de Educación, Ciencia y Tecnología de La Nación, Buenos Aires, núm. 1, V época.

Echeita Sarrionandia, Gerardo (2002), *En el camino hacia una educación más inclusiva*, El Index for Inclusión UAM.

Filmus, Daniel (2004), *Una escuela para la esperanza*, Buenos Aires, Editorial TEMAS.

Gallego Vega, Carmen (2004), "Algunas claves para desarrollar procesos educativos inclusivos", en *Temáticos escuela española*, núm.13, Universidad De Sevilla, Instituto de Educación - Universidad de Londres, pp. 21-23

Kaplan, Carina A. (2005), "Desigualdad, fracaso, exclusión: ¿cuestión de genes o de oportunidades?", en Llomovatte, S. y Kaplan, C. (comp.), *Desigualdad educativa. La naturaleza como pretexto*, Buenos Aires, Novedades Educativas.

Morduchowicz, Roxana (1997), *La escuela y los medios. Un binomio necesario*, Buenos Aires, Aique.

Morduchowicz, Roxana (2004), *El capital cultural de los jóvenes*, Buenos Aires, Fondo de Cultura Económica.

Morduchowicz, Roxana (coord.) (2003), *Comunicación, medios y educación. Un debate para la educación en democracia*, Buenos Aires, Ed. Octaedro.

Parrilla Latas, Ángeles (2002), "Acerca del origen y sentido de la educación inclusiva", *Revista de Educación*, núm. 327, pp. 11-30.

Susinos, Teresa (2005), "¿De qué hablamos cuando hablamos de inclusión educativa?", *Escuela Española*, núm. 13, Universidad de Cantabria, pp. 3-6.

La inclusión educativa y el acceso al conocimiento en los ISFD: ¿utopía o desafío? Una aproximación a las condiciones de acceso y permanencia en un instituto de formación docente

Daniel Alejandro Mazzola
María Concepción Mirada
María Estela Moyano
Asesora: Mónica Maldonado
(Escuela Normal Superior Dr. Agustín
Garzón Agulla, ciudad de Córdoba)

Introducción

Lo que presentamos en este artículo es el resultado de un trabajo de investigación que pretende indagar sobre las condiciones que posibilitan que los alumnos/as que ingresan a un instituto de formación docente permanezcan en la institución. Por ello, nuestros interrogantes están estrechamente vinculados con los aspectos de la dinámica institucional cotidiana, que contribuyen a la permanencia de los alumnos en el primer año del profesorado de primer y segundo ciclos de la Educación General Básica.

Los procesos de globalización y regionalización han implicado profundas transformaciones en todos los órdenes. Desde las nuevas tecnologías, que revolucionaron las maneras de producir, hasta las formas de comunicación y transporte, la vida de las sociedades y la existencia de los Estados, han sufrido importantes mutaciones. Estos cambios han impactado de maneras diversas en los países, según se ubiquen como centrales o periféricos, y fundamentalmente, en las sociedades, ya que los productos que inundan el mercado están fuera del alcance de enormes masas de población, que quedan al margen del acceso a los beneficios que estas transformaciones ofrecen.

En la Argentina, en la década de 1990, se ha producido un corrimiento del Estado como regulador del orden social y de las funciones que le son propias, dejando un vacío que fue ocupado por el mercado, que aparece asumiendo un rol preponderante en la vida social. Esto significó, para numerosos grupos sociales, la entrada en la precariedad material y social, profundizándose los procesos de marginalidad y desintegración social, disminuyendo o imposibilitando por parte de los sujetos el acceso a los bienes y servicios básicos que antes el Estado, al menos en parte, garantizaba. Así, toda mejora y seguridad en los niveles de vida quedan absolutamente libradas a las posibilidades individuales de ubicarse en el mercado.

Estos procesos llevan a la pérdida de los derechos sociales, que tienen que ver con la participación y la toma de decisiones en el espacio colectivo.

En este contexto, la institución escolar ha sufrido el impacto de las mutaciones culturales, económicas y sociales provocadas por el proceso de globalización. Los marcos en los que se mueve ya no son estables, y los valores que sustenta son percibidos como inciertos y contradictorios (Tiramonti 2003), produciéndose lo que algunos autores conceptualizan como una gradual y progresiva pérdida de la eficacia material y simbólica de la escuela. La crisis de los años 1990 desnuda mitos sobre los que hemos construido nuestra identidad, es decir, ya no pensamos a la escuela como una institución igualadora y que integra socialmente, por el contrario se asiste a su debilitamiento en relación con su valoración social (Tiramonti 2003).

Entonces, pensar la escuela y la formación docente hoy, implica considerar los efectos de las políticas neoliberales en relación con los niveles de desigualdad y de exclusión que ellas han generado. En tal sentido, como señala Birgin, esto supone atreverse a mirar no sólo las desigualdades sociales, "sino también las nuevas desigualdades educativas, las nuevas desigualdades en relación con el saber, las nuevas formas de constitución de los sujetos y de desigualdad en los vínculos entre los sujetos."

> [Las consecuencias de las políticas neoliberales de los noventa] se expresan en las desiguales condiciones de vida de los chicos y de los adultos con los que viven, de los docentes y de las escuelas, pero también en el desdibujamiento del imaginario común que consideraba posible y deseable la integración social y la igualdad. La ruptura de esa matriz de búsqueda de la igualdad (que era una matriz de la política, que la escuela normalista argentina sostenía y que atravesaba los diversos grupos y actores sociales) y, por lo tanto, la naturalización de la desigualdad en la Argentina, es una de las cuestiones más severas heredadas de los últimos tiempos (Birgin 2007: 56).

Así, en el momento político actual, estamos en presencia de dos procesos simultáneos: inclusión y exclusión. Los que participan del mercado, la cultura y la tecnología global están dentro, y los que no lo hacen quedan "afuera".

Recurrimos a un contexto macro para abordar nuestro problema, "porque el mundo en transición también afecta nuestro cotidiano, modifica nuestra manera de percibir, pensar y actuar, porque esas modificaciones se van produciendo a partir de nuestras relaciones de interacción." (Maldonado 2007: 23).

La deserción estudiantil en la educación superior, tanto en universidades como en institutos de formación docente, constituye un problema que se agrava año tras año; numerosos trabajos dan cuenta de ello, mientras las estadísticas arrojan cifras que preocupan a autoridades, y profesionales del campo educativo.

En el instituto de formación docente del que somos parte –durante los últimos años–, la matrícula del profesorado para primer y segundo ciclos de la Educación General Básica ha descendido en un porcentaje aproximado del 30%: en 2005 se inscribieron 194 alumnos, mientras que para 2008 la matrícula para primer año fue de 130 ingresantes. A esta situación debemos agregar que, en el transcurso del ciclo lectivo, se produce una progresiva deserción, acentuada a partir de las primeras instancias evaluativas de integración parcial implementadas al finalizar el primer cuatrimestre. El problema se agudiza tras los coloquios y exámenes finales. Esto, entre otros factores, resiente marcadamente la inscripción en segundo año.

Lo que presentamos en este artículo es el resultado de un trabajo de investigación que pretende indagar acerca de aquellos aspectos de la dinámica institucional en la que se relacionan los sujetos involucrados en el proceso de formación docente, y que contribuyen a la permanencia de los estudiantes en el profesorado.

Las preguntas centrales que delimitaron nuestro problema de investigación fueron:
- ¿Qué aprendizajes sociales construyen los alumnos en la institución, que posibilitan su inclusión?
- ¿Cuáles son los aprendizajes académicos que posibilitan a los estudiantes la apropiación del conocimiento?

De estas preguntas iniciales se desprenden *otros interrogantes específicos*:
- ¿Cómo inciden las prácticas docentes cotidianas, promovidas por los profesores y autoridades, en relación con la inclusión de los alumnos en primer año del ISFD?

- ¿Qué incidencia tienen las relaciones dentro del grupo de alumnos/as como factor de inclusión en primer año del trayecto de la formación docente?
- ¿Qué importancia asignan al estudio en las prácticas cotidianas los alumnos/as de primer año fuera de la escuela, y cómo se relaciona con su rendimiento académico?

A lo largo de este trabajo, sostenemos que las relaciones interpersonales constituyen un factor de inclusión y permanencia del grupo de alumnos, y en este proceso se vinculan docentes y alumnos en el contexto institucional.

Consideramos que tratar de enfocar el problema, desde la perspectiva de los que permanecen, posibilitará conocer cuáles son los dispositivos que se ponen en juego en la institución para lograr la permanencia de los estudiantes, y en este marco, conocer cuáles son las estrategias que los propios alumnos construyen para mantenerse en la institución, al tiempo que se van involucrando con el proyecto profesional que los mantiene a lo largo de la carrera.

Hoy las preocupaciones en torno a la formación docente se abren a nuevas preguntas, al repensar la relación y el compromiso de la escuela con las oportunidades de igualdad. Pero, tal como señala Sandra Carli, "la igualdad no se materializa sólo en el acceso a la educación pública sino en los modos de permanencia en las Instituciones públicas [...], en los recursos materiales y simbólicos para la apropiación del conocimiento por parte de niños y jóvenes, en las condiciones y posibilidades en el momento del egreso de la educación formal." (Carli 2003: 9-10).

Nuestro problema de investigación se inserta en la intersección de este complejo conjunto de coordenadas: entre la exclusión y la inclusión social y educativa, entre la profusión de conocimiento y tecnología y el limitado acceso de amplios sectores de la sociedad a ellos, entre el discurso que promociona la calidad educativa y la deserción y el desgranamiento de la matrícula de los institutos de formación docente.

Es precisamente aquí donde se instala nuestra preocupación en relación con los conceptos de *equidad* e *igualdad*, que requieren de un análisis. Eduardo Menéndez (1999), señala que los conceptos tienen una historia y una trayectoria en su construcción, en su uso y aun en su olvido. En efecto, los conceptos se construyen para tratar de interpretar y de analizar problemas, en consecuencia, están vinculados con determinadas concepciones teóricas y son, en tal sentido, instrumentos que sirven para dar cuenta de determinados problemas. El proceso de "desgaste, apropiación y olvido de los conceptos" puede modificar sus significados originales y aun generar la estigmatización de su empleo. En consecuencia, a la hora de recurrir a ellos se hace necesario explicitar desde qué teorías o con qué recaudos se los aborda. Atentos a ello, a continuación desplegamos el análisis que distintos autores hacen de conceptos que son medulares en el desarrollo de nuestro trabajo de investigación, adscribiendo a la mirada que concibe los conceptos de *equidad o igualdad compleja y de inclusión* como procesos, ligados a la participación social. Es decir, como procesos que contribuyen a incrementar la participación de los alumnos en la cultura y el currículum, *inclusión* significa *participar* en la comunidad de todos en términos que garanticen y respeten el derecho, no sólo a estar o pertenecer, sino también a participar de forma activa política y civilmente en la sociedad, en el aprendizaje, en la escuela, etc.

Es interesante la reflexión de Juan Carlos Tedesco:

> En nuestro país ha habido largos debates sobre el concepto de equidad. Algunos argumentan que sería más apropiado hablar de *igualdad,* dado que el término *equidad* formó parte de las teorías del Banco Mundial en la década de 1990

y, desde entonces, quedó asociado con el no reconocimiento de la desigualdad. Pero, a su vez, el concepto de *igualdad* tiene una larga historia ligada al no reconocimiento de las diferencias, al hecho de que ciertas políticas igualitarias eliminan la diversidad sociocultural. En este sentido, es posible recuperar el concepto de *equidad* como un término que define situaciones en las cuales se enfrenta el problema de la desigualdad pero respetando las diferencias (Tedesco 2007: 14).

Reconociendo lo polémico del uso del concepto de *igualdad*, Inés Dussel propone:

> Quizá la vieja idea de igualdad tenga algo muy valioso para recuperar, que se puede denominar *equidad* o *igualdad compleja*, pensada como un horizonte común e igualitario, como un punto de partida y no como un punto de llegada. Es decir, la igualdad no es algo que se obtiene al concluir la escolaridad, como resultado de haberse vuelto alguien "decente", obediente, etcétera y por lo tanto, *igual a mí*. En esta concepción de la igualdad, somos iguales aunque uno de los dos lleve la cara sucia, utilice otros códigos culturales o no sepa explicarse muy bien (Dussel 2007: 35-36).

Otro aporte interesante para pensar conceptualmente el abordaje de nuestro problema de investigación es el que plantea Ángeles Parrilla Latas. Recurriendo a contribuciones de diversos autores, hace algunas consideraciones valiosas para pensar nuestro problema; se trata de analizar la inclusión como proceso y vincularlo a la noción de *participación*, conceptos que no pueden desprenderse de una concepción democrática de educación y de un sistema político democrático. En sus palabras, "las nociones de inclusión y exclusión presuponen una comunidad en la que estamos incluidos o excluidos en términos de participación (no sólo de presencia en la misma). Y hablar de inclusión nos remite a la consideración de prácticas educativas y sociales democráticas." (Parrilla Latas 2002).

Como vemos, "el tema de la equidad social de oportunidades educativas es uno de los principales temas de política educativa en toda sociedad, pues a través de éste se expresa, explícita o implícitamente, su modelo de democracia: sus objetivos, sus metas, ideales políticos de desarrollo social, igualitarismo, participación política ilustrada, etc." (Jewsbury y Haefeli 2000: 1). Se trata de la creación de condiciones iguales de acceso y participación para todas las personas, independientemente de su origen socioeconómico y rasgos culturales y adscriptos. Esto implica la igualdad social de acceso a las oportunidades educativas y de permanencia en ellas.

En este sentido, nos parece pertinente transcribir algunos interrogantes planteados por Kaplan en relación con el lugar de la escuela:

> ¿Es la escuela un espacio de resistencia o funcionan en su interior los mecanismos de la relegación de los estudiantes atravesados por la exclusión? Para empezar a pensar una escuela inclusiva, es fundamental reconocer que los procesos de exclusión social, externos a la escuela, tienen consecuencias en la subjetividad de los alumnos y en la producción de trayectorias educativas [...]. También en el pasaje por el sistema educativo constituimos una imagen acerca de nuestros supuestos límites y posibilidades. Las escuelas representan, a veces, un modo de confirmación o de reproducción de los limitantes externos que tiñen la experiencia social de los alumnos; en otros casos, la escuela abre un horizonte simbólico que tensa el punto de partida desigual con el que los niños y jóvenes habitan por el sistema escolar (Kaplan 2002: 69-70).

Al volver la mirada hacia la escuela pública, Mónica Maldonado señala en el contexto de la crisis de las instituciones, el papel de la escuela en el proceso de socialización entre los jóvenes, especialmente en el aspecto referido "al manejo de su sociabilidad, sus reglas de interacción, su comunicación, sus representaciones sobre los otros. ¿No será justamente que hoy la escuela pública, en su lucha desmedida por sobrevivir, está olvidándose de este aspecto que hace a las presentes y futuras relaciones sociales? (Maldonado: 39). "La vida toda, al interior de las instituciones educativas, es un entretejido de relaciones y tensiones, complicidades y competencias, antagonismos y amistades, relaciones de poder y sumisión, y las relaciones entre los estudiantes son parte indiscutible de ella." (Maldonado: 68).

Un enfoque distinto para explicar los fenómenos de abandono y permanencia lo encontramos en el concepto de *estrategias de evasión* de F. Ortega (1996). El presupuesto básico de su trabajo es que actualmente –y desde la primaria– se construye una relación negativa con los conocimientos escolares, esto es: en el acto de estudiar hay una negación de aquello que se estudia, y lo que se "retiene" a los fines de la evaluación es un recorte desordenado de imágenes y de signos que no alcanzan a conformar mensajes. En consecuencia, "dejar los estudios" no es una ruptura con un estilo de prácticas sociales y relaciones con el conocimiento, sino una prolongación de esas prácticas y de esas relaciones. La evasión como estrategia debe entenderse como disposición, como una forma de relacionarse con el mundo y los conocimientos, donde los mecanismos están ocultos y se construyen desde la lógica de la práctica, es decir, una lógica ambigua e inconsistente (Bourdieu). Esto se traduce en el plano de las prácticas en vaivenes, en un dejar y retomar que retroalimenta la fragilidad del compromiso. Ortega habla de "matrícula errática" como concepto que refleja esos vaivenes.

Otro trabajo que aporta al tema es el de Jewsbury y Haefeli (2000), quienes manifiestan que "en general ningún abandono se produce por un quiebre instantáneo: la deserción supone una conflictividad externa procesada a lo largo de un tránsito de autojustificación. El que abandona primero suele sentirse abandonado por la institución." Los problemas de articulación entre la educación media y la educación superior, no escapan a este análisis.

Volvemos a recuperar aquí la idea de *proceso* y de *sujetos históricamente contextualizados*, y como tales, inacabados, en constante construcción, en conflictivos encuentros consigo mismos y con los demás, y en permanente transformación. Traemos aquí una cita de M. Carrithers: "Desde el punto de vista macroscópico creamos, evidentemente, una enorme variedad de formas sociales, que configuran, entre sí y dentro de cada una de ellas, una malla, una red de conexiones pautadas [...]. Desde la perspectiva microscópica, podemos observar cómo las personas crean, manipulan y transforman las conexiones en la realidad." (Carrithers 1992: 117). En el mismo sentido se expresa M. Maldonado afirmando: "Porque el mundo en transición también afecta nuestro cotidiano, modifica nuestra manera de percibir, pensar y actuar, porque esas modificaciones se van produciendo a partir de nuestras relaciones de interacción, en aquello que seleccionamos para incorporar, en la manera en que lo asimilamos, en el modo en que lo resistimos." (Maldonado: 23).

Estrategias metodológicas

Nuestro trabajo es de corte descriptivo. A través de la utilización de técnicas de recolección intentamos obtener información y datos que permitieran dar cuenta de lo que ocurre en *nuestra unidad de análisis: los estudiantes de primer año*. Al triangularla con la teoría y con el análisis de otros trabajos de investigación que abordan diferentes aristas del problema que nos ocupa, procuramos aproximarnos a la comprensión e interpretación de las condiciones de acceso y permanencia en un IFD.

En el proyecto, tal como lo planteamos en la introducción, se trabajó con los alumnos de primer año del profesorado de primer y segundo ciclos de la EGB. Nuestras fuentes de información fueron: el Curso Único de Ingreso (CUI), que históricamente la institución ha desarrollado durante dos semanas y que en los últimos años la jurisdicción provincial ha institucionalizado con carácter obligatorio; los estudiantes de primer año; registros de asistencia del Curso Único de Ingreso (CUI) y de espacios curriculares de primer año; listas de inscripción; libretas de calificaciones; listados de pases de nuestra institución a otras y viceversa.

Para la recolección de datos se aplicaron encuestas y entrevistas. Las encuestas fueron administradas al universo total de alumnos de las tres secciones de primer año. El instrumento fue aplicado a todos los alumnos que asistieron al instituto en los primeros días de noviembre de 2008[9]. Las entrevistas realizadas fueron grupales, tomadas a alumnos que voluntariamente accedieron a ello, en la etapa de coloquios, concertando previamente los horarios para cada encuentro. Se realizaron siete entrevistas en profundidad, a un total de 17 (diecisiete) alumnos/as.

La muestra con la que se trabajó corresponde a alumnos/as de primer año, secciones "A", "B", "C", un conjunto de 66 encuestados/as, de los cuales diecisiete fueron entrevistados/as. La información aportada por las encuestas y entrevistas da cuenta de la heterogeneidad de la población del ISFD, información que se analiza en el siguiente apartado.

---

[9] Consideramos importante aclarar que estas fechas coincidieron en el instituto con los días previos a los segundos exámenes parciales, lo cual representó una notable limitación, ya que la asistencia de alumnos es irregular en esos períodos.

Resultados

Presentaremos a continuación el análisis e interpretación realizados en base a la información obtenida en el trabajo de campo con las tres secciones de primer año. Los instrumentos de recolección aplicados, tanto entrevistas como encuestas, aportan datos sobre las particularidades de los ingresantes al instituto y su heterogeneidad, situación que se manifiesta en los grupos de edades de los alumnos, su situación familiar y laboral, su formación escolar previa, intereses personales y proyectos.

Al referirnos al concepto de *alumno*, hacemos alusión a una construcción, al oficio de aprender a ser estudiante de nivel superior. Es Kaplan quien introduce con particular énfasis la pregunta por el alumno al señalar: "El concepto de alumno en la educación escolar no es una categoría dada, sino que es producto y proceso a la vez: posee una génesis y un devenir sociohistórico al tiempo que se recrea en cada época y en cada configuración particular. Se trata de un constructo relacional: se es alumno con relación a un contexto, a determinadas instituciones, a otros. La condición estudiantil muta conforme se producen transformaciones culturales en nuestras sociedades." (Kaplan *et al.* 2002: 69-70).

Un sentido profundo de la investigación educativa es contribuir a procesos de reflexividad por parte de los actores escolares acerca de la dinámica de las instituciones y las prácticas cotidianas, que permitan objetivar las consecuencias que estas conllevan sobre las trayectorias, las experiencias y los desempeños de los alumnos. Abordar sistemáticamente esa *caja negra* de las prácticas escolares significa tornar visibles sus rasgos, desnaturalizar lo que resulta familiar y estar así en mejores condiciones para transformarlos o potenciar los logros. En este sentido, generar procesos sistemáticos de revisión y comprensión acerca de la *fabricación* de la mirada sobre los alumnos en la formación docente es fortalecer una oportunidad democratizadora. Desde la instancia de la formación en los profesorados y durante la socialización profesional, se construye una cierta imagen del alumno, de sus límites y posibilidades. Esta imagen es interiorizada en los diversos ámbitos de la formación y se convierte en una de las notas centrales del *ser docente*. La mirada sobre el alumno opera con un sentido práctico. No es una imagen desinteresada, sino que condiciona las expectativas, las interacciones escolares y el rendimiento de los estudiantes. Tampoco se refiere exclusivamente a la mirada de un docente en su singularidad, sino que como colectivo social (Kaplan: 69-70).

Los alumnos de primer año: hacia un perfil sociocultural de los ingresantes

Como señaláramos líneas arriba, las encuestas y entrevistas en profundidad arrojan datos que iluminan las particularidades de los ingresantes al instituto.
- Casi el 55% de los estudiantes trabaja entre cuatro y ocho horas diarias; mientras que los restantes (45%) no trabajan y en su mayoría viven con sus padres. Indagados sobre el tipo de tareas que realizan, excepto una minoría, empleada en el comercio o en la administración pública (aunque en tareas de bajo escalafón como limpieza, encargado de depósito, etc.), la mayoría desarrolla actividades informales, como parte de emprendimientos familiares, están al cuidado de bebés o de ancianos, son empleadas domésticas, etc.
- Casi el 55% de los estudiantes ha completado su secundario entre 2004 y 2007, no interrumpiendo sus estudios o haciéndolo por poco tiempo.

- Del total de alumnos encuestados, el 43% reconoce haber comenzado carreras de nivel superior (universitario o terciario), cursando entre uno y tres años, lo cual supone una experiencia como estudiante de este nivel, que podría incidir en su trayecto de formación en el instituto.

Indagados sobre *las razones por las cuales* los y las actuales alumnos/as de primer año del profesorado para el nivel primario *eligieron esta carrera*, es posible establecer un orden[10] de las respuestas brindadas, que arroja la siguiente información: por "vocación" y/o gusto por la enseñanza (51%)[11]; por constituir una fuente o salida laboral digna y relativamente estable (8%); por ser una meta personal de realización, para mejorar la propia situación (8%).

Además de estas razones, en menor medida han sido citadas otras causas, tales como: "por ser una carrera corta", "por tradición y/o mandato familiar", "para obtener un título", "para cambiar el mundo".

Consultados sobre las *"razones por las cuales, después de casi un año de cursado en esta institución"*, permanecen en ella, se pueden detectar tres grandes grupos de razones, en el siguiente orden de importancia:

- Razones que hacen referencia directa a *las redes de contención y a los vínculos interpersonales* construidos en base al respeto, la solidaridad y la tolerancia. Valoran el compañerismo y la amistad entablada con sus pares dentro del curso, así como la apertura y el acompañamiento brindado por sus coordinadores y sus docentes, además del apoyo en general que les ofrecieron otros actores

---

[10] Las respuestas no representan valores absolutos, ya que cada encuestado/a tuvo la posibilidad de expresar tres razones en orden de importancia.

[11] En esta noción se incluyen matices que van desde el "amor a los niños", hasta el considerarse pro en primer, segundo o tercer lugar según las preferencias particulares de cada alumno/a.

institucionales; esto favoreció su inserción, integración y la formación de su sentido de pertenencia:

> "Por el buen compañerismo que hay y que te alienta a seguir"; "porque me siento cómoda y bien tratada y me hice de amigas"; "porque me siento parte de esta institución"; "por la buena relación con mis compañeros y porque los profes nos alientan a seguir".[12]
>
> "Yo logré formar un grupito, somos cuatro, dos somos casadas y vivimos cerca, lo que nos facilita estudiar, y las otras dos son solteras y jovencitas, es como que necesitan el apoyo nuestro y a su vez nosotras necesitamos que ellas estén, porque nosotras les explicamos y ellas aprenden escuchándonos y eso nos sirve, nos juntamos a la noche y a las cuatro nos dio muy buen resultado, me he sentido cómoda y respetada."

Las razones anteriores facilitarían la integración, el aprendizaje en conjunto y posibilitarían la permanencia en el sistema. La mayoría de los entrevistados (88%) contestó que comparte en algún momento actividades con sus compañeros, entre las que se destacan: *las de tipo recreativas* (40%) tales como salidas a bailar, paseos, tomar mate y charlar, caminar, festejar cumpleaños, entre otras, y *las de tipo escolar* (60%), especialmente planificadas para estudiar en épocas de exámenes, repasar, salvar dudas, leer en grupo, realizar los trabajos prácticos solicitados; situación en la que aquellos que han hecho un recorrido por otros institutos o universidades, tendrían una ventaja importante en términos de estrategias que podrían compartir con sus compañeros. En los siguientes extractos de encuestas se refleja lo expresado:

- *Razones personales*, entre las que se encuentran motivos particulares relacionados con la vocación y el deseo

---

[12] Encuesta nº 2. Encuestados números 1, 2, 6, 10, 14, 16, 20, 23. Respuesta al interrogante nº 10.

de obtener un título, porque les gusta lo que eligieron y/o para mejorar su actual situación de vida personal y/o familiar. Se evidencia un deseo de superación y la necesidad de concretar proyectos de vida.

Entre otras razones de índole privada, se encuentran la comodidad por el horario de cursado y/o la cercanía del colegio a sus hogares.

> "En mi caso yo a esto lo hice hace quince años, y en ese momento falleció mi papá y tuve que dejar, para salir a trabajar, después con los chicos se complicó y pasaron quince años hasta que dije basta, ahora pienso en mí, este año me decidí, soy hija de docente, profesora, en mi casa siempre hubo libros, siempre lectura."

- *Razones de tipo académico-institucional*, entre las cuales destacan el muy buen nivel de enseñanza brindado, la calidad profesional de los docentes y sus valiosas explicaciones.

> "Algunos profesores venían con la clase armada, los contenidos que teníamos que estudiar previamente los plasmaban mediante cuadros comparativos o diagramas, eso me pareció que fija... estuvo muy útil para mí."
>
> "Decidí quedarme en la carrera porque me sentí acompañada, he tenido profesores buenos que han sabido explicar, me han acompañado, me han dedicado tiempo, se comprometieron con el programa."
>
> "Yo creo que los cuadros y la metodología de enseñanza para el estudio nos ha servido para organizar las distintas materias, y a su vez para relacionarlas unas con otras."

Indagando sobre el mismo aspecto, pero desde la óptica opuesta, se les solicitó que expresaran los *"obstáculos más importantes"* que les dificultaron de algún modo su continuidad en la carrera, o que determinaron la deserción de algún compañero/a. Analizando las respuestas obtenidas, se pueden distinguir dos grandes conjuntos:

- Obstáculos relacionados con *situaciones personales*, entre los que se destacan, en primer lugar, los vinculados con la familia, con los hijos y las tareas del hogar:

    "Tengo doble mochila porque al ser casada y con chicos, un combo, entonces ya con mi marido somos amigos (risas), porque llega un momento en que... vení a tomar unos mates, no puedo estoy leyendo. ¿Qué hacemos esta noche? No puedo tengo que estudiar, me invitaron a tal lado, no puedo salir, mañana me tengo que levantar a las seis. Sé que tengo el apoyo de mi familia, pero a la vez yo sé que no les queda otra, me tienen que respetar, es lo que yo decidí y se van a tener que adaptar a esto nuevo, como yo me estoy adaptando."

    Le siguen en importancia la falta de tiempo por razones laborales (flexibilidad horaria, extensión de sus jornadas de trabajo, cansancio posterior al trabajo cotidiano), así como las complicaciones a nivel económico. Entre otros de los impedimentos mencionados, aunque en menor medida, se encuentran la lejanía de sus hogares con respecto a la escuela, dificultades para estudiar y trabas administrativas. El 17% de los encuestados manifestó que la falta de interés por la carrera había determinado el abandono de quienes desertaron.

- Obstáculos relacionados con *la dinámica institucional y la normativa administrativa* vigente para el nivel superior, entre los cuales se remarcan, en primer lugar, la demora para el nombramiento de docentes para cubrir las cátedras vacantes y las ausencias o faltas sin aviso previo de los profesores a sus horas. Otro de los aspectos más citados es el referido a la incertidumbre por el próximo cambio del plan de estudios de la carrera, sobre todo por el anticipo de una nueva estructura curricular, en la que desaparecen y/o se sustituyen asignaturas por otros espacios, lo cual, consideran, generaría dificultades. En otro orden de cosas, se presentan reiteradas quejas por la falta de tiempo para estudiar en época de exámenes parciales, coloquios y finales regulares, ya que disponen de un cronograma demasiado ajustado.

El Curso Único de Ingreso como estrategia institucional

Históricamente, el instituto ha ofrecido a los ingresantes un curso de ingreso. A través de los años consistió en dos semanas de cursado, en las cuales se introducía a los alumnos en las particularidades del nivel superior y de la formación docente. Actualmente, y otorgándole carácter obligatorio, las acciones desarrolladas a lo largo de las tres semanas del cursillo suponen actividades variadas, que constituyen una introducción a los contenidos básicos para los respectivos abordajes de cada espacio curricular y aplicación de estrategias en cada área de estudio. Se plantea la resolución de situaciones problemáticas que favorecen el desarrollo de un pensamiento crítico y reflexivo, se propone la aplicación de estrategias de estudio y de comprensión lectora.

Para el desarrollo del CUI se ha impulsado la construcción conjunta, por parte de los profesores a cargo de las diferentes asignaturas, de un cuadernillo que contiene planteos conceptuales y procedimentales centrales, así como actividades cuya resolución requiere necesariamente de la aplicación de conocimientos previos construidos en trayectos educativos anteriores. La aplicación de cuestionarios y encuestas tiene la finalidad de explorar trayectorias escolares previas, configuraciones familiares, intereses, deseos, expectativas que expresan los ingresantes en relación con su elección.

La observación y la evaluación de proceso de los contenidos y actividades propuestas por los docentes, permite en el desarrollo del CUI, acercarse a un perfil sociocultural de la población estudiantil y aproximarse a un diagnóstico de los saberes previos de los alumnos. Incluir preguntas sobre el CUI nos permite obtener información que nos aproxime a pensar en esta estrategia como fortaleza institucional en relación con el acceso y permanencia.

El análisis del CUI y su sentido, desde la mirada de los alumnos, tiene varias interpretaciones. Se advierten posiciones diferentes según se trate de alumnos que hayan egresado recientemente del nivel secundario o alumnos que lo completaron hace varios años, como así también aquellos que abandonaron carreras universitarias y optaron por el ISFD. Mayoritariamente, los alumnos valoran positivamente el curso, señalando, en relación con los contenidos, que les brindó un primer contacto con la carrera:

> "A mí me pareció muy rico por el hecho de que no todas egresamos el año pasado del secundario, hay chicas que han cursado una carrera y la han dejado por cuestiones económicas, no se sentían a gusto en la facultad y el hecho de empezar un cursillo, hacer actividades, buscar informarte, el hecho de tener que investigar..."
>
> "Está bueno para nivelar los conocimientos que traen las chicas, para informarse, porque muchas chicas dicen 'me gustan los chicos', pero a la hora de ver las materias, de ver cómo se mueven, después dicen 'no me gusta', y en vez de perder todo el año, en el cursillo pueden decidir."[13]

Otros alumnos evalúan los contenidos del curso de ingreso, en tanto fueron una revisión del secundario, señalando las dificultades que ello les representó:

---

[13] Expresiones de las alumnas de primero "B", obtenidas durante la entrevista nº 2.

"En algunos casos fue revisión y en otros fueron cosas nuevas que yo no las había visto, hace muchos años que terminé la secundaria y hubo algunas cosas que traté de hacerlas sola y otras con las nuevas compañeras que tuve, que son mucho más jóvenes que yo, me explicaron lo que no comprendía, no fue tan complicado."[14]

Los alumnos entrevistados coinciden en destacar que algunos docentes demostraron compromiso con el CUI y con los ingresantes, en tanto otros hacían hincapié constantemente en la ausencia de conocimientos previos necesarios para el ingreso al nivel superior:

"Yo en comparación con el ingreso a una carrera universitaria, que después me arrepentí (risas) dije, no es para mí esto, tiendo a comparar, creo que es como dice ella, siendo un curso de nivelación, ante una duda uno puede responder diferente, por ahí es cierto que hay cosas que tenemos que traer sabidas, pero creo que si uno dice, yo creo que las frases marcan, y más si uno está iniciando una carrera, si yo tengo un docente al frente que me dice hay cosas que ustedes tienen que traer sabidas ya, y yo qué voy a esperar de la carrera, o sea que cuando entro a primer año entonces ya hay cosas que yo ya las sé y porque a lo mejor las voy a suponer, no porque sea así [...] hay mucha gente grande que hace muchos años dejó de estudiar y ahora se incorpora de nuevo al sistema educativo, entonces me parece que hay que tener un poco de tacto en ese sentido, porque ¿para qué es un curso de nivelación? Y si no que me den el cuadernillo, yo lo estudio en mi casa y a tal fecha yo vengo, porque acá es toda gente por lo general más de la mitad del curso que trabaja, estudia y tiene familia, y si no tiene familia, trabaja y estudia, entonces venir acá y estar dos, tres o cuatro horas haciendo un CUI, yo supongo que es para sacarme dudas."[15]

---

[14] Expresiones de las alumnas de primero "A" y "B", obtenidas durante la entrevista n° 1.
[15] Expresiones de alumnas de primero "B", obtenidas durante la entrevista n° 4.

De la misma manera, en las encuestas remarcan el hecho de que varios docentes aplicaran estrategias adecuadas, como circular por el salón, trabajando con los grupos, lo que favoreció la interacción: *"Cuando nos enseñaron las técnicas del subrayado, el resumen, la síntesis, a mí eso me sirvió." "Yo también pienso lo mismo, que estuvo bien dado, algo negativo, no."*[16]

Esto les permitió a los alumnos establecer sus primeras relaciones interpersonales con los pares, relaciones que, en muchos casos, cobraron profundidad a lo largo del año. Algunos manifiestan que pudieron animarse a preguntar, debido a que dentro del pequeño grupo no se exponían tanto como en las instancias que propusieron plenarios generales de participación individual. Así como también se aventuran a afirmar que la dinámica grupal posibilitó a los docentes que las impulsaron detectar aquellos grupos o alumnos dentro de los grupos con más dificultades. Asimismo, destacan que el CUI les dio la oportunidad de conocer y establecer una relación con algunos docentes que estarían a cargo de asignaturas en primer año.

> "Otra cosa rica fue ya empezar a tener un trato con los profesores, no entramos diciendo quién nos tocará con esa incertidumbre, quiénes serán nuestros profesores, el hecho de tener algunos profesores que estaban a cargo del curso, en ese sentido a nivel social el trato docente alumno también."[17]

Otro aspecto en el que coinciden los alumnos es que el CUI permitió la interrelación entre todos los ingresantes, independientemente de la sección en la que fueron incluidos. Esto posibilitó establecer vínculos que perduraron más allá del CUI, tal como lo manifiestan en las entrevistas.

---

[16] Expresiones de una alumna de primero "B", obtenidas durante la entrevista nº 1.
[17] Expresiones de una alumna de primero "B", obtenidas durante la entrevista nº 4.

"Una cosa positiva del CUI fue el hecho que nosotros nos empezamos a conocer ahí y a relacionarnos con todos, por lo menos nuestro curso, es como que nos vemos en los pasillos y nos reconocemos, no creemos que son ni de segundo, ni de tercero, si alguna vez nos toca hacer grupo con ellos son personas que nosotros conocemos, nos damos fuerza entre los cursos y cómo fue, qué te pasó, bueno pero podés recuperarlo, nos hablamos mucho."[18]

En las entrevistas, las alumnas manifiestan que en el CUI recibieron el apoyo de las alumnas que recién egresaban del secundario. Luego, en el transcurso del año, en algunos casos, las más jóvenes se sostienen por el apoyo y la contención de las alumnas mayores (tal como veremos más adelante). Se podría afirmar, entonces, que los lazos de solidaridad que se fueron construyendo en el CUI se sostuvieron durante el transcurso del año en el entramado de las relaciones interpersonales.

Del análisis de la información proporcionada por los alumnos entrevistados, se destacan numerosos aspectos del CUI como elementos que favorecieron la inserción primigenia y la permanencia posterior en nuestro ISFD. Los datos de las encuestas se expresan en el mismo sentido, ya que una parte importante de los/as encuestados/as valoraron el trabajo en grupo. Al explicar las razones de ello, expresan que consideran al grupo como un factor de aprendizaje así como un espacio de contención y pertenencia.

En un alto porcentaje los/as alumnos/as rescataron como necesaria y valiosa la implementación del CUI, ya que les permitió (a casi el 59%) reconfirmar en mayor o menor medida su propia elección por esta carrera, y a su vez les brindó una apertura, una aproximación certera que anticipó lo que sería el trayecto de formación superior que estaban a punto de iniciar.

---

[18] Expresiones de una alumna de primero "B", obtenidas durante la entrevista nº 4.

Pero, sin duda y como ya se ha remarcado, el aspecto que valoran como altamente positivo (83%) es que el CUI les permitió conocerse e interrelacionarse con sus compañeros y compañeras.

El aula: territorio de construcción de conocimientos y relaciones sociales entre los alumnos

Al abordar el trabajo de campo, analizando los resultados de las entrevistas y contrastándolas con las planillas de calificaciones y asistencia de los distintos espacios curriculares, se evidencia que, de los tres primeros años, en dos de ellos se ha producido un importante proceso de abandono, en tanto una división –el primer año "B"– permanece casi completa (sólo dos alumnos interrumpieron sus estudios).

En adelante, a los efectos de hacer más clara la exposición de los resultados, se hará referencia a los cursos, identificando por un lado la división "B", y por otro aludiendo a las otras divisiones como "grupo A".

Para los alumnos, las relaciones personales se constituyen como un aspecto clave a la hora de definir su permanencia en la institución, esto se evidencia a través del análisis de las entrevistas, tal como desarrollaremos a lo largo de este apartado. El primer año "B" es un grupo heterogéneo en relación con las edades, predominando los/as estudiantes de entre dieciocho y treinta años. Sólo un porcentaje menor (10%) supera estas edades. Hay un alto porcentaje de mujeres casadas y/o con hijos a cargo, y dos varones. Desde la percepción de los alumnos, esa heterogeneidad etaria ayudó a fortalecer la solidaridad, ya que se complementaron las potencialidades y la manera de enfrentar los desafíos que representó la inserción en una institución de nivel superior. Ello implicó diferentes grados de dificultad en relación con el rol de estudiantes, para compatibilizar las responsabilidades familiares con las exigencias institucionales.

> "El grupo del aula es un grupo lindo, no hay grandes diferencias personales." "A mí me pasó una experiencia, yo vine un día mal y se acercaron personas que pensé que los tenía ahí como compañeras nada más, si bien no es tan afectivo y no los voy a llevar a tomar mate a mi casa, sé que puedo decir, mirá vos, pensé que estaban distantes, pero no, y yo creo que se siente con todos los compañeros, cuando vemos una compañera mal o alguna faltó en algún parcial, ¿por qué faltaste? ¡No! Tenés que ponerte las pilas, mirá si estamos todos con lo mismo, ya terminamos cómo vamos a dejar."
> "Dentro del curso hay muchas diferencias de edades, somos los que salimos el año pasado del secundario y otros que han hecho otra carrera, otros intermedios que están entre los treinta y treinta y cinco, y los otros más viejos (risas)."
> "Los más grandes vamos apuntalando a los más chicos para que sigan, que cumplan."[19]

Estas miradas contrastan con las de las alumnas del grupo A, que ha sufrido una importante deserción, como señaláramos líneas arriba. Se trata de cursos más homogéneos en relación con las edades, integrados sólo por mujeres, la mayoría jóvenes (entre diecinueve y veintinueve años). Las alumnas entrevistadas coinciden en señalar las dificultades provocadas por lo que reconocen como negativo, en relación con la competencia y el individualismo, condiciones que dificultan la construcción de vínculos y no constituyen un estímulo para permanecer en la carrera:

> "Al pasar a dar lecciones orales era como que te querían trabar, no estaban de acuerdo con las notas que ponía la profesora, cuando exponían distintos grupos, discutían las notas, siempre protestaban, en el caso nuestro no estaban de acuerdo que la profe pusiera esa nota, había chicas que

---

[19] Expresiones de alumnas de primero "B", obtenidas en las entrevistas nº 4 y 7.

decían… les vamos a preguntar a ustedes para que saquen mala nota y lo hicieron, a nuestro grupo le hacían preguntas como para que no pudiéramos responder."

"Yo estoy muy conforme con los profesores, te alentaban a seguir, te daban apoyo y en cambio la desunión del curso no, te daban ganas de dejar, porque el curso es muy desunido, hay pequeños grupos pero entre los grupos también hay conflictos."[20]

En la sección B, en cambio, muchos manifiestan haber atravesado situaciones personales complejas, por razones familiares, laborales, de rendimiento académico, etc., que pusieron en riesgo su continuidad, pero en la instancia de definir su futuro, el acompañamiento de los pares, incidió en la decisión de permanecer en la carrera.

"De mi parte mis amigas del curso, porque ellas son las que te retan, estudiá, hacé esto, hacé lo otro, o venite a casa, a veces le digo: yo a la mañana no puedo porque me tengo que quedar en el negocio… ¡no! ¡Te venís toda la noche! Cosas así…"[21]

"La diferencia es que yo logré formar un grupito, somos cuatro, dos somos casadas y vivimos cerca lo que nos facilita estudiar, y las otras dos son solteras y jovencitas, es como que necesitan el apoyo nuestro y a su vez nosotras necesitamos que ellas estén porque nosotros les explicamos y ellas aprenden escuchándonos a nosotras y eso nos sirve, nos juntamos a la noche y a las cuatro nos dio muy buen resultado, me he sentido cómoda y respetada."[22]

Estas tramas de relaciones, en las que se conjugan la integración y la identificación con los que forman parte del curso y la existencia de pequeños grupos, constituyen, desde la perspectiva de sus integrantes, una instancia que

---

[20] Expresiones de alumnas de primero "A", obtenidas en la entrevista n° 1.
[21] Expresiones de alumnas de primero "B", obtenidas en las entrevistas n° 4 y 7.
[22] Expresiones de alumnas de primero "B", obtenidas en las entrevistas n° 4, 5 y 7.

favoreció el trabajo académico a lo largo del año, en el cual se complementaron los saberes y las competencias de cada uno de los estudiantes, contribuyendo esto a la permanencia.

Las estrategias pedagógico-didácticas como factores de inclusión

Resulta muy difícil desagregar las relaciones sociales entre los estudiantes de las estrategias pedagógico-didácticas, puesto que los vínculos afectivos atraviesan las prácticas sociales y las escolares, como parte de ellas. Sin embargo, a los fines del análisis, intentaremos abordarlas por separado en este apartado, si bien no dejaremos de lado su vinculación.

Cada uno, a su manera, reclama que en la escuela debe fomentarse el ambiente propicio para hacer preguntas, para recibir explicaciones, para plantear problemas, para manejar información, para analizar y sintetizar; así se conjugan las propuestas de vínculos interpersonales saludables, con la consolidación de un contexto favorable para la construcción del conocimiento. Los docentes no son ajenos a la conformación y el avance de los grupos o subgrupos en el interior de los cursos, y ello es reconocido por los alumnos/as, al analizar / valorar su incidencia, tanto a través del estímulo para continuar, como en sus intervenciones apoyando la consolidación del grupo total. En palabras de los entrevistados:

> "A mí me parece lo mismo, que es un lindo grupo el que se formó, que nos apoyamos entre todos y el hecho de tener por ahí referentes, algunos profes, que nos fueron referentes este año, cuando hubo algún problema, algún percance de decir a ver chicos paren la bola, escúchense, o sea nosotros también aprendimos este año a respetarnos y escucharnos,

lo sabemos porque somos gente grande, pero por ahí nos ponemos en el papel de alumnos y terminamos siendo chicos de primaria y por ahí tener un profe o una profe, porque fueron un par de profesores que realmente nos hicieron de guía este año y prácticamente como de tutores nos han sido y que saben bien cuáles son los problemas del curso porque están adentro y los viven con nosotros, entonces eso también nos ayudó a ser como somos, o sea, creo que a principio de año, no somos los mismos que somos ahora a fin de año, por algo estamos más unidos y disfrutamos más cosas juntos y queremos terminar bien juntos el año. Entonces también eso me parece importante, la relación que hay con el docente, pero que también se relacionan con nosotros."

En este sentido se debe destacar, además, que las explicaciones áulicas del docente se plantean como una gran necesidad a la hora de aprender, y por lo tanto se reconocen como importantes fortalezas las de aquellos profesores cuyas propuestas didácticas recurren sistemáticamente a las explicaciones orales y a las esquematizaciones en la pizarra de las temáticas abordadas:

"En los profes que dan clases, que explican, que aclaran dudas, encontramos no sólo el nexo imprescindible con las temáticas y la bibliografía de la asignatura, sino también un modelo más a considerar acerca del cómo enseñar..."[23]

En todo momento se expresa el rechazo frente a la soledad que implica la *"obligación de analizar un apunte en el que no se sabe qué es importante destacar",*[24] es decir, la implementación de estrategias de trabajo individual que los estudiantes interpretan como abandono del profesor/a en el proceso de aprendizaje de sus alumnos/as.

Por lo expuesto hasta este punto, cabe afirmar que los/as alumnos/as sostienen que una de las principales

---

[23] Encuesta nº 2. Encuestado nº 15. Respuesta al interrogante nº 12. a).
[24] Encuesta nº 2. Encuestado nº 33. Respuesta al interrogante nº 13. a).

condiciones que favorece su propio proceso de aprendizaje es precisamente el acompañamiento sistemático de los docentes a través de sus explicaciones y orientaciones (37%), conjugado con el correspondiente intercambio teórico-práctico producido en diversas instancias de interacción grupal (22%), manifestaciones que se confirman con las expresiones de los alumnos entrevistados.

El tiempo de estudio y su incidencia en la permanencia

En estrecha vinculación con las situaciones personales, el tiempo dedicado al estudio varía significativamente dentro del grupo. Indagando sobre la cantidad de horas diarias que pueden dedicar para el estudio fuera del ámbito escolar, el tiempo se distribuye de la siguiente manera:
- Entre una y dos horas, el 29% de los encuestados.
- Entre tres y cuatro horas, el 55%.
- Más de cuatro horas el 16%.[25]

Los números y porcentajes precedentes evidencian que, a pesar de que las horas dedicadas al estudio varían a lo largo del ciclo lectivo –intensificándose en épocas de exámenes–, son evidente y significativamente altos (en horarios diurnos o nocturnos, dependiendo de la disponibilidad de cada alumna/o, según sus exigencias laborales y/o familiares).[26] Ello se debe, entre otros motivos, al constante requerimiento por parte de los docentes de trabajos extra áulicos y a la necesidad de los estudiantes de reforzar los conocimientos y aclarar dudas en una

---

[25] Datos obtenidos a partir de la encuesta administrada a los alumnos de primer año, en octubre de 2008.
[26] Los fragmentos de entrevistas n° 2 y 3, que se transcriben más adelante, dan cuenta de ello.

dinámica de aprendizaje compartido, de lo que dan cuenta los testimonios aportados en las entrevistas. En efecto, tal como ejemplificaremos más adelante, los alumnos valoran positivamente los tiempos de estudio extra áulicos, como instancias importantes para aclarar dudas y reforzar la necesidad de enfrentar los desafíos institucionales a la hora de prepararse para los parciales o presentar trabajos prácticos.

La información de las entrevistas parece confirmar este tiempo como espacio diario de estudio en algunos casos, particularmente entre aquellos que tienen familia a cargo u horarios más rígidos de trabajo:

> "El espacio que tengo para estudiar es de las 4 de la mañana hasta las 07.30 que es cuando me voy a trabajar, todos los días."[27]
>
> "Yo trabajo en una casa de familia cama adentro, de 13 a 18 hs. estoy en el colegio y después de 18 a 21 hs. repaso algo y después tengo que seguir con la actividad de la casa, tres horitas". "¿Todos los días?" "No, los sábados después de las 14.30 hs. y los domingos tengo libre, hay veces que se lo dedico y a veces no tanto. Por ejemplo cuando estoy mal, triste, sin ganas de nada."[28]
>
> "Yo me levanto 6.30 hs., los chicos, la casa, me pongo a organizar, a estudiar lo que tengo que preparar más o menos son dos horas y pico a la mañana, a la 12.50 salgo de mi casa, vengo para acá y llego a casa como a las 7 y me pongo a ver las cosas de los chicos, al último mi marido, me pongo a hacer la cena, los chicos a las 22 hs. están durmiendo de lunes a viernes, tengan sueño o no tengan sueño, porque yo me tengo que sentar a hacer mis cosas hasta la 1, 1.30 hs."[29]

---

[27] Expresiones de las alumnas de primero "B", obtenidas durante la entrevista n° 2.

[28] Expresiones de las alumnas de primero "B", obtenidas durante la entrevista n° 3.

[29] Expresiones de alumna y alumno de primero "B", obtenidas durante la entrevista n° 5.

Las alumnas que son madres y/o trabajan manifiestan una clara organización del tiempo, tanto propio como del grupo de estudio; la sobrecarga de actividades domésticas o laborales les exige un mayor aprovechamiento del tiempo disponible. Esto contrasta con aquellas alumnas/os que no trabajan o que viven con sus padres, las/os que, sin embargo manifiestan una falta de regularidad en los estudios.

> "Yo voy a estudiar a la casa de mis compañeros, en mi casa es medio difícil, por apoyo, yo tengo apoyo de ellos y a mi novio, en mi familia tengo una hermana que nos vemos para dormir, igual con mi mamá, a la mañana temprano me lleva mi viejo, siempre estudio en grupo y si es sola, a la noche." [30]

La edad se plantea también como un factor que incide en este aspecto; en tal sentido son las/os más jóvenes quienes se permiten una mayor flexibilidad, ajustando su autoexigencia a los requerimientos de las instancias evaluativas. Quienes, a la par de su formación docente, deben ocuparse de cumplir con las obligaciones paralelas, asumidas como ineludibles, expresan la necesidad de concretar este proyecto profesional en los tiempos estipulados por el plan de estudio. En la mayoría de los casos el compromiso que se genera al pactar la reunión del grupo opera como un elemento que propicia el estudio, ya que muchos reconocen que individualmente no podrían hacerlo:

> "Prefiero el trabajo grupal porque así nos sacamos las dudas, te ayudas mutuamente." "Estudiar sola no me favorece, a veces por los horarios de trabajo no me puedo juntar y me doy cuenta que me cuesta mucho más cuando estoy sola, me siento como perdida."[31]

Por otra parte, podemos señalar que reconocen la necesidad de otorgar mayor cantidad de horas a las actividades

---

[30] Expresiones de una alumna de primero "B", obtenidas en la entrevista nº 4.
[31] Entrevista nº 1. Alumnas "C" y "A".

vinculadas con el profesorado, pero a la vez, asumen una actitud que los distancia de ese "tiempo ideal" o "tiempo deseado" del "tiempo real" para estudiar. Aun aquellos que tienen posibilidades concretas de ampliar los márgenes de dedicación al estudio, admiten una clara dificultad para llevar en la práctica un comportamiento sistemático en este sentido.

Reflexiones finales

A lo largo de este trabajo, sostenemos que las relaciones interpersonales constituyen un factor de inclusión y permanencia del grupo de alumnas/os, y en este proceso se vinculan docentes y estudiantes en el contexto institucional. Nuestro trabajo de campo evidencia que la construcción de vínculos como estrategia de los alumnos aparece invisibilizada a los ojos de la institución, pero es valorada por los estudiantes como un factor que ayuda a la permanencia a lo largo de la cursada de la carrera.

Los estudiantes que pertenecen a este profesorado son heterogéneos a nivel etario, muchos con familias a cargo, con empleos de baja calificación, ingresos escasos y una trayectoria escolar en muchos casos interrumpida, que los posiciona en condiciones de mayor vulnerabilidad frente a la consecución de sus estudios y a las exigencias institucionales en relación con su formación. En este sentido decimos que se constituyen alumnos en relación con un contexto.

Consideramos importante retomar y profundizar otra de las temáticas centrales abordadas en este proceso de investigación, que surge del abordaje de la implementación de diversas estrategias pedagógico-didácticas que favorecen la inclusión del alumnado en nuestro IFD.

A lo largo de nuestro trabajo, las expresiones de los alumnos muestran la importancia que le asignan al rol de aquellos docentes que operaron como coordinadores activos del grupo-clase, aplicando estrategias explicativas de modo sistemático y creando un clima adecuado para el trabajo. La predisposición de los docentes, que los alumnos mencionan como valorada, se relaciona con distintas situaciones de interacción en clase, que favorecieron la progresiva conformación de una comunidad de aprendizaje, en la que la información circuló en distintos sentidos: desde los alumnos al docente, y entre los alumnos. Por consiguiente, desde la mirada de los estudiantes, la figura del profesor cumple un papel muy importante en el sistema, porque no sólo debe ser un mediador en el proceso de enseñanza, sino que además debe apoyar académicamente y afectivamente al alumno, incentivándolo en la continuidad de sus logros, brindando una comunicación fluida; en pocas palabras, debe ser quien mantenga el hilo conductor en el proceso de enseñanza-aprendizaje, fomentando la participación y el compromiso.

Es precisamente en este contexto específico de la institución en el que cada alumno/a va conformando su pertenencia y permanencia, ya que no solamente participa y protagoniza las prácticas "oficiales" de la escuela, sino que también se apropia (Rockwell 1996) de un sinnúmero de acciones, tareas y relaciones informales. Consideramos que el sostén, y en algunos casos el cuidado, que encuentran dentro del grupo de compañeros, pueden incidir favorablemente en su permanencia y les permiten enfrentar los obstáculos que se van presentando.

Resulta interesante elucidar el sentido que tiene para estos alumnos la formación superior. En esta perspectiva, es clara la concepción de nuestras alumnas/os frente a la docencia, que aún representa un espacio de reconocimiento y promoción social que, creen, les posibilitará formarse, desarrollarse y posicionarse mejor en un contexto muchas veces adverso y optimizarlo a partir de su labor. Más aun, se expresa una homogénea proyección deseada del futuro perfil docente centrado en este rol, ya que en general apuntan a ser maestros/as que brinden contención, afecto y respeto a los que serán sus futuros alumnos/as como sujetos activos y principales protagonistas destinatarios de su desempeño profesional.

El análisis de las entrevistas nos lleva a reflexionar sobre cuestiones como el tiempo dedicado al estudio, y en este punto, observamos que los alumnos que tienen mayores ocupaciones son los que dedican más tiempo al estudio, y algunos de ellos colaboran con su acompañamiento y orientación, para la continuidad de otros compañeros más jóvenes, que no trabajan y no tienen a cargo el cuidado de un grupo familiar. Aquí se podría interpretar que hay un grupo numeroso de alumnas/os mayores que ha decidido elegir un proyecto profesional después de haber permanecido varios años ocupados en la crianza y educación de sus hijos o ayudando en el sostenimiento del hogar. Surge de ellos el planteo "ahora pienso en mí".

El lugar otorgado a los vínculos entre compañeros, al apoyo mutuo, la solidaridad que logran entre ellos, fundamentalmente en la división B, dan cuenta de la relevancia que la construcción de colectivos fuertes tiene frente a situaciones de fragilidad individual. Sentimientos de autovaloración, de pertenencia, de entusiasmo pueden leerse en las respuestas de los alumnos de esta sección. Contrasta con ello la desarticulación de la población de las otras secciones, que muestran niveles de deserción importantes y sensaciones de frustración, claramente expresadas en las entrevistas.

Los alumnos le dan sentido a su experiencia en la escuela a través de las interacciones con sus familias, profesores y compañeros, con las que construyen aspiraciones e identidades duraderas.

Retomando los lineamientos desde los cuales iniciamos el recorrido de nuestro trabajo, insistimos en enfatizar que en los últimos años, principalmente en los años 1990, en los que cobró primacía la lógica del mercado, se produjo una fuerte dinámica descolectivizadora, que significó para muchos individuos la pérdida de los soportes sociales, mientras se profundizaban los procesos de desintegración social.

Hoy, al preocuparnos por los procesos de inclusión y equidad en los institutos de formación docente, no podemos desconocer ese contexto, que incidió notablemente en los recorridos escolares de los jóvenes, en tanto las escuelas, insertas en un campo social más amplio de relaciones, no escaparon a ese proceso de quiebre de lazos sociales que llevó, de algún modo, al debilitamiento de los vínculos y de los procesos de participación escolar. Nos parece pertinente hacer estas consideraciones, ya que el concepto de *inclusión* remite, en uno de sus significados, justamente al ejercicio de la participación y su incidencia en la construcción de las relaciones interpersonales.

La experiencia de cursado de la sección B da cuenta del valor que los alumnos le asignan a los vínculos afectivos con los compañeros y con los profesores, y resultan inseparables a la hora de pensar en la continuidad de su carrera. Desde la investigación y la intervención, consideramos que reforzar estos procesos en los ámbitos de formación superior en los contextos actuales, coadyuvará a fortalecer los procesos de inclusión y permanencia e insinúa para nosotros en este recorrido un cierto hallazgo que deja siempre algo para volver a ver "en ese mar abierto e incalculable que es la educación" (Núñez 1999).

Bibliografía

Achilli, E. (2000), "El sentido de la investigación en la formación docente", *Investigación y conocimiento*, Rosario, Laborde Editor.
Banco de la Provincia de Buenos Aires, "Políticas públicas implementadas para reducir la deserción escolar en la Provincia de Buenos Aires". Disponible en línea: http://www.netverk.com.ar/~promesba/htmlp/institutos/usal/WEB_PROMESBA
Birgin, A. (2007), "Formar docentes: una nueva agenda, un horizonte común", en Dussel, I. y Poggre, P. (comp.), *Formar docentes para la equidad. Reflexiones, estrategias y propuestas hacia la inclusión educativa*, Buenos Aires, INFOD.
Carli, Sandra (2003), "Educación pública. Historia y promesas", en *Los sentidos de lo público. Reflexiones desde el campo educativo. ¿Existe un espacio público no estatal?*, Buenos Aires, Novedades Educativas.
Carrithers, M, (1992), *¿Por qué los humanos tenemos culturas? Una aproximación a la antropología y la diversidad social*, Madrid, Alianza.
Castro, Marcela (ed.) (2006), *El Proyart, una manera de hacer escuela*, Buenos Aires, Universidad Nacional de General Sarmiento.
Jewsbury, Alejandra y Haefeli, Inés (2000), "Análisis de la deserción en universidades públicas argentinas", Ponencia presentada en el Congreso del CLAD. Disponible en línea: http://www.ag.org.ar/ponencias/Jewsbury-Haefeli.htm
Kaplan, C, *et al.* (2002), *La escuela: una segunda oportunidad frente a la exclusión*, Buenos Aires, Centro de Publicaciones Educativas y Material Didáctico.
Levinson, B. (2004), *Todos somos iguales. Cultura y aspiración estudiantil en una escuela secundaria mexicana*, México, Santillana.

Maldonado, Mónica (2000), *Una escuela dentro de una escuela*, Buenos Aires, EUDEBA.
Menéndez, E. (1999), "Uso y desuso de los conceptos: ¿dónde quedaron los olvidos?", en *Alteridades*, año 9, núm. 1, México, Universidad Autónoma Metropolitana, Unidad Iztapalapa, Departamento de Antropología.
Núñez, Violeta (1999), *Pedagogía Social: Cartas para navegar en el nuevo milenio*, Buenos Aires, Santillana.
Ortega, Facundo (1996), *Los desertores del futuro*, Córdoba, Centro de Estudios Avanzados, UNC.
Parrilla Latas, A. (2002), "Acerca del origen y sentido de la educación inclusiva", en *Revista de Educación*, núm. 327, Sevilla.
Rockwell, E. (1985), "La relevancia de la etnografía para la transformación de la escuela", Ponencia en Tercer Seminario Nacional de Investigación, Bogotá, Instituto colombiano para el fomento de la Educación Superior, Organizado por la Universidad Pedagógica Nacional.
Rockwell, E. (1996), "Llaves (Claves) para la apropiación. Escolarización rural en México", en Levinson, B.; Foley, D. y Holland, D. (comp.), *The cultural production of educated person critical etnographies of schooling and local practices*, States University of New York. Traducción de Carlos Alberto Constanzo.
Tedesco, J. C. (2007), ¿Para qué educamos hoy?, en Dussel, I. y Poggre, P. (comp.), *Formar docentes para la equidad. Reflexiones, estrategias y propuestas hacia la inclusión educativa*, Buenos Aires, INFOD.
Tiramonti, G. (2003), "Una nueva cartografía de sentidos para la escuela", en *Revista Todavía*, núm. 5, Buenos Aires, Fundación OSDE.
Willis, Paul, (1998), *Aprendiendo a trabajar. Cómo los chicos de clase obrera consiguen trabajos de clase obrera*, Madrid, Akal.

TENDIENDO PUENTES ENTRE PARES. LAS AYUDANTÍAS DE CÁTEDRA COMO ESTRATEGIA PARA FACILITAR EL ACCESO, PERMANENCIA Y PROMOCIÓN DE LOS ESTUDIANTES DEL PROFESORADO DE MATEMÁTICA

Silvana Favre
Mirta Germanier
Nancy Favre
Carina Garnier
(Escuela Normal Superior de Villa Elisa, Entre Ríos)

Introducción

La educación ha pasado por distintos momentos, persiguiendo diferentes fines, de acuerdo a los lineamientos políticos e ideológicos de cada época. La actualidad, época de grandes avances tecnológicos y transformaciones sociales, ha provocado grandes cambios en todos los aspectos y ámbitos.

La escuela como institución dedicada a la educación ha ido transformándose, pero no puede dejar de cumplir su función socializadora. La *socialización*, según Lezcano es "un proceso continuo en el que el o los individuos aprehenden, aprenden y transmiten aspectos sustantivos, significativos y simbólicos del mundo social que los involucra en un espacio y un tiempo específicos." (Cerletti 2006).

La escuela como ámbito de socialización debe ser un espacio abierto, en el que todos sus actores puedan participar, atendiendo la diversidad y lo común. En el nivel superior es necesario analizar las acciones institucionales y curriculares que se relacionan con las trayectorias formativas de los estudiantes.

Desde los aportes de Lucía Garay, la educación "es una función humana y social. Está presente en todo grupo o sociedad; posibilita su continuación y cambio a partir de la socialización." (Garay s/f: 12). La educación siempre existió y se ha ido modificando de acuerdo a los diferentes momentos históricos, permitiéndole, o no, al individuo transformarse en un sujeto social, con identidad y proyección. "La escuela es una institución. Un modo particular histórico de organizar la educación; un modelo de formación humana. La escuela es la institución educativa hegemónica de la modernidad." (Garay: 13).

Este proyecto de investigación explora el interior de una estrategia: las ayudantías de cátedra a cargo de estudiantes de tercer año del profesorado de matemática, efectuadas en nuestro instituto de formación docente como una forma de acercar a los estudiantes a la práctica de su profesión, mejorar el acceso, permanencia y promoción, superar dificultades en lo académico y curricular. La Escuela Normal Superior de Villa Elisa es una institución dedicada a la educación en todos sus niveles, desde el inicial hasta el superior no universitario.

El nivel superior cuenta con las siguientes carreras a término, que se van reconvirtiendo de acuerdo a las demandas de la zona: profesorado de EGB 3 y polimodal en Matemática, profesorado de EGB 3 y polimodal en Biología, tecnicatura superior en Comunicación Social y tecnicatura superior en Gestión de PYMES.

De acuerdo a experiencias en años anteriores, se observa que las mayores dificultades académicas se presentan en los ingresantes a primer año del profesorado de Matemática, en los espacios curriculares de formación disciplinar (Geometría I y II, Álgebra I y II, Análisis I y II) y en el uso de estrategias de estudio requeridas para el nivel superior. La mayor deserción se produce luego de los parciales del primer cuatrimestre. También se observan algunas dificultades en los aspectos didácticos, cuando los estudiantes tienen que elaborar sus proyectos de prácticas docentes, y en el desarrollo de clases en otros niveles del sistema educativo. Para encarar estos problemas se ponen en práctica diferentes estrategias:

- Implementación de clases de apoyo para la elaboración de los trabajos prácticos (profesorado de Matemática) para todos los años: en primero están a cargo de los estudiantes de tercer año, y en el resto de los cursos las realiza un docente del profesorado responsable de guiar y supervisar dichas prácticas en tiempos extracurriculares. El docente accede por concurso y su actividad es rentada, el estudiante ayudante se desempeña por proyecto y es *ad honorem*.
- Acuerdo de criterios y estrategias entre los docentes en cuanto a la propuesta de lecturas, análisis e interpretación de textos, producción y socialización de trabajos, en todas las carreras, con el propósito de iniciar a los estudiantes en la alfabetización académica y producción científica.
- Inserción de los estudiantes avanzados en la carrera como ayudantes de cátedra en las asignaturas de primer y segundo año (como experiencia piloto en Geometría I y II), con el fin de acercarlos a la formación profesional docente, fomentar la integración académica y mejorar las trayectorias formativas de los estudiantes.

Esta estrategia de *ayudantías entre pares* se inicia a partir del ciclo lectivo 2008, y es el objeto de estudio de nuestro problema de investigación. A pesar de no contar con datos como precedentes, pretendemos obtener conocimientos a partir de la evaluación y análisis de la experiencia.

Así surge el *problema*: ¿cómo las ayudantías de cátedra a cargo de estudiantes de tercer año inciden en las condiciones de acceso, permanencia y promoción de los estudiantes de primer y segundo año del profesorado de Matemática?

Se plantearon diferentes *objetivos*:
- Indagar la incidencia de las ayudantías de cátedra en las condiciones de acceso, permanencia y promoción de los estudiantes de primer y segundo año del profesorado de Matemática.
- Identificar la percepción de los docentes y estudiantes del profesorado sobre la utilidad de las ayudantías en el marco de sus necesidades y expectativas.
- Observar acciones promotoras de un mejor aprovechamiento de las mismas, así como obstáculos señalados por estudiantes y docentes.
- Analizar el compromiso de los estudiantes de primer y segundo año, así como también de los estudiantes ayudantes respecto de las ayudantías.
- Reconocer nuevas estrategias de aprendizaje implementadas a partir del trabajo en las ayudantías.

Desde una postura tradicional, la enseñanza de las matemáticas presenta serias dificultades de articulación con los intereses y procesos cognitivos de los estudiantes. La falta de deseo por aprender, sumada a cuestiones curriculares como ausencia de espacios colectivos de trabajo, estrategias docentes estructuradas, escaso desarrollo de investigaciones y producción de material didáctico, libros de textos desactualizados, hacen más difícil la relación de los estudiantes con esta disciplina.

Consideramos que desde un enfoque actual de la enseñanza, una de las tareas del docente tendría que ser ayudar al alumno a tomar conciencia de sus propias ideas preexistentes, dándole oportunidad para confrontarlas, fortalecerlas y proyectarlas en pensamientos y soluciones más complejos.

La formación docente tiene que poder problematizar la relación entre el contexto, la función social de la escuela, el conocimiento y los estudiantes. Se tiene que habilitar la posibilidad de pensar a la escuela como espacio de enseñanza para la transformación; esto significa pensarla como el lugar de nuevas relaciones con el conocimiento y la cultura que estimulen la búsqueda, la pregunta, el análisis, la crítica, la iniciativa y la creación.

El sujeto educativo es colectivo, lo que se constituye en sujeto es el triángulo pedagógico. El sujeto educativo es también sujeto de la educación, en la medida en que se refiere a ella y se constituye a partir de algunos elementos de la situación educativa. Puiggrós (2007) denomina sujeto pedagógico a la "relación entre educador y educando, al producto de la vinculación entre los complejos sujetos sociales que ingresan a las situaciones educativas."

Desde los institutos de formación docente es fundamental garantizar las condiciones de acceso, permanencia y egreso de los estudiantes, apelando a nuevas estrategias y compromisos de los sujetos involucrados. Las ayudantías de cátedra entre pares –estudiantes– son un ejemplo claro de prácticas de enseñanza y aprendizaje, donde se construye el conocimiento con otros, en forma democrática y participativa.

Metodología

Para desarrollar nuestra investigación y cumplir con los objetivos propuestos realizamos entrevistas a los docentes y estudiantes ayudantes, encuestas a los estudiantes de primer y segundo año del profesorado de Matemática, así como también analizamos cierta documentación: planillas de notas y asistencia, proyectos y Resolución n° 1.888/07 que reglamenta y aprueba la figura del "ayudante de cátedra" en los ISFD de la Provincia de Entre Ríos.

Se trabajó con una *muestra* de veintiocho estudiantes (dieciséis de primer año y doce de segundo) seleccionada de manera aleatoria por medio de un sorteo, teniendo como universo la totalidad de la población del profesorado de Matemática. Además se entrevistó a ocho docentes, al profesor titular de las cátedras vinculadas con las ayudantías, a dos estudiantes ayudantes y a un preceptor.

Resultados

Características de la población

Al realizar el análisis de las encuestas a los estudiantes de primer y segundo año del profesorado para EGB 3 y polimodal en Matemática, se observa que en los dos cursos, el sexo de los estudiantes es femenino y sus edades oscilan entre los dieciocho y cuarenta y dos años. Seis estudiantes de primer año del profesorado de Matemática estudian y trabajan; el resto tiene como única actividad el estudio. En segundo año, la mitad de los estudiantes trabaja y la otra mitad está dedicada exclusivamente al estudio.

La mayoría (70%) de los estudiantes manifiesta que ingresaron al profesorado por una inclinación hacia la matemática o hacia la carrera, y la minoría (30%) como alternativa de crecimiento.

Se entrevistó a ocho docentes del profesorado de Matemática: del campo de formación docente disciplinar, general y de práctica; entre ellos la rectora y vicerrectora de la institución por ser docentes en esta carrera.

Asistencia y aprobación

En cuanto a la asistencia, el régimen académico contempla entre el 70 y 60% (con constancia laboral) para que los estudiantes conserven su regularidad. El alumno libre no tiene obligación de cumplir un porcentaje de asistencia en las asignaturas que admiten este tipo de cursado. Doce estudiantes de primer año asisten regularmente, y otros no lo hacen por vivir fuera de la localidad, pero les gustaría poder concurrir a todas las clases. Los estudiantes de segundo año manifiestan asistir regularmente a las cátedras.

El régimen de evaluación, acreditación y promoción (dispuesto por Resolución n° 0869/05 del Consejo General de Educación de la Provincia de Entre Ríos) contempla como instancias de evaluación: dos parciales por materia –uno por cuatrimestre– con sus respectivos recuperatorios, la asistencia a clases y los trabajos prácticos para acceder al examen final –en los turnos de diciembre, febrero o julio– con el que se promociona la cátedra.

Entre los estudiantes de segundo que han cursado en el ciclo lectivo 2007 el primer año de la carrera, la mitad declaró que adeuda sólo una materia de primer año, cinco de ellos no adeuda ninguna y hay uno que adeuda más de una, lo que evidencia un buen nivel de cursado.

De los estudiantes que están cursando primer año en el ciclo lectivo 2008, se observa que doce estudiantes (80%) no han aprobado la totalidad de los parciales del primer o segundo cuatrimestre. Por el contrario, en segundo año la mitad de los estudiantes (50%) aprobó todos los parciales mientras que el resto desaprobó.

La totalidad de los estudiantes de primer y segundo año cumplen en tiempo y forma con los trabajos prácticos solicitados por los docentes. Se considera que estas instancias permiten la aplicación de la teoría y el fortalecimiento de los aprendizajes. Pero en las asignaturas de la formación disciplinar, es excesiva la exigencia y cantidad de ejercicios propuestos, por lo que resulta fundamental el desarrollo de ayudantías entre pares como instancias de permanencia y promoción.

Algunos aspectos institucionales, legales o normativos pueden ayudar a interpretar estos datos: por ejemplo, el divorcio que existe entre las exigencias del régimen de evaluación en cuanto a cantidad de instancias para regularizar las cátedras y el calendario escolar estipulado por las autoridades educativas jurisdiccionales del nivel superior. Las instancias evaluativas se concentran en dos semanas (entre parciales y recuperatorios), más las fechas estipuladas para las entregas de trabajos prácticos, debiendo los alumnos regularizar en primer año ocho materias y en segundo diez. Estos tiempos y formas no son los adecuados para desarrollar la formación docente inicial desde la perspectiva de "trayectorias formativas" como lo plantea Estela Cols.

El análisis de las planillas de notas permite establecer los siguientes datos que hacen referencia a la promoción de los alumnos, en las cátedras que poseen ayudantías:

- En Geometría I, el 66,66% de los estudiantes aprobó el primer y el segundo parcial, el 22,22% estuvo ausente en el primer y segundo parcial, aprobando luego en la instancia de recuperatorio. Mientras que el 11,11% restante no se presentó a ningún parcial.
- En Geometría II, el 75% de los estudiantes aprobó el primer y el segundo parcial, el 25% restante no aprobó el primer y segundo parcial, aprobando luego en la instancia de recuperatorio.

Los estudiantes del profesorado de Matemática de primer y segundo año han aprobado en un 88,88 y 100% respectivamente los exámenes parciales correspondientes a las cátedras de Geometría I y II. Estos datos corroboran la función que cumplen las ayudantías de cátedra en el fortalecimiento de los procesos de aprendizaje, integración y evaluación académica.

Implementación de las ayudantías: compromiso y percepciones

De acuerdo con los datos aportados por las encuestas respecto de las ayudantías implementas en el año 2008, observamos que doce estudiantes de primer año asisten a las ayudantías propuestas por el instituto regularmente, para un seguimiento significativo de la materia, o en ocasiones para evacuar dudas. Cuatro de ellos no asisten por distancia.

Entre los estudiantes de segundo año, cinco asisten en ocasiones a las ayudantías y el resto no.

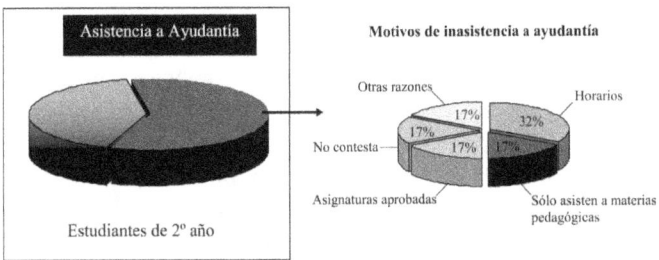

Respecto a los estudiantes de segundo año, sus razones de no asistencia a las ayudantías indicarían una falta de interés, desconocimiento de horarios e implementación de esta estrategia.

Los estudiantes de primer y segundo año consideran positiva la implementación de las ayudantías, y las razones que exponen aducen que facilita la comprensión de los temas, que les aclara dudas en la parte práctica.

Un pequeño número de estudiantes no modificaría las ayudantías, pues considera que están bien implementadas y que favorecen sus recorridos formativos. En cambio, la mayoría sí lo haría, y entre los motivos se encuentran el horario y la falta de espacios disponibles. Las ayudantías se realizan antes del ingreso al horario de clases del profesorado, que coincide con la asistencia de los estudiantes de EGB 3 a las clases de apoyo. En ocasiones no hay aulas disponibles por funcionar en el mismo horario el nivel primario. Otro motivo tiene que ver con la unificación de criterios entre el profesor titular y el ayudante de trabajos prácticos. Según lo expresado por los estudiantes ayudantes "se utiliza la bibliografía indicada por la cátedra y de ser necesario alguna de menor nivel", mostrándole al alumno otros procedimientos alternativos. Otra razón es que los ayudantes, además de realizar esta tarea, deben continuar con el seguimiento de las diferentes cátedras, y si bien las ayudantías son de Geometría I y II, según los requerimientos de los estudiantes se explican contenidos de otras cátedras.

La figura del "ayudante de cátedra" en los institutos de formación docente de la Provincia de Entre Ríos está reglamentada y se implementa a partir de la Resolución 1.888/07 CGE. En el marco de esta normativa los aspirantes a desempeñarse como ayudantes de cátedra tienen que presentar ante las autoridades institucionales una nota en la que se fundamenta su aspiración, un *currículum vitae* y el proyecto de trabajo.

La justificación de los proyectos presentados para el desarrollo de las ayudantías hace referencia a la posibilidad de un acercamiento entre las actividades de los docentes a cargo de los espacios curriculares y los estudiantes que tienen cierto grado de avance en las carreras. De esta manera, la figura del ayudante de cátedra se convierte en una instancia de formación, capacitación y enriquecimiento mutuo, tanto en la integración académica, como en la profesional y científica. Los estudiantes ayudantes organizan en paralelo las actividades en los dos roles que cumplen, esto les permite afianzar sus conocimientos, e "ir jugando con el rol de alumno y el de docente".[32]

De acuerdo con el proyecto presentado por los ayudantes, y aprobado por Consejo Directivo Institucional, las acciones que en el marco de las ayudantías desarrollan los estudiantes de tercer año son las siguientes:

- Asistencia y colaboración en las clases prácticas de la cátedra en la que son ayudantes, realizando lecturas académicas paralelas para profundizar algunas temáticas.
- Participación en el desarrollo de actividades complementarias a las clases, como consultas en temáticas específicas, lectura y análisis de aportes teóricos, elaboración de trabajos prácticos, resolución de problemas, producción de material didáctico, bajo la dirección del profesor de la cátedra.
- Asistencia a jornadas, cursos, talleres u otras instancias de formación cuyas temáticas se vinculen al desarrollo curricular de la cátedra donde realizan la ayudantía.
- Seguimiento y registro de las actividades e instancias de ayudantías, consignando asistencia, avances, logros o dificultades de los estudiantes destinatarios de las ayudantías.
- Encuentros de análisis, consulta, producción y evaluación con el profesor titular de la cátedra donde realizan la ayudantía.
- Co-elaboración de un informe final del desempeño de los equipos de trabajo y de la experiencia, reflexionando sobre las prácticas docentes desde el rol de ayudantes de cátedra.

---

[32] Registro nº 2: entrevista a ayudante.

Esta experiencia se considera positiva, porque la relación con los ayudantes fue buena, se trabajó en equipo con responsabilidad, autonomía y respeto. Por su parte, quienes no asistían a las ayudantías tomaron conciencia de su incidencia en el desempeño áulico, dado que percibían los progresos de sus pares.

Lo negativo de la experiencia fue la escasa cantidad de material y/o bibliografía con que cuenta la biblioteca de la institución, pues no hay continuidad en la recepción de material didáctico; tampoco hay variedad de elementos específicos de enseñanza de las matemáticas, o los que existen no están en buenas condiciones.

Todos los docentes de profesorado están en conocimiento del desarrollo de esta práctica, incluso algunos han tenido la posibilidad de evaluar los proyectos presentados para acceder a las ayudantías por ser integrantes del Consejo Directivo del Nivel Superior. Además, manifiestan que los ayudantes de cátedra se han desenvuelto con idoneidad, con apertura a las sugerencias, pero que tienen muchas actividades a cargo.

En cuanto al compromiso de los estudiantes que concurren a las ayudantías, los docentes expresan que al no ser obligatorias no todos asisten, a excepción de quienes no lo hacen por distancias a pesar de su interés.

Esta experiencia es positiva porque genera mayor compromiso con el seguimiento de la cátedra, incentiva la colaboración con el docente y entre pares, "une los grupos, los integra, los prepara para el trabajo en equipo, tratando de ayudarse unos a otros."[33] Lo negativo, "o mejor dicho lo que obstaculiza, es compatibilizar horarios",[34] como así también la falta de compromiso de algunos estudiantes y la no obligatoriedad.

---

[33] Ídem.
[34] Ídem.

Los maestros son los sujetos centrales en la construcción cotidiana de la cultura escolar. Lejos de ser representantes fieles de la voluntad estatal que transmite 'la cultura de la sociedad', ellos ponen en práctica diversos saberes adquiridos en sus trayectorias personales. Los maestros otorgan a su trabajo escolar en cada localidad y con cada grupo diferentes sentidos específicos (Rockwell 1996).

Cada sujeto selecciona, interpreta e integra a su manera, los elementos que se presentan en el aula; incluso puede construir conocimientos que superan o contradicen los contenidos transmitidos por la escuela (Rockwell 1995).

Discusión

El estudiante es un sujeto histórico y contextuado, y no puede ser analizado independientemente de los discursos y las praxis que constituyen la formación docente. El sujeto que se forma para ser docente, además de aprender un corpus de saberes que ha de transmitir, realiza un proceso de metacognición

La formación docente, el currículum, la enseñanza y el aprendizaje son prácticas sociales protagonizadas por sujetos –estudiantes, directores, docentes– en espacios institucionales singulares, por lo tanto a partir de esta experiencia se podrán generar nuevas prácticas en nuestro instituto o en otros.

Dado que muchos estudiantes plantearon que el horario de realización de las ayudantías era un obstáculo para la asistencia a las mismas, se esboza aquí la necesidad de otros tiempos y formas de aplicación. Los espacios disponibles en la escuela, en los horarios dispuestos para las ayudantías, también aparecen como un obstáculo, pues se comparte el edificio con EGB 1 y 2, utilizándose todas las aulas, por lo que estudiantes y ayudantes deben buscar cada vez un espacio diferente en donde trabajar.

Frente a la escasez de materiales y bibliografía actualizada para trabajar con los estudiantes, una alternativa que se aprovechó a lo largo del año 2008 fue la presentación de los "Proyectos de Mejora Institucional y para la Enseñanza de las Ciencias"; aunque los recursos didácticos se adquirieron con los fondos correspondientes al finalizar el ciclo lectivo.

En el proyecto presentado por los ayudantes, se mencionan diversas acciones a implementar, sin embargo, no todas se llevaron a cabo: no hubo participación en el desarrollo de las clases junto con el profesor en el aula; se hizo el seguimiento y registro de las actividades e instancias de ayudantías, consignando asistencia, avances, logros o dificultades de los estudiantes, pero no se sistematizó en tiempo y forma; tampoco se elaboró un informe final del desempeño de los equipos de trabajo y de la experiencia. Puede pensarse que la sobrecarga de actividades tanto de los ayudantes como de los docentes puede haber contribuido al logro parcial de las funciones. Además, en el desarrollo de las ayudantías se detectaron otras necesidades, reorientándose las acciones de acuerdo a los requerimientos de los estudiantes.

Tanto docentes como estudiantes coinciden en que es una experiencia positiva porque genera un mejor seguimiento y desempeño en la asignatura. Prepara tanto para el trabajo en equipo como individual, en cuanto a la comprensión de los contenidos y a la organización del estudio, aplicando nuevas estrategias en diferentes instancias y actividades (prácticos, parciales, solución de problemas, interpretación de consignas, entre otras). Esta estrategia les permitió a los estudiantes posicionarse al frente de una clase, utilizar correctamente los elementos de Geometría, estudiar en forma autónoma, avanzar en el programa, tener confianza en sus posibilidades como sujetos de aprendizaje. A los ayudantes de cátedra, les posibilitó identificarse con la profesión docente, reflexionar sobre sus propias prácticas, trabajar en equipo, construir otros saberes y compartirlo con sus pares.

Pensar la formación docente es abordarla como trayectoria de formación, recorridos que ponen en juego sujetos, grupos, instituciones a lo largo del tiempo, trayectorias diversas que se entrecruzan con otras y van marcando un itinerario particular, ligado a experiencias pedagógicas, institucionales, sociales y culturales.

La equidad en el acceso al conocimiento en la formación docente supone pensar en los sujetos –su existencia y diversidad–, en relaciones democráticas, en un currículo abierto, emergente, pero que marca un norte con sentido, y en acciones conjuntas colaborativas e intencionadas con el otro.

En relación con la equidad, la justicia y la igualdad en el acceso al conocimiento, cabe preguntarse: ¿qué tenemos los institutos de formación docente para proponer? ¿Qué condiciones ponemos los docentes en las relaciones con los estudiantes? ¿Cómo abrimos el círculo de la posibilidad en las trayectorias formativas? Como expresa Rancière, "la igualdad es fundamental y ausente, es actual e intempestiva, siempre atribuida a la iniciativa de los individuos y de grupos que, contra el curso ordinario de las cosas, asumen el riesgo de verificarla, de inventar las formas, individuales y colectivas, de su verificación. Esta lección también es hoy, más que nunca actual." (Rancière 2008: 13). En este sentido, uno de los desafíos de los sujetos pedagógicos de nuestro instituto son las ayudantías de cátedra a cargo de estudiantes de tercer año, como estrategia que permite el diálogo y el intercambio, tendiendo puentes entre pares, y que como toda construcción requiere de revisión para sostenerla, mejorarla y fortalecerla.

Bibliografía

Achilli, E. (1996), *Práctica docente y diversidad sociocultural*, Buenos Aires, Ediciones Homo Sapiens.

Badano, M. del R. y Homar, A. (2007), "Pensar la formación docente, interrogantes en la construcción de nuevos sentidos", V Jornadas del área pedagógica Facultad de Humanidades, Ciencias Sociales y Artes, Entre Ríos, UADER.

Cerletti, L. (2006), *Las Familias, ¿un problema escolar? Sobre la socialización escolar infantil*, Buenos Aires, Noveduc.

Cols, E. (2007/2008), "La formación docente inicial como trayectoria", documento digital facilitado por el INFD en el Ciclo de Capacitación de directores 2007/08, eje 3.

Cornu, L. (1999), "La confianza en las relaciones pedagógicas", en Frigerio, G.; Poggi, M. y Korinfeld, D. (comps), *Construyendo sobre el interior de la escuela*, Buenos Aires, CEM, Ed. Novedades Educativas.

Frigerio, G. y Diker, G. (comps.) (2004), *La transmisión en las sociedades, las instituciones y los sujetos. Un concepto de la educación en acción*, Buenos Aires, Noveduc Cem.

Frigerio, G. y Diker, G. (comps.) (2008), *Educar: posiciones acerca de lo común. Del Estante*, Buenos Aires, Noveduc Cem.

Garay, L. (s/f), "La investigación educativa y la cuestión institucional de la educación y las escuelas", en *Módulo III, Postítulo en Investigación Educativa a Distancia*, Córdoba, Universidad Nacional de Córdoba.

Larrosa, J.; Varela, J. *et al.* (1997), *Escuela, poder y subjetivación*, Madrid, Ediciones de La Piqueta.

Marucco, M. (2005), *Revista IICE*, año 13, Buenos Aires, Facultad de Filosofía y Letras, Miño y Dávila.

Meirieu, P. (2003), *Frankenstein educador,* Barcelona, Ed. Alertes.

Puiggrós, A. *et al.* (2007), *Cartas a los educadores del siglo XXI*, Buenos Aires, Galerna.
Rancière, J. (2008), *El maestro ignorante. Cinco lecciones sobre la emancipación intelectual*, Buenos Aires, Libros del Zorzal.
Rockwell, E. (1995), *La escuela cotidiana*, Buenos Aires, Fondo de Cultura Económica.
Rockwell, E. (1996), "La dinámica cultural en la escuela", en Álvarez, A. y Del Río, P. (eds.), *Hacia un currículum cultural: un enfoque vygotskiano*, Madrid, Fundación Infancia y Aprendizaje.
Saleme, M. (1997), *Decires*, Córdoba, Narvaja editores.

DISPOSITIVOS DE ENSEÑANZA

ALCANCES DE LA TUTORÍA ACADÉMICA EN LA FORMACIÓN DOCENTE

Blanca Nely Barrionuevo
Sara Lía Díaz
Patricia Lidia Villafañe
(Instituto Superior de Formación
Docente Aguilares, Tucumán)

Introducción

El Instituto Superior de Formación Docente Aguilares, ubicado en la Provincia de Tucumán, fue una de las instituciones seleccionadas para participar en una investigación de la red PROPONE, entidad latinoamericana que tiene entre sus objetivos generar espacios para que las comunidades educativas tengan la posibilidad de cuestionarse respecto a su rol efectivo en la construcción de la equidad.

Investigar en el marco de la propia institución en la que uno se desempeña como docente constituyó una experiencia bastante enriquecedora, en tanto que implicó asumir un posicionamiento diferente al que supone el transitar cotidiano por las aulas, como también abocarse a obtener, sistematizar e interpretar información desde la perspectiva de los diversos actores y acciones institucionales. En este contexto de cotidianeidad y encuentros, la tarea del distanciamiento se tornó un verdadero desafío de aprendizaje para las investigadoras. El diseño de la investigación tomó como punto de origen el supuesto de una *marcada heterogeneidad familiar, cultural, socioeconómica, laboral, de formación previa y hasta vocacional de los ingresantes en los profesorados de Educación Física y de Matemática que, según se consideró, en los casos más desfavorecidos incidiría en la lentificación del cursado y/o abandono de la formación de grado.* Por ello pareció apropiado enfocar el planteo investigativo hacia los alcances de la tutoría académica (en adelante TA) que se estaba implementando en el Instituto Superior de Formación Docente Aguilares, en los primeros años de los profesorados antes mencionados. Para el equipo investigador, la TA fue considerada como un dispositivo institucional de seguimiento, orientación y facilitación de los procesos formativos que contempla la diversidad de los alumnos.

Cabe aclarar que, al ingresar al campo de la investigación y a partir del discurso de los implicados en la tutoría, se percibió que esta propuesta innovadora aún se encontraba en un proceso de construcción de roles y de implementación de las acciones preliminares; es decir, no estaba en una instancia de pleno funcionamiento. Por este motivo el estudio tuvo que reorientarse en gran medida a relevar datos e interpretar las percepciones que los actores involucrados tenían sobre la TA, y en menor proporción a conocer los alcances efectivos del dispositivo mismo en ejecución.

A partir de esta realidad, se plantearon los siguientes problemas: ¿en qué consiste el dispositivo desde la perspectiva de los diversos actores involucrados? ¿La TA que se está implementando en el ISFD Aguilares se percibe como un mecanismo generador de permanencia y equidad en el acceso al conocimiento de los alumnos de primer año de los profesorados en Educación Física y en Matemática? Y, finalmente, ¿existen indicadores de optimización del desempeño académico que podamos atribuir puntualmente a la implementación de la misma?

Los supuestos fueron los siguientes: 1) cuando desde la TA se implementan estrategias sistemáticas y continuas de apoyo a los ingresantes y éstas les son accesibles –en tiempo y espacio– de forma paralela al cursado de la carrera, se promueve la equidad en el acceso al conocimiento en la oferta institucional; 2) cuando los ingresantes a la formación docente son favorecidos con el acompañamiento de la TA, despliegan competencias de mayor protagonismo y autonomía como organizadores de su propio programa de trabajo escolar.

Los objetivos de esta investigación fueron, por un lado, contribuir a la construcción de indicadores de equidad en el acceso al conocimiento de los ingresantes del Instituto Superior de Formación Docente Aguilares e identificar las acciones propias de la implementación de la TA que responden a los mismos; y por otro lado, reconocer los alcances de la implementación de la TA orientados a la permanencia y optimización del desempeño académico de los ingresantes a las carreras del profesorado en el ISFD.

Los conceptos centrales del marco teórico fueron *equidad en el acceso al conocimiento, tutoría en el nivel superior y competencia-desempeño académico en la formación docente.*

Néstor López (2002) afirma que los argumentos que permiten pensar a la educación como una instancia previa a la equidad son muy diversos, y se pueden mencionar aquí dos de los más contundentes. En primer lugar, se sostiene que quienes no tienen acceso a la educación carecen de aquellas competencias que habilitan para una inserción laboral exitosa. El segundo argumento asevera que quienes no acceden a una educación de calidad tienen limitadas posibilidades de un pleno ejercicio de sus derechos y de participación en la sociedad, lo cual se traduce en un debilitamiento de su condición de ciudadano.

Tal vez por esto, actualmente existe un mayor número de jóvenes que demandan educación superior; sin embargo, un elevado porcentaje de alumnos ingresantes no logran la permanencia en el sistema de formación y ni siquiera completan el primer año de estudio. En respuesta a tal situación –generalizada en muchos países de América Latina– se han venido implementando, desde el sistema educativo nacional, políticas de retención sostenidas en los principios de equidad e igualdad. En esta línea se enmarca la tutoría académica, la cual constituye una experiencia innovadora en el nivel superior y alude al proceso auxiliar de la orientación educativa que retoma aspectos relacionados con el contexto escolar. Aparece en este escenario el dispositivo de tutoría académica que busca formar a los profesores y alumnos con cierto potencial y con un perfil especial, con el objetivo de apoyar a los estudiantes que presenten problemas de diversa naturaleza, siempre y cuando se relacionen con su rendimiento, adaptación al ambiente, ritmo escolar y académico. La acción tutorial orienta en el conocimiento de la organización y sus normas, el plan de estudios de las carreras, las dificultades académicas más comunes, las actividades y los recursos disponibles. La imagen del tutor remite a una persona que genera espacios de encuentro y escucha, tiene incorporado el deseo de "estar con ese otro en formación", y es capaz de sistematizar los procesos de acompañamiento, promoción y orientación en pos de mayores niveles de autonomía, consolidando competencias esenciales en el trayecto de la formación docente.

En un interesante estudio sobre la formación y evaluación por competencias de la Universidad Industrial de Santander, Puig y Hartz (2005) mencionan a Noam Chomsky como el responsable de lanzar a la fama y circulación académica, en 1965, el concepto *competencia / desempeño* (*competence / performance*). Por *competencia,* en sentido estricto, se entendía una capacidad de lenguaje genéticamente determinada, y por *desempeño* el uso efectivo de esta capacidad en situaciones concretas; es decir que la competencia prima teóricamente sobre el desempeño, pero es éste el saber hacer en acto. Chomsky abordó esta dualidad –aplicada a la lingüística– como procesos de naturaleza eminentemente cognitiva, a partir de la cual surgieron posteriores desarrollos de este concepto. Así, por ejemplo, Tejada Fernández (1999) define la competencia como "conjunto de conocimientos, procedimientos y actitudes combinados, coordinados e integrados en la acción, adquiridos a través de la experiencia y formación, que permite al individuo resolver problemas específicos de forma autónoma y flexible en contextos determinados. Las competencias se hacen visibles en la acción y en situaciones concretas a través de los desempeños que es lo observable de las competencias."

Por su parte, Philippe Perrenoud (2000) realiza un interesante aporte al precisar que las competencias son una "capacidad de actuar de manera eficaz en un tipo definido de situación, capacidad que se apoya en conocimientos pero que no se reduce a ellos. Ser competente implica poder aplicar los contenidos a muchas situaciones que la vida presenta, es decir poseer plasticidad." Aun más, el desarrollo de competencias requiere operar sobre las mismas, es decir que los individuos se vuelven más competentes en la medida que trabajen más sobre aquello en lo que quieren avanzar. Pero no son solamente las acciones las que promueven desarrollo, sino también la reflexión sobre los resultados de las mismas. Perrenoud aclara que la reflexión es la base de las competencias y que "gran parte del trabajo de los educadores debería estar orientado a conducir a los estudiantes a la reflexión y regulación sobre estos resultados", es decir, a promover habilidades metacognitivas. Esto implicaría que los docentes realicen un trabajo tutorial de acompañamiento que oriente a los estudiantes a fin de aumentar el grado de conciencia o conocimiento que poseen sobre su forma de pensar los contenidos y la habilidad para controlar esos procesos para organizarlos, revisarlos y modificarlos en función de los resultados del aprendizaje.

Todos los conceptos anteriormente destacados conforman la estructura teórica de sostén de la presente investigación.

Metodología

Esta investigación constituyó un estudio preliminar de carácter exploratorio y descriptivo que adoptó preponderantemente una lógica cuantitativa. A su vez, permitió realizar una interpretación cualitativa de los significados atribuidos por los actores a distintos aspectos de la realidad estudiada.

Entre las fuentes primarias de consulta se mencionan: coordinadora del proyecto de tutoría académica, docentes tutores, alumnos tutores, alumnos tutorados y docentes no tutores. En cuanto a las fuentes secundarias se consultaron: fichas de inscripción, legajo de alumnos, actas de exámenes finales, Proyecto base de Tutoría Académica, Proyecto de Investigación "Por qué llegan los que llegan" y cartilla para los alumnos asistentes a la Tutoría Ciclo Lectivo 2008.

Para la construcción de la evidencia empírica, se utilizaron metodologías cuantitativas, a partir del análisis documental (fichas de ingreso, planillas de instancias evaluativas de actas de examen) y de tres encuestas (aplicadas al inicio del Ciclo Lectivo 2008, al finalizar el primer cuatrimestre y a mediados del segundo cuatrimestre). Esto permitió sistematizar la información respecto de los alcances de la TA para los estudiantes del primer año.

De igual modo, a través de entrevistas semiestructuradas y de un cuestionario aplicado en el marco de una entrevista grupal a los estudiantes, se intentó describir las percepciones que éstos tuvieron acerca de los beneficios de la TA para su desempeño académico, como también dar cuenta de la valoración que los docentes hicieron del dispositivo y su incidencia en el rendimiento y permanencia de los ingresantes.

El universo de estudio estuvo conformado por el total de alumnos de primer año de los profesorados de Educación Física y de Matemática del Instituto Superior de Formación Docente Aguilares –cohorte 2008-2011– que participaron en la tutoría académica; en total treinta estudiantes. La unidad de análisis la constituyó cada uno de los treinta estudiantes asistentes a la tutoría académica; éstos eran ingresantes del primer año de la cohorte 2008-2011 de los profesorados en Educación Física y en Matemática (quince alumnos de cada profesorado).

La investigación se llevó a cabo entre los meses de agosto y diciembre de 2008. El tipo de análisis que se aplicó a documentos y a encuestas fue específicamente estadístico, mientras que con las entrevistas se siguió una lógica cualitativa.

La matriz de datos diferenció tres unidades de análisis que se correspondieron con tres niveles de estudio: el nivel contextual, el nivel de anclaje y el nivel subunitario. En el nivel contextual se estableció como unidad de análisis al *dispositivo de tutoría académica en el ISFD Aguilares*, por tratarse de la experiencia de acompañamiento y orientación cuyas características y variaciones serían relevantes para determinar los atributos del tutorando. En este nivel se constituyeron como variables: objetivos de la TA, destinatarios, periodicidad de los encuentros tutoriales, ubicación en la plantilla horaria de los profesorados, espacio físico utilizado para la tutoría, equipamiento utilizado para la ejecución del proyecto y responsables de su implementación.

En el nivel de anclaje la unidad de análisis fue el *alumno asistente a la TA*; se decidió establecer allí el anclaje por ser el destinatario directo del Proyecto de Mejora Institucional en el que se enmarca la tutoría académica. Se seleccionaron como variables: edad de los tutorandos, contexto familiar, distancia que recorre para llegar al ISFD, formación previa y complementaria, situación laboral, percepción que tienen de su desempeño estudiantil, asistencia a los encuentros tutoriales, valoración subjetiva de la TA y rendimiento académico logrado.

En el nivel subunitario la unidad de análisis la constituyeron las *competencias / desempeños del tutorando* en el trayecto de formación, por considerarlo un componente destacado del nivel de anclaje; las competencias del tutorando permitirían poner de manifiesto los alcances de la tutoría con respecto al acceso al conocimiento y al desempeño académico de los ingresantes tutorados. Las variables consideradas fueron: habilidades metacognitivas, autonomía en la toma de decisiones, organización de su plan de trabajo académico y habilidades comunicativas.

Resultados

Para la presentación de los resultados obtenidos y su posterior análisis se consideró conveniente organizarlos en cuatro capítulos: Capítulo 1. Los procesos de construcción institucional de la TA; Capítulo 2. Condicionantes de su implementación; Capítulo 3. Los destinatarios de la TA; Capítulo 4. La TA y las competencias / desempeños de los ingresantes en el trayecto inicial de la formación docente.

Los procesos de construcción institucional de la TA

Mandatos y prescripciones de la política educativa

A partir de la sanción de la Ley 26.206 se crea el INFOD (Artículo 76 de la LEN), como organismo responsable de la formación docente, asignándole entre sus funciones la creación de políticas nacionales para la formación inicial y continua de docentes como también tareas de investigación y desarrollo profesional. Puede decirse que el marco normativo y político se orienta a promover la ampliación y diversificación de funciones de las instituciones formadoras.

El proyecto de tutoría académica se gestó y se desarrolla en el marco del Proyecto de Mejora Institucional; consiste en proponer un sistema tutorial a los alumnos ingresantes que estén identificados como de Rendimiento Académico Mínimo (RAM) y de Rendimiento Académico Negativo (RAN), quedando abierta la posibilidad de asistencia a los encuentros semanales y a consultas espontáneas también para los estudiantes de Rendimiento Académico Positivo (RAP) que deseen aprovechar el ofrecimiento. En el proyecto se prevé que los tutores sean profesores seleccionados y capacitados para tal fin junto con un pequeño equipo de alumnos avanzados pertenecientes a ambos profesorados.

Génesis de la TA como proyecto
innovador de acompañamiento

Para considerar la génesis del dispositivo de TA se analizaron dos documentos institucionales. Por un lado, se estudió el informe de la investigación "¿Por qué llegan los que llegan?", realizada con la cohorte 2002-2005 y que da cuenta de la problemática del rendimiento académico en las carreras de Matemática y Educación Física; según dicho estudio, en ambos profesorados se registraban las más altas tasas de deserción y recursado (58% en primer año) y las más bajas de graduación (tan sólo el 10% llegan). El otro documento considerado fue el Proyecto de Mejora Institucional diseñado en el Instituto Superior de Formación Docente Aguilares como respuesta a la convocatoria nacional dentro del Plan Nacional de Formación Docente 2007; este último tenía como principal objetivo promover el mejoramiento de las condiciones de ingreso, permanencia y rendimiento académico del futuro docente.

Del entrecruzamiento de ambos aportes, se diseñó el dispositivo de la TA como una propuesta potencialmente transformadora de ese estado de situación que se propuso intervenir en el seno mismo del instituto formador. Al tratarse de una propuesta diferente demandó nuevos roles y funciones, como también el manejo apropiado de saberes, espacios y tiempos tanto académicos como personales; esto constituyó un verdadero reto, pues debió abrirse camino entre lo ya instituido y legitimado dentro de la cultura institucional por los diferentes actores.

La directora del Instituto Superior de Formación Docente Aguilares designó a los docentes que desempeñarían el rol de tutores académicos. Éstos expresaron en las entrevistas sus apreciaciones personales sobre los motivos de su selección para el proyecto:

> "Por tener disponibilidad horaria, compromiso y por conocer la problemática." (Tutor 1).
> "Por mi compromiso y responsabilidad con la Institución y la Carrera." (Tutor 2).
> "Porque tengo alguna experiencia en tutoría." (Tutor 3).
> "Por ser profesora de la carrera, seria y responsable." (Tutor 4).

Asimismo los docentes tutores designaron a los estudiantes más avanzados de cuarto año de cada profesorado para desempeñar el rol de alumnos tutores. A continuación se transcriben las expresiones de algunos de éstos:

> "Por mi desempeño... porque ya hice una tutoría... porque me ven involucrado." (Alumno tutor 1).
>
> "Nos ven involucrados... Creo que conocemos todo lo que tiene la carrera. En todos los eventos estamos." (Alumno tutor 2).

Estas respuestas reiteran las alusiones al compromiso, la responsabilidad, el involucramiento con la institución y la carrera, pero no se explicita el perfil específico para el rol a desempeñar. De lo cual se puede inferir que, al momento de este estudio, el rol aún se encontraba en una etapa de construcción y de definiciones. Para dar cuenta de esto se transcriben algunas voces:

> "No, mi rol está en construcción... al comienzo sólo pensé en lo académico, no me había planteado si estaba preparada." (Tutor 1).
>
> "Fui construyendo mi rol; yo entendía que un tutor sólo apoyaba en las materias y luego vi el tema del contacto con la problemática personal que también es importante. La capacitación que estoy haciendo me sirve mucho." (Tutor 2).

Condicionantes de su implementación

Difusión de la propuesta de TA

La difusión de la propuesta en el contexto institucional fue incluida en esta investigación por considerarse un resorte clave en el proceso de institucionalización de la TA. En un ISFD con cinco ofertas de formación, un plantel de aproximadamente noventa docentes y poco más de mil alumnos, la circulación de la información y la efectiva difusión de los proyectos resultan sustanciales. En el caso del Proyecto de Mejora Institucional de Tutoría Académica para los ingresantes, se lo presentó al personal docente de la institución de manera sintética en una reunión general a principios de año; en la misma jornada se difundieron los restantes proyectos que estaban ejecutándose desde diversas líneas del INFOD. No se generaron otras instancias posteriores que permitieran ampliar su difusión, características y logros parciales obtenidos a partir de su implementación. Esta falta de continuidad en la difusión dio lugar a algunas confusiones para los actores institucionales no involucrados directamente en su implementación.

Al respecto, los profesores no tutores de primer año que fueron entrevistados dieron las siguientes contestaciones:

> "Me comunicaron los alumnos... no estoy bien interiorizada."
> "En una reunión a principio de año donde presentaron todos los proyectos."
> "Los vi trabajar en biblioteca y pregunté."
> "Participé en la capacitación que hicieron y allí me enteré del proyecto."
> "En un primer momento la preceptora les dijo a los chicos... y en conversaciones informales. Institucionalmente no me lo dijeron."
> "Faltó comunicación oportuna y a término."

Sistematización de los procesos de convocatoria, acompañamiento y control

La convocatoria se abrió a todos los ingresantes en ambas carreras, es decir que no se limitó a la categorización prevista de alumnos con Rendimiento Académico Negativo y con Rendimiento Académico Mínimo, tal como se expresaba en el proyecto original. En el caso del profesorado en Matemática, se separó la totalidad del grupo en dos comisiones y se asignó un tutor a cada una. Éstos informaron que aproximadamente el 25% de los ingresantes asistieron a más de un encuentro. En Educación Física, sólo quince alumnos asistieron a los encuentros tutoriales.

Las modalidades de acompañamiento a cargo de los docentes tutores fueron dos:

1. Las consultas espontáneas u ocasionales, ya fueran individuales o grupales (como asesoramiento para

exámenes, organización del plan de trabajo) en tiempos y espacios diversos como aula, biblioteca, patio escolar, cancha de deporte u otra dependencia disponible en el momento.
2. Los encuentros programados en pequeños grupos para el apoyo en lo académico-disciplinar (biblioteca o aula en sus horas libres).

La tarea asignada a los tutores estudiantes del profesorado de Educación Física fue la de ayudar en la prácticas de ejercicios y destrezas que requerían los alumnos según sus dificultades particulares; en Matemática la tarea se orientó a evacuar dudas acerca de los saberes disciplinares (AFO).

Respecto al control de los alcances del proyecto, si bien los tutores confeccionaron informes dando cuenta de las acciones, no se sistematizó un archivo documental con las fichas de seguimiento personal de cada tutorando que dé cuenta de su evolución académica a partir de la tutoría.

Las acciones mencionadas se complementaron con otras, entre las cuales figuran: capacitación y charlas con especialistas dirigidas a construir el rol del tutor, identificación de obstaculizadores más frecuentes para la inclusión y permanencia académica de los alumnos, compra de bibliografía, material didáctico y equipamiento del laboratorio de TIC.

Estructuración de la TA en el espacio-tiempo institucional

La implementación de este dispositivo también se vio influenciada por el espacio y el tiempo institucionales disponibles, los cuales condicionaron su efectividad. Si bien la plantilla horaria y la distribución de los espacios forman parte de la estructura administrativa del ISFD, la propuesta de TA requería una adecuación de ambos recursos a fin de favorecer su efectividad. Esta investigación permitió determinar que no existieron condiciones institucionales favorables; así se detallan las siguientes situaciones:

1. No se asignó un espacio físico exclusivo dentro del establecimiento que permitiera el encuentro entre tutores y tutorandos, ya sea para las acciones tutoriales grupales como para la atención individual.
2. No se incluyeron estas acciones dentro de la plantilla horaria; así, la oferta tutorial en horarios simultáneos al cursado de los espacios curriculares de la formación de grado dejó librada a la mera casualidad o espontaneidad el "poder encontrarse disponibles" ambas partes (tutor y tutorandos).

En cuanto al espacio se recogieron las siguientes apreciaciones:

"En la institución no hay lugar de privacidad." (Tutor).
"No lo estoy aplicando a full por problemas de espacio." (Tutor).
"En el curso o en la biblioteca... no hay otro lugar." (Tutor).
En cuanto al tiempo manifestaron lo siguiente:
"Cuando se superpone a horarios de clases no quieren venir." (Tutor).
"Los chicos no quieren venir fuera del horario de clase." (Tutor).
"Me interesaba pero no fui porque coincide con las clases." (Alumno del ISFD no asistente a tutoría).

Los destinatarios de la TA

Heterogeneidad de la población destinataria

Los estudiantes destinatarios de la TA partieron de puntos de origen muy variados en cuanto a edad, situación laboral, condicionantes socioeconómicos, capital cultural, entre otros. Los siguientes gráficos pretenden ilustrar la diversidad de los alumnos tutorados, si bien sólo se publican algunos factores que explicitan la misma. En la tabla 1 se cruzaron datos relativos a la situación laboral y el sexo de los estudiantes; entre los encuestados, la presencia del factor laboral como posible obstaculizador para la dedicación a la carrera y para el logro de un mejor rendimiento académico no resulta preponderante.

Tabla 1

Trabaja	Sexo	
	F	M
Sí	7%	20%
No	43%	30%

El gráfico 1 da cuenta de tres grupos de alumnos: los que residen en la misma localidad donde se encuentra el instituto formador, es decir, *no viajan*; los de *cerca* para quienes hacen recorridos directos desde su domicilio al ISFD y cuentan con un fluido servicio de transporte en los horarios escolares; y, por último, los de *lejos* para aquellos que se trasladan desde localidades de difícil acceso y con escasa o nula circulación de transporte público de pasajeros.

Gráfico 1

Alumnos encuestados según si Viaja o no - Nov 08

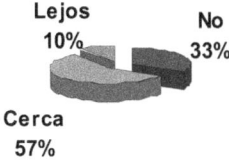

En tanto que la mayoría de los encuestados convive con sus padres, también se tomó en consideración la ocupación del jefe de familia y pudo determinarse que prevalecen los que tienen alguna relación de dependencia laboral. Se mencionan: empleados (18%), obreros (14%), docentes (13%), como también técnicos, choferes y pensionados (10%).

En relación con la formación escolar previa de los tutorados, la diversidad de formación se ilustra en el gráfico 2, donde se consigna la especificidad del título con el que ingresaron al instituto formador.

Gráfico 2

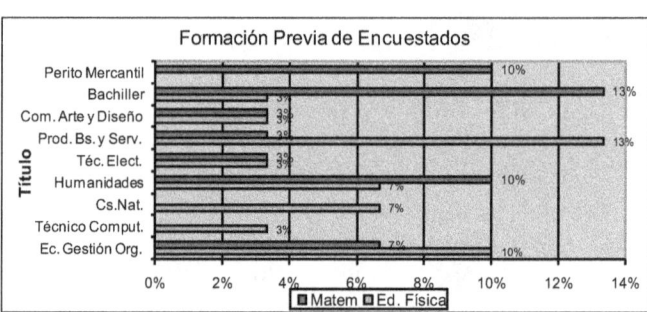

También se consideró entre los ingresantes la información relativa al motivo de la *elección de la carrera*. Los datos demuestran que en ambos profesorados la *aptitud* es mencionada como uno de los motivos prioritarios de la elección, especialmente en Educación Física, en donde también influyó el *gusto* por las actividades vinculadas al área. En el profesorado en Matemática, por su parte, junto a la *aptitud* aparece seleccionada la *salida laboral* de la carrera elegida.

La TA y las competencias / desempeños de los ingresantes en el trayecto inicial de la formación docente

Percepción de la tutoría académica por los diversos actores institucionales

La encuesta administrada a los tutorandos del profesorado en Educación Física y en Matemática incluyó la siguiente pregunta: ¿en qué crees que te ayuda la tutoría académica para tu desempeño escolar? Se aprecia a través del gráfico 3 la preponderancia de la opción *recibir apoyo en los espacios curriculares*, si bien en Educación Física dicha opción y la respuesta *sentirse seguro* tienen igual porcentaje de adhesiones.

Gráfico 3

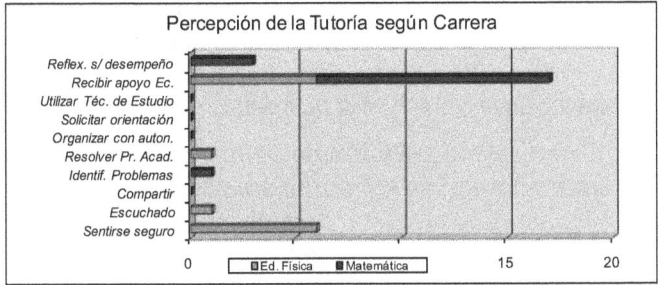

Asimismo, de las entrevistas a los alumnos y profesores vinculados al primer año de ambos profesorados se obtuvieron referencias sobre la utilidad y valoración de este dispositivo. Algunas de esas apreciaciones se transcriben a continuación:

"Consultamos sobre temas o ejercicios más complicados, en los que necesitamos apoyo." (Alumno tutorado).

"Sirve para que nos enseñen lo que no sabemos y nos expliquen mejor que en clase porque en primer año somos muchos y a veces no se entiende bien lo que explican los profesores." (Alumno tutorado).
"Supongo que apoyo académico en las disciplinas que ellos necesitan." (Profesor no tutor de primer año).
"Asesoramiento de alumnos, elaboración de informes." (Profesor tutor).
"Orientar a los alumnos, seleccionar tutores estudiantiles, proponer espacios y organizar el trabajo de tutoría." (Profesor tutor).
"Dictar clase de apoyo... sacar las dudas de los chicos." (Alumno tutor).

Las acciones implementadas y las percepciones de diferentes actores institucionales marcaron una tendencia a considerar a la TA como apoyo disciplinar y de consulta espontánea. Los datos recabados no vincularon expresamente la noción de *tutoría* con un proceso de acompañamiento sistemático, metódico y continuo que promueva el afianzamiento de competencias en los tutorandos.

Competencias en el trayecto de formación

A partir de la encuesta de opinión administrada a los tutorandos fueron seleccionadas para su tratamiento sólo algunas competencias / desempeños académicos que podrían aportar información sobre el nivel de logro de los alumnos en el trayecto de formación docente. Ellas fueron:
1. *Habilidades metacognitivas.*
2. *Autonomía en la toma de decisiones.*
3. *Organización de su plan de trabajo.*
4. *Habilidades comunicativas.*

El equipo investigador las priorizó considerando que estas capacidades ponen de manifiesto el potencial del estudiante para una inclusión académica sostenida y dan cuenta del desempeño social integral del sujeto en diferentes contextos.

Ya se anticipó que, al momento de la investigación, el dispositivo de tutoría académica no se encontraba en una instancia de pleno funcionamiento sino más bien en la construcción del rol tutorial y en las acciones iniciales con los ingresantes. Por ello el estudio de las competencias tuvo que limitarse a los datos aportados por una encuesta; en la misma los tutorandos debían responder sobre sus procedimientos habituales de trabajo académico.

A continuación se presentan los resultados de algunas preguntas vinculadas a las competencias / desempeños seleccionados.

Habilidades metacognitivas: aluden a la capacidad para reconocer, reflexionar y regular su proceso de aprendizaje. Al tratarse de un concepto complejo y de escaso manejo por parte de los tutorandos, sólo se les preguntó: "¿evalúas en detalle cada aspecto que pusiste en juego al realizar tus tareas académicas?" En la encuesta se aclaró que el interrogante planteado refería a los siguientes aspectos: lenguaje que usaste, argumentaciones que hiciste, ritmo que le diste a tus exposiciones, seguridad demostrada, claridad en tus expresiones, dominio de información, manejo del cuerpo, destreza en el aprovechamiento de recursos de apoyo, etc. Las respuestas *casi siempre* y *a veces* fueron las más frecuentes. Ver tabla 2.

Autonomía en la toma de decisiones: en cuanto a la capacidad de los tutorandos para decidir y desenvolverse de manera autónoma ante situaciones derivadas de su vida académica, los encuestados pertenecientes al profesorado en Educación Física respondieron *casi siempre* en un porcentaje más elevado que los del profesorado en Matemática, tal como se refleja en la tabla 3. Cuando se aplicó el presente cuestionario, los estudiantes se encontraban finalizando el cursado de su primer año de formación docente; por esta razón podría inferirse una posible vinculación entre la mayor autonomía lograda que mencionan los estudiantes de Educación Física con la apertura y flexibilidad propias de las rutinas diarias en dicha carrera.

Tabla 2

Carrera	¿Evalúas en detalle?			
	Casi siempre	A veces	Estoy intentan.	No lo logré aún
Ed. Física	17%	24%	3%	3%
Matemática	24%	17%	7%	0%

Tabla 3

Carrera	¿Tomas decisiones solo?			
	Casi siempre	A veces	Estoy intentan.	No lo logré aún
Ed. Física	34%	14%	3%	0%
Matemática	17%	31%	3%	0%

Organización de su plan de trabajo: a fin de considerar sus hábitos para organizarse en las cuestiones de cursado y estudio, se les preguntó si organizan y distribuyen el manejo de su tiempo personal en relación con las tareas estudiantiles, y si seleccionan el/los espacio/s más adecuado/s para hacerlo. En las respuestas se observó un incipiente incremento de las opciones *no lo logré aún* y *estoy intentándolo,* con respecto a las dos competencias consideradas anteriormente; la tabla 4 refleja datos sobre la organización del tiempo. Estos resultados permitieron evidenciar la influencia de la rutina para realizar su trabajo escolar; también dan cuenta de la incipiente reflexión y toma de conciencia que tenían los ingresantes encuestados sobre los nuevos requerimientos de su situación académica en el nivel superior.

Habilidades comunicativas: éstas fueron incluidas en tanto expresan habilidades sociales básicas de un sujeto para sostener sus vínculos interpersonales como también por ser propias del perfil docente para el cual se preparan los ingresantes. Entre los interrogantes relativos a ellas se destacó el que refería a sus habilidades para *intervenir espontáneamente a fin de opinar, preguntar o hacer planteos en clase*. Un alto porcentaje de estudiantes de Educación Física sostiene *lo estoy intentando*, al igual que los alumnos de Matemática, aunque en un porcentaje menor. Asimismo, se destaca que la opción *casi siempre*, en el profesorado en Educación Física, cae a tan sólo el 7% (ver tabla 5). Esto podría tener correlato con el escaso rendimiento académico obtenido en los espacios del área de la formación general y especializada en el primer turno de examen (diciembre). Dichos espacios curriculares tienen un tratamiento teórico preponderante en las clases presenciales, con su respectiva demanda de aportes del alumnado a partir de lecturas previas y de los procesos interpretativos concomitantes.

Tabla 4

Carrera	¿Organizas tu tiempo?			
	Casi siempre	A veces	Estoy intentan.	No lo logré aún
Ed. Física	28%	7%	7%	10%
Matemática	21%	28%	3%	10%

Tabla 5

Carrera	¿Intervienes con soltura?			
	Casi siempre	A veces	Estoy intentan.	No lo logré aún
Ed. Física	7%	17%	21%	7%
Matemática	17%	0%	14%	7%

Rendimiento académico según el área de formación

En el cierre de la investigación, coincidente con los exámenes de diciembre de 2008, se evidenciaron algunas mejoras en el rendimiento de alumnos tutorados en relación con otras cohortes, si bien por los alcances del presente estudio no es posible atribuir este resultado a los efectos de la TA. En la tabla 6 se observan los porcentajes de aprobados, ausentes y desaprobados en el turno de examen citado en los profesorados en Educación Física en las primeras filas y en Matemática en las siguientes.

Tabla 6

Carrera	Area Formación Gral y Especializada					Área Formación Orientada												
	Problem. Pedag.	Sistema Educ.	Sujeto, Des. y Cultura	Teorías Psic. y Soc.	Did. y Curriculum	Aritmética	Polinomios y Ecuaciones	Geometría	Func. una variable	Taller Resol. Problemas	Taller L. Oral	Juego, Rec. y TL	Anatom. Fun-cional	Gimnasia	Handball	Cestoball	Atletismo	Natación
Aprobado	73%	50%	67%		33%							11%	100%	78%	64%	100%	79%	67%
Ausente	18%	0%	0%		0%							33%	0%	22%	7%	0%	7%	33%
Desaprobado	9%	50%	33%		67%							56%	0%	0%	29%	0%	14%	0%
Aprobado	92%	93%		25%		50%	80%	33%	23%	33%	75%							
Ausente	8%	0%		13%		0%	0%	33%	23%	67%	13%							
Desaprobado	0%	7%		63%		50%	20%	33%	54%	0%	13%							

Discusión

Las estrategias de retención escolar implementadas en los últimos años en Argentina y direccionadas a los jóvenes, constituyen reconocidos desafíos para la política educativa del país. Aún pendientes de mayores garantías de eficiencia, aluden a problemáticas factibles de ser modificadas y/o rediseñadas en el seno mismo de los institutos formadores. La tutoría académica implementada en el Instituto Superior de Formación Docente Aguilares aparece, justamente, como un dispositivo innovador que permite pensar a la tarea formativa más allá de la transmisión y acumulación de saberes.

La mencionada institución se vino consolidando como un escenario altamente convocante al que asisten estudiantes con marcada heterogeneidad e incluso provenientes de contextos muy desfavorecidos; esto trajo aparejados los consecuentes riesgos de lentificación y/o abandono de su proceso académico. Es así que la propuesta tutorial –en los profesorados de Educación Física y de Matemática– surgió como una esperanzadora estrategia de inclusión, aunque todavía en pleno proceso de construcción.

En la presente investigación, el interrogante que pretendía describir las acciones tutoriales encontró que las mismas consistieron en dar apoyo disciplinar en aquellos espacios curriculares con mayor dificultad de aprendizaje y, sólo en menor medida, concretaron otro tipo de orientaciones vinculadas con la regularidad, la promoción, el régimen de asistencia u otras demandas personales de los tutorandos. Las acciones generadas desde la TA se realizaron a través de dos modalidades: consultas espontáneas no obligatorias en la biblioteca del instituto o en algún lugar ocasionalmente disponible; o también encuentros programados por el tutor con el grupo clase en el aula de primer año. Como esta última opción sólo se producía cuando los alumnos tenían horas libres por ausencia de sus profesores, puede decirse que la TA no tuvo una ubicación estable en la plantilla horaria de cursado; cabe aclarar que el Instituto Superior de Formación Docente Aguilares comparte edificio con una escuela primaria y secundaria que ocupa las aulas en los turnos restantes, dificultando la posibilidad de una prehora.

Si bien no llegó a producirse un proceso de acompañamiento sistemático, metódico y continuo a los tutorandos, se logró incorporar a la dinámica institucional un incipiente trabajo de apoyo para desarrollar competencias académicas. Al respecto, la percepción de la totalidad de los encuestados y entrevistados fue que la tutoría implementada se proyectaba como un potencial mecanismo de mejora en el rendimiento de los estudiantes del nivel superior. Aunque no llegaron a mencionar conceptos como *permanencia* y *equidad* en el trayecto académico de formación, se pudo inferir que la idea de mejora se correspondería con ellos.

En cuanto a la existencia de indicadores de optimización del desempeño académico atribuibles a la TA, las características que tuvieron los encuentros tutoriales no permitieron, al presente estudio exploratorio, establecer aportes concluyentes al respecto.

Finalmente, resulta sustancial destacar que tanto profesores como alumnos necesitan experimentar y fortalecer su participación en un proceso tutorial en el nivel superior. Ello requiere un nuevo posicionamiento docente, donde el acompañamiento sistemático de los alumnos en su trayecto formativo esté claramente definido y sea prioritario. La TA no sólo debe promover permanencia y egreso sino también la adquisición y desarrollo de competencias tales como: habilidades metacognitivas, habilidades comunicacionales, autonomía para la toma de decisiones y capacidad para la organización de su plan de trabajo.

Es desde ese lugar y a partir de la investigación efectuada que llega a afirmarse, con cierta pretensión predictiva, que la implementación de la tutoría académica sienta un destacado precedente como alternativa inclusiva para el sur tucumano. Pero sólo la mayor sistematicidad e institucionalización de sus acciones garantizará un efectivo acceso al conocimiento y la genuina inclusión académica de las jóvenes generaciones que buscan *su oportunidad* dentro del trayecto de formación docente.

Bibliografía

Ainscow, Mel (2005), "El próximo gran reto: la mejora de la escuela inclusiva", en Congreso sobre efectividad y mejora escolar, Barcelona.
Castells, M.; Flecha, R. *et al.* (1997), *Nuevas perspectivas críticas en educación*, Barcelona, Paidós.
CFCyE (1992), *Recomendaciones 26/92*, Buenos Aires.
Di Tullio, Emma (2005), "Formación y profesionalización docente", *La educación superior no universitaria argentina*, Buenos Aires, Siglo XXI.
Diker, G. y Terigi, F. (1997), *La formación de maestros y profesores: hoja de ruta*, Buenos Aires, Paidós.
Dussel, I. y Poggre, P. (comp.) (2007), *Formar docentes para la equidad*, Buenos Aires, PROPONE.
Echart, María *et al.* (2003), *Reflexiones sobre la deserción universitaria. Impacto de los procesos de evaluación institucional*, Salta, Universidad Nacional de Salta.
Fernández Juárez, Pablo (2004), "La tutoría académica personalizada y su importancia en la eficiencia escolar", *Revista Mexicana de Orientación Educativa*, núm. 2, México.

Fernández, Lidia (1996), *Instituciones educativas. Dinámicas institucionales en situaciones críticas*. Buenos Aires, Paidós.

Hernández, F. y Sancho, J. (1993), *Para enseñar no basta con saber la asignatura*, Barcelona, Paidós.

López, Néstor (2002), "Estrategias sistemáticas de atención a la diversidad, la repitencia y la sobreedad en escuelas de contextos desfavorecidos", *Documento de integración*, Buenos Aires, OEA / Ministerio de Educación de la Nación.

Luchetti, Elena L. (2008), *Guía para la formación de nuevos docentes*, Buenos Aires, Bonum.

Ministerio de Cultura y Educación (1998), *Proyecto Orientación y Tutoría*, Buenos Aires, Ministerio de Cultura y Educación.

Parrilla Latas, Ángeles (2002), "Acerca del origen y sentido de la educación inclusiva", *Revista de Educación*, núm. 327, MEC España.

Perrenoud, Philippe (1990), *La construcción del éxito y del fracaso escolar*, Madrid, Morata

Perrenoud, Philippe (2000), *Construir competencias desde la escuela*, Chile, Dolmen.

Postic y De Ketele (1988), *Observar las situaciones educativas*, Madrid, Narcea.

Puig, Julio y Hartz, Beatrice (2005), "Concepto de competencia y modelos de competencias de empleabilidad", Primer encuentro internacional de educación superior: formación por competencias, Universidad Industrial de Santander. Disponible en línea: http://www.uis.edu.co/portal/doc_interes/documentos/Formacion_por_Competencias_Puig_Hartz.pdf

Raths, L. E. *et al.* (1999), *Cómo enseñar a pensar. Teoría y aplicación*, Buenos Aires, Paidós.

Santos, Miguel Ángel (1998), *Hacer visible lo cotidiano. Teoría y práctica de la evaluación cualitativa de los centros escolares*, Madrid, Akal.

Tejada Fernández, José (1999), *El desarrollo y gestión de competencias profesionales: una mirada desde la formación*, Barcelona, Universidad Autónoma de Barcelona.

Vargas, E. y Arbeláez Gómez, M. (1981), "Consideraciones teóricas acerca de la metacognición", *Revista*, núm. 28, Bogotá, Ciencias Humanas.

Yuni, José y Urbano, Claudio (2006), *Técnicas para investigar I y II*, Córdoba, Ed. Brujas.

LA ALFABETIZACIÓN ACADÉMICA EN LA FORMACIÓN DOCENTE Y LAS CONDICIONES DE EQUIDAD EN EL ACCESO AL CONOCIMIENTO

Ana María Papes
Andrea Raquel Castromán
Silvia Julia Martinelli
(Instituto de Formación Docente Escuela
Normal Superior Olegario Víctor Andrade,
Gualeguaychú, Provincia de Entre Ríos)

Introducción

Nadie lee o estudia auténticamente si no asume, frente al texto o al objeto de la curiosidad, la forma crítica de ser o de estar siendo sujeto de la curiosidad, sujeto de lectura, sujeto del proceso del conocer en el que se encuentra [...]. Es que enseñar a leer es comprometerse con una experiencia creativa alrededor de la comprensión. De la comprensión y de la comunicación.

Paulo Freire

El trabajo que presentaremos a continuación es el resultado de una indagación llevada a cabo en el Instituto de Formación Docente de la Escuela Normal Superior Olegario Víctor Andrade de la ciudad de Gualeguaychú, Provincia de Entre Ríos, entre agosto y diciembre de 2008.

Frente a las dificultades que presentan los/as estudiantes de primer año del profesorado de Enseñanza Primaria con respecto a la comprensión lectora y el uso reflexivo de la lectura y escritura, decidimos investigar cuáles son las oportunidades efectivas que tienen para desarrollar la "alfabetización académica".

Cabe aclarar que en nuestra institución, a partir de lo acordado en el año 2005 en reunión institucional, los docentes intentamos llevar adelante en cada uno de los espacios curriculares actividades orientadas a mejorar el desempeño de los estudiantes en los tipos de lectura y escritura que requieren las propuestas de formación en el nivel superior. Por esta razón, frente a la propuesta de la red Propone consideramos pertinente focalizar la indagación en las actividades mencionadas, las que se encuadran en el eje "Dispositivos de enseñanza: formas de apoyo a los procesos de aprendizaje de los estudiantes".

¿Por qué estudiar este problema?

De unos años a esta parte, el tema de la lectura y la escritura ha adquirido centralidad en las discusiones en torno al desempeño de los estudiantes de nivel superior y universitario. En este marco, la necesidad de procesos de alfabetización académica se ha impuesto desviando el foco desde las dificultades de los estudiantes hacia las propuestas de enseñanza.

Por *alfabetización académica* entendemos, siguiendo a la investigadora Paula Carlino, especialista argentina en el tema, "el conjunto de nociones y estrategias necesarias para participar en la cultura discursiva de las disciplinas, así como en las actividades de producción y análisis de textos requeridas para aprender en la universidad." (Carlino 2005a: 13). La relevancia de este concepto radica según la autora en dejar claro que es necesario aprender los modos de leer y escribir propios de cada disciplina en el nivel superior, es decir, de buscar, adquirir, elaborar y comunicar conocimientos. Por lo tanto, no se puede dar por finalizada su enseñanza con el ingreso a dicho nivel, ya que "la diversidad de temas, clases de textos, propósitos, destinatarios, reflexiones implicadas, y contextos en los que se lee y escribe plantean siempre a quien se inicia en ellos nuevos desafíos y exigen continuar aprendiendo a leer y escribir." (Carlino 2005a: 14).

La escritura y la lectura son procesos complejos, no asimilables a un conjunto de destrezas generales y transferibles a todo tipo de situaciones. "Existen diferentes modos de leer y comprender los escritos, modos que forman parte de diversas culturas lectoras" (Carlino 2003), y las dificultades que presentan los/as estudiantes como lectores y escritores se relacionan, entre otras cuestiones, con diferentes niveles de dominio y acceso a las prácticas propias del nivel superior. Ocurre que el desempeño exitoso en dichas prácticas no es producto del reemplazo de meros hábitos por otros nuevos, sino que les exige una modificación de "su identidad como pensadores y analizadores de textos" (Ibídem), es decir, una reconfiguración a nivel subjetivo que involucra aspectos que van más allá de lo meramente discursivo y cognitivo.

De lo dicho se desprende que es necesario ayudarlos a superar las dificultades reconocidas, revirtiendo lo que Carlino (2005a) denomina "la orfandad de la lectura" para referirse a la falta de acompañamiento por parte de los docentes de las actividades de lectura, especialmente en los niveles superiores del sistema educativo. Orfandad que siguiendo el pensamiento de la autora se podría extender a la escritura.

La decisión de indagar la alfabetización académica (AA) adquiere particular importancia en la formación docente, ya que los/as estudiantes se forman para desempeñar un papel central en los múltiples y variados procesos de alfabetización que se desarrollan en las escuelas, y por ende, resulta primordial que experimenten el potencial epistémico de la lectura y escritura, entendiendo por ello la representación de estas prácticas como herramientas fundamentales para ayudar a desarrollar el pensamiento a través de la asimilación y transformación del conocimiento (Carlino 2005a).

Marta Zamero sostiene que existe una creencia generalizada de acuerdo con la cual el aprendizaje de conceptos científicos es independiente de la posibilidad de saber leer definiciones, argumentos, o explicaciones en ese mismo campo, pero esto está lejos de ser así: "Los géneros discursivos desempeñan funciones cognitivas, es decir permiten desarrollar procesos mentales vinculados a la adquisición y la construcción del conocimiento." (Badano Bearzotti 2008: 79).

Jean Hébrard afirma que "se está empezando a descubrir que escribir es un medio para aprender a leer" (Hébrard 2004). Reescribiendo lo leído, aumentan las posibilidades de comprenderlo y de construir conocimientos a partir de la lectura. La escritura, en este sentido, puede cumplir con una importante función epistémica, en la medida que se la utilice "como herramienta cognitiva para organizar lo que puede pensarse sobre un asunto" (Carlino 2005a: 29). La escritura permite la distancia entre el pensador y lo pensado; lo pensado se objetiva y se hace público una vez escrito, se convierte en una representación externa, estable en el tiempo, manipulable y revisable; esto último, en tanto implica un proceso recursivo de ir y venir, pensar y cuestionar, es fundamental como motor de los procesos de pensamiento.

Atchison, Ivanic y Weldon (1994) señalan:

> Escribir exige poner en relación lo que uno ya sabe con lo que demanda la actual situación de escritura, y que esta puesta en relación no resulta fácil, porque implica construir un nexo entre el conocimiento viejo y lo nuevo. Este nexo

no está dado ni en el estudiante ni en su contexto actual de escritura sino que demanda a quien escribe una elaboración personal [...] el conocimiento viejo requiere ser repensado y organizado de forma diferente para volverse compatible con los requerimientos de la tarea redaccional." (citado en Carlino 2005a: 24).

Tal vez en estas exigencias del escribir residen al mismo tiempo su potencial riqueza y la fuente de las dificultades, al menos de algunas.

Esta manera de concebir la escritura es coherente con las perspectivas constructivistas sobre el aprendizaje a las cuales adherimos. La articulación de los enfoques de Piaget y Vigotsky es pertinente para pensar la enseñanza de los modos propios de leer y escribir en nuestras cátedras, pues aprender esos modos exige, por un lado, interactuar con los más experimentados que proveerán información, ayudas, reglas de juego, y al mismo tiempo una actividad de reconstrucción interna o de transformación de lo incorporado (asimilación). Y esto es un proceso en el tiempo, largo y sinuoso, siendo fundamental la retroalimentación que posibilite el docente (Carlino 2005a).

Los interrogantes iniciales

El problema se enunció en los siguientes términos:
- ¿Qué oportunidades efectivas tienen los/as estudiantes de primer año del profesorado para la Enseñanza Primaria del IFD para desarrollar la alfabetización académica en los espacios curriculares seleccionados?
- ¿Qué representaciones[35] tienen los docentes y estudiantes sobre las oportunidades efectivas reconocidas?

---

[35] Las representaciones sociales refieren a la manera en que nosotros, sujetos sociales, aprehendemos los acontecimientos de la vida diaria,

Con la investigación se pretendió describir las prácticas que favorecen la AA y las significaciones que institucionalmente se atribuyen a esas prácticas, confrontando al respecto las perspectivas de estudiantes y docentes. En última instancia, el propósito que guió este trabajo fue el de promover políticas y acciones a nivel institucional que contribuyan a una mayor equidad en el acceso al conocimiento.

Justamente, el supuesto fundamental de la AA en cuanto a la "necesidad de una doble integración: integrar en nuestras materias de cualquier área la enseñanza de los modos esperados de lectura de los textos científicos y académicos[36] y así integrar a los alumnos a nuestras culturas escritas" (Carlin 2003: 8), posiciona a dicha actividad como una estrategia de inclusión generadora de equidad en el nivel superior, capaz de facilitar, con palabras de Carlino, la acogida del *inmigrante*. Porque los profesores, quienes llevamos años leyendo y escribiendo con los lenguajes propios de las disciplinas, seríamos como los nativos, o tal vez inmigrantes ya asimilados, en cambio los/as estudiantes serían como los recién llegados, los extranjeros.

En síntesis, "los profesores inclusivos dan [...] la bienvenida y ayudan a hacer frente a los obstáculos que se presentan cuando los estudiantes, miembros de otras culturas, intentan inmigrar. Los otros profesores, en cambio, los que pretenden que sin su ayuda los alumnos entiendan los textos que dan para leer, sin saberlo ni quererlo, estarían

---

las características de nuestro medio ambiente, las informaciones que en él circulan. Este conocimiento se constituye a partir de nuestras experiencias, pero también de las informaciones, conocimientos y modelos de pensamiento que recibimos y transmitimos a través de la tradición, la educación y la comunicación social. (Jodelet 1984: 473, citado en Araya Umaña 2002)

[36] Textos utilizados para enseñar y aprender en la universidad. Mientras que los textos científicos son los producidos por los investigadores para la comunidad de científicos (Carlino 2005a).

actuando como 'xenófobos', poniendo barreras a la inmigración y rechazando a los recién llegados." (Ídem: 9).

Metodología

De la población de estudio formaron parte estudiantes y profesores del profesorado de Enseñanza Primaria. Para conformar la muestra se seleccionaron siete estudiantes de diferentes divisiones de segundo año de acuerdo con sus niveles de rendimiento académico: dos con alto rendimiento académico, tres de buen rendimiento y dos con dificultades significativas. Y seis docentes pertenecientes: cuatro al trayecto disciplinar y dos al trayecto básico común. Cinco de los cuales son profesores de primero y segundo año. La selección de los estudiantes se fundamentó en considerar que sus representaciones podrían presentar diferencias en función del nivel de rendimiento alcanzado en parciales y finales.

Se delimitaron unidades de análisis y dimensiones, a saber:
1. Actividades de AA desarrolladas en los espacios curriculares de primer año. Al respecto reconocimos dos dimensiones: actividades de AA vinculadas a la lectura y actividades de AA vinculadas a la escritura.
2. Docentes y estudiantes. Fueron trabajadas como dimensión las representaciones de ambos con respecto a las actividades de AA llevadas a cabo en primer año.

En cuanto a las actividades de AA relacionadas con la lectura se tomaron en cuenta indicadores tales como: orientación brindada para la jerarquización de la información; lectura y análisis de textos *con* los/as estudiantes identificando perspectivas de los autores, propuestas de guías para la reelaboración de lo leído y reflexión conjunta sobre los objetivos de la lectura.

Con respecto a las actividades vinculadas a la escritura se consideraron entre otros indicadores los siguientes: elaboración de textos escritos con la ayuda del docente a lo largo de todo el proceso,[37] reescritura de textos con indicaciones que faciliten tomar conciencia de los aspectos a mejorar, enseñanza de diferentes formas de sintetizar y esquematizar la información.

La indagación se encuadró dentro de las características generales de la investigación exploratoria, orientada a obtener una visión o aproximación general sobre un determinado objeto de estudio (Sabino 1996). Por un lado, se realizaron entrevistas semiestructuradas a los docentes, con el objetivo de conocer y describir las diferentes oportunidades de AA que brindan en sus espacios disciplinares en el primer año de la carrera y las representaciones que circulan en torno a ellas. Por otro lado, se realizaron entrevistas semiestructuradas a los/as estudiantes para conocer la perspectiva de los mismos sobre las actividades de AA en las que participaron durante el primer año de estudios.

Las entrevistas se analizaron buscando reiteraciones / coincidencias y diferencias en el discurso de estudiantes y docentes. Se reconocieron las actividades de AA y se confrontaron las apreciaciones e interpretaciones de estudiantes y docentes.

Resultados

Indagados docentes y estudiantes se lograron obtener los siguientes resultados:

---

[37] Este proceso implica tres acciones: planificar, textualizar y revisar (Avendaño 2007).

1. Actividades de alfabetización académica llevadas a cabo con los ingresantes 2007

Algunas fueron reconocidas por su mayor vinculación con la lectura y otras con la escritura:

- Actividades con énfasis en la lectura: reconstruir la lógica de un texto leído; relacionar y jerarquizar ideas en esquemas, mapas conceptuales o redes; buscar, seleccionar y organizar información proveniente de diferentes fuentes; leer y analizar libros completos con guías orientadoras; preparar con el apoyo del docente exposiciones orales en base a la bibliografía leída; comparar diferentes perspectivas en el abordaje de la problemática estudiada; leer en clase los textos, reconstruir significados y establecer relaciones a través del diálogo y la discusión.

- Actividades con énfasis en la escritura: justificar por escrito respuestas a problemas lógico-matemáticos; reescribir un texto con el propósito de mejorarlo; elaborar glosarios; redactar informes escritos sobre textos leídos o experiencias realizadas; elaborar preguntas sobre los textos leídos; responder interrogantes por escrito tendiendo a la interpretación y reelaboración de los textos; reconstruir por escrito procesos de construcción geométrica; elaborar textos breves en clase, en base a lo leído y discutido; resolver previamente a la evaluación parcial, con la orientación del docente, guías de preguntas orientadas a integrar los contenidos trabajados durante el cuatrimestre.

2. Dificultades que se reconocen en la implementación de las actividades de AA

- Desde la perspectiva de los estudiantes: los supuestos de los docentes con respecto a las competencias alcanzadas por ellos en el nivel medio; exigencia en situaciones de evaluación de determinados usos de la lectura y la escritura, sin que medien procesos de aprendizaje y enseñanza previos; dificultades para desarrollar sus pensamientos por escrito; falta de vocabulario; el análisis desde la bibliografía de películas, registros de clase y casos dados; dificultades para comprender la lógica de los textos, reconocer ideas principales y saber relacionarlas; interpretación del significado de las consignas.

- Desde las perspectivas de los docentes: falta de hábitos de lectura en profundidad; escasa disposición y motivación de algunos estudiantes frente a los textos que se presentan al inicio del nivel superior; dificultades para elaborar textos claros y coherentes; vocabulario limitado; pocas posibilidades de "jugar" con las ideas y dificultades para manejarse en el plano abstracto; problemas en la interpretación de las consignas dadas.

3. Confrontación de las apreciaciones de los/as estudiantes y docentes sobre las estrategias de alfabetización académica implementadas

3.1. La comprensión de textos como un proceso que implica reconstruir la lógica de un texto

Algunos estudiantes y profesores reconocen las limitaciones del subrayado mecánico de las ideas principales, entendiendo por esto el mero subrayar y copiar las oraciones identificadas. Estas limitaciones son corroboradas por las investigaciones provenientes de la psicología cognitiva; así lo expresa la profesora de Lengua: "Los investigadores de la parte cognitiva, hicieron que se entienda que hay poner en juego otras estrategias para elaborar un nuevo texto que dé como referencia el texto original, no subrayar y copiar. Hay estrategias de la lengua y de la psicología para que uno reflexione o desarrolle otras habilidades como: suprimir, generalizar."

Por su parte los/as estudiantes dan cuenta de la comprensión de textos como un proceso que implica reconstruir toda una lógica. Uno de ellos expresó: "Entro a la lectura con propósitos –responder a preguntas–, pero leo todo para responderla desde mi punto de vista. Primero me tengo que apropiar de eso." Esto es coincidente con una perspectiva discursiva y de las ciencias del texto, que entienden que la comprensión implica construir significados, y esto es un proceso que exige reconocer la jerarquía entre las ideas y la trama de relaciones que articulan las ideas globales.

Otra estudiante plantea un interrogante: "¿Cuál es la idea central? En dos palabras uno cuenta lo que leyó pero no la idea principal, llegar a una secuencia y engancharlo, articular lo que se da en cada clase: captar la lógica si era obvia sí, pero a veces no era obvia... Sintetizar en pocas palabras hasta hoy cuesta."

Ante esto, cabe la pregunta: ¿a veces no es obvia la lógica de un texto o ésta se caracteriza por su no obviedad? La materia con la que se elabora un escrito es el lenguaje verbal, y a través de éste "construimos versiones del mundo. El lenguaje a la vez que muestra, oculta." (Narvaja de Arnoux *et al.* 2002: 11). Por eso, el lector debe comprometerse en una "cooperación interpretativa", realizando inferencias, atribuyendo significados a las expresiones, relacionándolas con el contexto de enunciación (Eco, H., citado en Narvaja de Arnoux *et al.* 2002: 8).

Los significados no están manifiestos o evidentes en los textos. Esto ayuda a entender la dificultad en la interpretación de consignas, señalada por docentes y estudiantes. Carlino expresa: "Las consignas de trabajo que planteamos tienen tras de sí una tradición de pensamiento, desconocida para los alumnos." (Carlino 2005a: 161). Ante esto algunos profesores prestan especial atención al trabajo con el sentido de las mismas.

3.2. La escritura y su función epistémica

En general, en los docentes entrevistados se reitera el interés por plantear actividades que impliquen el uso de la lengua escrita. Incluso algunos destacan la escritura como un medio para profundizar la comprensión de lo leído: "Escribiendo, vas descubriendo un montón de relaciones, vas tomando conciencia con otra profundidad de los planteos de los distintos autores."

Algunos/as estudiantes coinciden con esas apreciaciones: "Para escribir hay que reflexionar sobre lo que estamos escribiendo; al obligarnos a escribir nos esforzamos a escribir mejor, nos leemos mutuamente los trabajos, identificamos la repetición de palabras, evaluamos la claridad, nos sale leernos entre grupos. Nos preguntamos: ¿entienden lo que dice acá?"

Las expresiones citadas ejemplifican lo que afirman las investigaciones sobre la relación entre escritura y pensamiento; no se escribe después de pensar, sino que se escribe para pensar (Carlino 2005b). Cuanta mayor actividad intelectual genere la actividad de escribir, tanto en el momento de reconsiderar lo que se sabe en función de las exigencias de la actividad de escritura, como en el momento de revisar lo escrito y volverlo a pensar, mayor será su contribución a la apropiación de nuevos conocimientos.

Pero el despliegue de esta potencialidad de la escritura no se produce espontáneamente. Las condiciones que seamos capaces de crear los docentes para estimular la escritura en pro de la transformación del conocimiento, serán muy decisivas. Por ejemplo, un estudiante refiere a los trabajos prácticos integradores de los contenidos abordados en un cuatrimestre a través de un eje central, propuestos en una cátedra del trayecto básico común, destacando:

"Me parece una muy buena estrategia porque comprende escritura, lectura y una reflexión, porque exige reflexión, porque si yo soy capaz de relacionar, lo que no solamente es unir un párrafo con otro, sino que además tengo que dar una coherencia, y por lo menos yo no acostumbro a copiar, copiar y copiar."

Los/as estudiantes con más dificultades comentan los obstáculos que se les presentan para resolver este tipo de trabajos, que exigen establecer relaciones en un nivel alto de abstracción: "En el trabajo que hicimos en Psicología me costó, yo narraba la película pero no relacionaba con los textos. Me costó mucho. Es como que yo entendía lo que me pedía la profesora pero me cuesta pensar y poner en palabras. Pero la reescritura me ayuda y que me la exijan."

Lo expresado por esta última estudiante contradice uno de los supuestos más generalizados sobre la escritura, aquel que la concibe como un medio transparente (Carlino 2005a), donde lo pensado simple e instantáneamente se refleja en el papel y torna central el acompañamiento a lo largo de todo el proceso de lectura y escritura.

Respecto del acompañamiento que se brinda en primer año a la escritura, los datos recabados dejan entrever un mayor énfasis en la instancia de revisión y corrección. No obstante, aparecen algunas referencias a ayudas brindadas ante las dificultades halladas durante la elaboración del escrito.

Algunos/as estudiantes señalan que en primer año se debería solicitar mayor cantidad de trabajos de producción escrita, especialmente trabajos de reelaboración personal que integren los aportes de diferentes autores estudiados como los que realizan en segundo año. Incluso una estudiante refiere que en algunos espacios "las exigencias de escritura se plantean recién en los parciales."

Sin embargo, los docentes describen situaciones de escritura que propician en los primeros años. Algunas como las narrativas que se piden en el taller de integración son muy recuperadas y valoradas por los estudiantes. Éstas se insertan en un proyecto de reflexión sobre la biografía escolar y la elección profesional. Una alumna resalta: "Recuerdo en el taller de Integración en el que se propuso visitar la escuela a la que fuimos cuando chicos. Nos pidieron un escrito reflexivo, lo que sentimos, y que nos llevó a elegir la docencia. Pedía reflexión personal ¿por qué la elegí? Tuve que hacer una retrospección y armar una narrativa." Por su parte la profesora de Ciencias Naturales solicita la presentación de una carpeta manuscrita a fin de año que se elabora a lo largo de todo el año, y que exige indagación de variada bibliografía y puesta en relación de temas.

Tal vez la percepción de menores exigencias en cuanto a escritura en los primeros años puede deberse a que los/as estudiantes reconocen recién en segundo año la importancia de la misma para la reelaboración del conocimiento. Posiblemente también los docentes, frente a las dificultades que percibimos en los ingresantes, exigimos menor complejidad en la producción escrita.

Con relación a la operación de revisión de lo escrito, las palabras de los/as estudiantes permitirían afirmar que cumple una función de andamiaje,[38] fomentando un proceso dialéctico que ayuda a tomar conciencia de aspectos que necesitan ser mejorados para que el propio pensamiento pueda ser comunicado de modo claro y coherente. Una estudiante dice: "Si me dan pautas, me es más fácil para escribir, me ayuda que me orienten, que me brinden an-

---

[38] Situación de interacción entre un sujeto más experto en algún dominio y otro novato o menos experto, en la que el formato de la interacción tiene por objetivo que el sujeto menos experto se apropie gradualmente del saber experto; el formato debería contemplar que el novato participe desde el comienzo en una tarea reconocidamente compleja, aunque su participación inicial sea sobre aspectos parciales o locales de la actividad global (Baquero 1995).

damiajes." Además, consideran que la reescritura motiva la mutua corrección entre ellos.

Por su parte, algunos docentes también señalan la necesidad de trabajar la reescritura. Una profesora del trayecto básico común expresa: "Es necesario que las estudiantes vean [...] que siempre las primeras escrituras son borradores, y promover una actitud de reflexividad, de metacognición, de volver sobre mi producción y cuestionarme sobre ella. Y también aprender a ver la importancia de las palabras que elijo para expresar mis ideas, los supuestos epistemológicos e ideológicos que subyacen a ellas, cómo estructuro la frase, porque el lenguaje organiza el pensamiento y me posiciona a mí como sujeto."

3.3. La realización de esquemas conceptuales con ayuda del docente

Algunos/as estudiantes comentan las dificultades que experimentan en primer año cuando se les solicita la realización de esquemas conceptuales, debido a que los docentes dan por sentado que los saben realizar. Aunque, en un caso, se señala que a mitad de año se observó un cambio: "Y empezaron a enseñarnos a hacer esos cuadros, a explicarnos, así nos soltamos, Nos empezaron a explicar porque se hacían de otra manera, porque nos sirven para estudiar... Ahora estudio con cuadros, me resultan interesantes. Pongo mucho al principio y después sintetizo, pero así entiendo."

El cambio mencionado sería un indicador de algún desplazamiento en la posición que en general asumimos los docentes en los niveles superiores del sistema educativo: los estudiantes deben arribar con un bagaje de habilidades como producto del pasaje por los anteriores niveles, restando tan sólo una transferencia automática. Ocurre que los estudiantes pueden haber sido ejercitados en la realización de esquemas conceptuales en el nivel primario o secundario, pero los textos son otros, en complejidad y cantidad. Y la realización de estas redes o mapas no es una cuestión meramente técnica, es un proceso que implica la confluencia de una serie de condiciones, de las que dan cuenta los estudiantes entrevistados: desde el diálogo con los más expertos hasta llegar a la internalización progresiva de esos significados

Prueba de esto último lo constituye el señalamiento que frente a las dificultades mencionadas realizan los/as estudiantes. Éstos coinciden en destacar la importancia de la ayuda brindada por algunos docentes cuando construyen conjuntamente con ellos los esquemas conceptuales, mapas o redes. Este "hacer juntos", según ellos, facilita avanzar en la comprensión de las redes conceptuales propias de cada disciplina, y al mismo tiempo adquirir dominio en la realización de estos procedimientos.

La solicitud de esquemas o redes se basa en una valoración de esos procedimientos, compartida por algunos profesores. Uno de los docentes del trayecto básico común expresa: "Los alumnos necesitan leer y escribir para participar activamente y aprender. Es muy notable y muy valioso cómo el realizar un resumen o síntesis y luego un esquema o red conceptual les facilita el pensar, el integrar, el relacionar conceptos de diferentes espacios."

Los esquemas, mapas o redes son utilizados de diferentes maneras. Una estudiante señala que "con el material íbamos aumentando esa red de conceptos hecha con el docente". Otra comenta que en Lengua tuvo que armar un texto expositivo en base a un mapa conceptual que le presentó la docente y no le resultó difícil, y agregó algo que da cuenta de la importancia de mostrar o ejemplificar los usos de las estrategias: "Los docentes en su mayoría usan esquemas en el pizarrón y de ellos aprendíamos."

3.4. El trabajo con diferentes perspectivas al definir conceptos, plantear situaciones problemáticas y analizar e interpretar textos

La profesora de Matemáticas señala que, a la hora de plantear situaciones problemáticas y definir conceptos, prioriza la pluralidad de enfoques, apuntando a que logren autonomía en el pensamiento. En Psicología y Cultura del alumno/a del nivel se plantean preguntas en las guías que apuntan a estimular los debates en el aula, confrontando puntos de vista, abriendo a distintos sentidos los textos y solicitando argumentos para sostener diferentes posturas. En Ciencias Naturales se trabajan temas como la diferencia entre el campo y la ciudad en base a la resolución de problemas a partir de las realidades actuales. En Lengua y Sistema Educativo se hace hincapié en la lectura crítica de las variadas fuentes de información. La profesora de Lengua comenta:

> Cuando leen ciertos diarios de tirada nacional abordamos la primera plana de esos diarios emitidos el mismo día. ¿Cómo abordan la noticia cada uno de estos diarios? Si consideran que el mismo hecho es importante, si lo consideran el único importante ¿De qué manera lo abordan desde la lingüística, de qué manera lo redactan a esos titulares? Hay diferentes niveles de lectura, algunas entienden solamente lo que dice la letra y algunas pueden reponer por sus conocimientos, y algunas pueden reconocer en qué circunstancias políticas, económicas se está emitiendo esos mensajes. Todas se acercan pero no con la misma profundidad.

Esta posibilidad de reconocer y poner en tensión diferentes perspectivas es también valorada por los/as estudiantes, por ejemplo uno de ellos comenta: "Lo que más me atrae es la pasión que el docente pone, interiorizando del tema desde lugares diferentes." Con estos "lugares diferentes" refiere a la utilización de diversas fuentes bibliográficas y a la variedad de entradas al conocimiento que se plantean en algunas cátedras, donde un eje temático se aborda también desde el cine, la literatura, o aportes provenientes de los medios de comunicación.

También el énfasis de algunos profesores en la historicidad de los conocimientos contribuye al aprendizaje de la perspectividad. Por ejemplo, la profesora de Matemáticas plantea investigar sobre la historia de los números naturales, la biografía de los grandes matemáticos y sus descubrimientos: "Ahí les demuestro a ellas que los conceptos matemáticos no son acabados, o definidos de una sola vez, sino que se fueron modificando." La profesora de Lengua, por su parte, alude a ese carácter histórico y cambiante del conocimiento al comentar los conflictos que experimentan los/as estudiantes al interiorizarse de nuevos paradigmas que ponen en crisis las formas en que ellos aprendieron Lengua: "Han cursado doce años en la escuela: entonces piensan a mí me enseñaron de una manera y usted me está diciendo otra. Y [...] uno tiene que explicar que ese docente hizo un recorte de una teoría que en ese momento eran teorías hegemónicas [...] si ellas están acá y tienen que cambiar su propia estructura cognitiva y discutiendo encima lo que tienen que dar realmente, les resulta, el esfuerzo es tremendo."

En base a los datos recabados se podría suponer que las estrategias docentes que se vienen describiendo resultan facilitadoras. Una estudiante con mayores dificultades expresa finalizando el segundo año: "Se me flexibilizó el pensamiento, encuentro más relaciones... Yo sólo lo miraba desde un punto de vista y hay que mirar desde varios puntos de vista."

Lo desarrollado en este ítem podría considerarse una contribución substantiva a la alfabetización académica, pues el enseñar a reconocer perspectivas y a confrontarlas ayuda a tomar conciencia que el lenguaje "nunca puede ser neutral, que impone un punto de vista no sólo sobre el mundo al cual se refiere sino también hacia el uso de la mente con respecto a este mundo." (Bruner 1996).

3.5. Formas de corrección y evaluación que podrían encuadrarse en la "evaluación como enseñanza"

Una estudiante expresa: "Las correcciones me ayudan muchísimo cuando el docente me ponía: a esto podrías decirlo así, o me plantea una pregunta, o podrías poner punto. Me hacía reflexionar." Estas palabras pueden relacionarse con una forma de evaluación denominada "evaluación como enseñanza", que se caracteriza por dar orientaciones durante el proceso de elaboración de las producciones, y no sólo atender al producto final (Carlino 2005a).

Dentro de ese tipo de evaluación se encuadran también algunas propuestas de preparación de los parciales; en algunos espacios se dan con antelación preguntas o situaciones problemáticas que formarán parte del parcial y se trabajan previamente al mismo. Otros profesores proponen a los estudiantes analizar los errores cometidos en los parciales, apuntando a desentrañar los procesos subyacentes, en vistas al recuperatorio.

También, algunos docentes dan cuenta de un trabajo diario de corrección. En el caso de la profesora de Lengua, aparece la necesidad del ayudante de cátedra: "Tendría que tener uno al principio, una ayuda sobre todo por la cantidad de alumnas para corregir, luego en el segundo cuatrimestre se empieza a desgranar el curso." Esto realza la importancia de generar diferentes dispositivos de apoyo al ingresante.

Las últimas palabras citadas ponen de relieve cómo atentan las condiciones de trabajo del profesor de nivel terciario[39] contra las prácticas de evaluación en el sentido que lo venimos planteando.

---

[39] Se destacan: totalidad de las horas frente a alumnos, ausencia de ayudantes de cátedra, carga horaria reducida en el caso de algunas cátedras, grupos numerosos especialmente en primer año.

3.6. Análisis y problematización de textos en base a preguntas

Los/as estudiantes evalúan positivamente las guías de lectura, las consideran de gran ayuda para interpretar cuáles son los conceptos principales. En alguna medida estas guías aportan categorías de análisis (Narvaja de Arnoux, Di Stéfano y Pereira 2002; Carlino 2003) que resultan orientadoras sobre los objetivos de la lectura

Las preguntas que exigen reelaboración y reconstrucción personal de las lecturas son más valoradas por algunos estudiantes, aunque, como reconoce uno de ellos, son las que suelen resultar más difíciles de responder. Tal vez esa preferencia se deba a que como ellos mismos lo refieren, las preguntas con esas características exigen lecturas más globales, mueven más a buscar relaciones y de ese modo propician actividades de escritura que realmente pueden contribuir a la transformación de las estructuras cognitivas.

Los que manifestaron esa valoración son estudiantes de buen desempeño académico. Al respecto se podría plantear, para seguir pensando, qué apoyo reciben los que tienen más dificultades para poder llegar a responderlas.

Es interesante destacar que algunos docentes consideran que solicitar a los estudiantes que formulen preguntas sobre el texto dado a leer es de gran ayuda. Una estudiante valora esta actividad: "Es interesante cuando los profesores piden preguntas a los alumnos, las que se les ocurran sobre el tema o sobre lo que no entienden, [...] fomentan el intercambio." Elaborar preguntas requiere poner en movimiento esquemas previos que hacen posibles las inferencias y las hipótesis, y esto promueve la reflexión acerca de las interpretaciones que se están realizando. Una de las estudiantes con mayores dificultades pondera esta actividad, si bien aclara que lo hace tan sólo cuando se lo solicitan. Si esta práctica se generalizara se podrían crear condiciones para su internalización progresiva.

3.7. La promoción de la lectura y el deseo de leer

En los espacios a cargo de los docentes entrevistados se dan a leer libros completos, con el objetivo de superar la fragmentación de las fotocopias Por ejemplo, en un espacio del trayecto básico común, se viene trabajando desde hace varios años una estrategia que lleva a los estudiantes en los primeros días de clase a seleccionar una novela elaborada a partir de datos de la historia argentina de los siglos XIX y XX. La profesora comenta: "La novela es acompañada por la lectura de textos de historia de la educación y de la historia argentina. Con estos recursos comienzo a analizar lecturas, a presentar las diferentes perspectivas de los autores, a justificar su cita en el programa. Los voy introduciendo en forma activa en diferentes categorías de análisis, pues se van desplegando diferentes búsquedas bibliográficas bajo mi tutoría."

Los/as estudiantes hacen referencia a cómo los impulsa a leer esta actividad, y a desear conocer y profundizar sobre la historia argentina: "En Sistema Educativo leí la novela de un inmigrante y tuve que ponerme a leer de la historia argentina... ahora lo que encuentro leo. Para Sociales hicimos un trabajo histórico de Gualeguaychú que me llevó a leer mucho. Fue tal la curiosidad que fui investigando por cuenta propia, fue más significativo seguir investigándolo por cuenta propia."

3.8. La lectura de investigaciones

La mayoría de los docentes entrevistados valoran la lectura de investigaciones por parte de los estudiantes. Una docente del trayecto disciplinar expresa: "Les di para leer una investigación sobre la teoría del error, números decimales y fracción. A partir de esa investigación que ellas leyeron yo les doy el trabajo: que ellas a través de trabajos testigos de vecinos, de escuelas primarias o de hermanos y de las propias prácticas, que ellas están haciendo, sacan fotocopias de los errores que cometen esos chicos y ellas me digan en qué categoría pondrían el error de ese chico." También las profesoras del trayecto básico común entrevistadas manifiestan que incluyen la lectura de investigaciones en sus cátedras.

Una estudiante rescata que la lectura de investigaciones promovió en ella una actitud de cuestionamiento hacia sus saberes internalizados y/o naturalizados.

3.9. Preparación de exposiciones orales

En diferentes espacios se desarrollan exposiciones de temas, preparados en base a la bibliografía seleccionada por el docente y/o consultada por el estudiante: "En Sistema Educativo o en Ciencias Sociales armábamos grupos de lectura. Nos tocaba un tema y teníamos que investigar y luego exponerlo, y que nuestros compañeros nos hagan preguntas."

Algunos docentes acompañan activamente la preparación de las exposiciones orales en sus instancias intermedias y acuerdan con los estudiantes pautas conjuntas de evaluación.

3.10 La lectura compartida en el aula y el diálogo como medio para construir conocimientos

Los/as estudiantes rescatan el diálogo en clase con los docentes y pares sobre el material bibliográfico: "Leíamos en clase, también había que traer leído el material y comentarlo en clase; en clase se volvía a releer, qué había comprendido cada uno y la profesora daba la última definición." El leer el texto en clase, al menos fragmentos, es destacado de modo especial: "Leíamos y cuando había partes importantes cortaba para explicar y que cada uno opinara y recién después que entendías continuaba." Otra afirma: "Decía eso debe ser lo más importante del texto; rayaba lo que no entendía, pido explicación, preguntar más."

¿Por qué se valoran estas formas de trabajo? Seguramente porque, como algunos lo marcan, proveen de orientación en cuanto a las ideas principales de acuerdo con el tema y el programa de la cátedra. Al mismo tiempo, ayudan a desentrañar los textos, pues hay que tener en cuenta que a los textos del nivel superior y universitario subyacen de modo tácito muchos saberes de los que los/as estudiantes no suelen disponer (Carlino 2003).

El leer en clase con los estudiantes permite, por ejemplo, percibir las dificultades en la comprensión, como lo señala una profesora del trayecto disciplinar: "Leemos en el aula, bueno leen ellas en voz alta en realidad, y luego vamos intercambiando, desmenuzando el texto... Y ahí les podés preguntar, ¿entendieron? –sí–, pero, ¿podemos seguir? –a lo que nuevamente dicen sí. Pero yo no sigo generalmente... entonces digo bueno y ¿qué significa... tata? ...y nadie te contesta... no es que habían entendido, entonces no podían seguir avanzando."

Esa actitud de chequear lo entendido, sea esto un texto o una consigna de trabajo, es importantísimo, para acortar la brecha entre las perspectivas culturales de docentes y estudiantes, que en primer año suelen guardar distancias demasiado grandes; una estudiante comenta: "La secundaria era muy 'tranquila'. Mucha exigencia hay en el profesorado. Me costó muchísimo adaptarme. No me salían y me ponía mal [...] Lo que más me costó es cuando los profesores dicen a esto ya lo saben y no lo explican. Nos da vergüenza decir no lo entiendo." Nuevamente aparece el supuesto acerca de lo que se "debe saber" al llegar al nivel superior; he aquí un nudo problemático a repensar institucionalmente.

Los/as estudiantes también valoran el diálogo con los pares: "Entre las tres, nos explicamos todo el tiempo, con discusión y reflexión nos queda mejor, lo hablado fluye mejor." En especial, los que tienen mayores dificultades académicas señalan al grupo como un espacio donde los pares con mayores recursos para comprender los textos pueden operar como andamiajes con sus explicaciones, preguntas y ejemplos.

Discusión

Tal como se desprende del ítem anterior, la mayoría de los/as estudiantes reconoce que en los distintos espacios del primer año se enfrentan con actividades que implican el uso de la lectura y escritura para aprender, estudiar y ser evaluados. Las dificultades que encuentran y los avances de los que dan cuenta especialmente cuando intervienen enseñando los docentes, confirman que los modos de leer y escribir exigidos en los espacios del primer año de la formación docente son modos que nada tienen de naturales, sino que son eminentemente culturales, y que por lo tanto deberán ser aprendidos por los/as estudiantes y enseñados por los docentes. Estudios realizados avalan esta idea, refiriendo a la necesidad de ayudar a los primeros en la incorporación a diferentes comunidades discursivas, cada una con sus lenguajes y convenciones especiales (Flower y Higgins citado en Carlino 2005a).

En ese proceso de atravesar vallas, los/as estudiantes destacan el acompañamiento que reciben de los profesores, aunque consideran que el grado de ayuda varía. En algunas oportunidades, es experimentada como escasa; creemos que esto podría deberse a que sigue operando en nosotros, los docentes, un supuesto muy recurrente: "Aprender a producir e interpretar lenguaje escrito es un asunto concluido al ingresar en la educación superior." (Carlino 2005a: 14). Este supuesto podría estar siendo potenciado por otro muy generalizado referido al carácter natural y transparente de la escritura (Zamero 2008), al que nos referimos en el análisis de los resultados.

Un dato interesante es la importancia que le conceden algunos/as estudiantes a los trabajos prácticos y guías de estudio que exigen reelaboración e integración de los conocimientos. Esto se corresponde con los resultados de numerosas investigaciones (Scardamalia y Bereiter, citado en Carlino 2005a), que señalan los efectos positivos de una escritura que apunta a transformar el conocimiento y no sólo a decirlo.

Los/as estudiantes señalan que a lo largo del primer y segundo año experimentan avances en el uso de la lengua escrita y oral para el abordaje de los textos académicos. Los docentes, si bien observan en segundo año mayores posibilidades de aprendizaje autónomo y una mejora de las competencias necesarias para manejarse con la bibliografía del nivel superior, consideran que las dificultades persisten. Con respecto a esto último, los estudiantes de menor rendimiento académico manifiestan hoy, en segundo año, que desearían más apoyo, pues el ofrecido no les ha resultado suficiente.

La gran pregunta que pone en juego la equidad creemos que es: ¿cómo crear condiciones especialmente para que esos estudiantes con dificultades avancen en sus aprendizajes? Tal vez requieran un tiempo de apoyo más personalizado que la institución no está siempre en condiciones de ofrecer. Al respecto, las investigaciones sobre el papel de las tutorías y los compañeros de escritura para aprender a escribir en las universidades (Carlino 2002a) pueden seguramente aportar datos interesantes para pensar institucionalmente cómo acompañarlos.

Respecto de cómo interpretan y llevan adelante los docentes las actividades de alfabetización académica, cabe señalar que algunos expresan implementar mayor variedad y cantidad de estrategias, intentando ofrecer un lugar más activo al estudiante. Los/as estudiantes reconocen y valorizan este lugar, y a la vez manifiestan resistencia a las clases basadas en la exposición y centradas en la mera transmisión de información.

Estas percepciones de estudiantes y docentes pueden ser vinculadas con los enfoques constructivistas del aprendizaje y con los resultados de las investigaciones sobre AA. Carlino afirma: "Nadie aprende por recepción pasiva: para apropiarse de un saber colectivo, los alumnos han de transformarlo. Los docentes tienen que prever esta acción cognitiva del sujeto y propiciarla." (Carlino 2005a: 153).

Del análisis de datos se infiere que los docentes del primer año no consideran el modelo de enseñanza expositivo / informativo como el más adecuado para el nivel superior. En general, se concede gran importancia al diálogo como forma de allanar el camino para que los estudiantes puedan iniciarse en la utilización de lenguajes específicos para representar ideas, interpretar experiencias, formular problemas y resolverlos (Mercer 1997). A través de las conversaciones con los profesores y otros "guías", por ejemplo los pares, los estudiantes adquieren maneras de usar el lenguaje que permiten formar sus pensamientos y construir nuevos marcos de referencia. Este sería, según Mercer, el sentido del andamiaje en el aula.

Por medio de dicho andamiaje se facilita la superación de los obstáculos que se presentan al tener que resolver prácticas de lectura y escritura muy diferentes de las solicitadas en la escuela media (Fernández y Carlino 2006). Pero como la esencia del andamiaje lo destaca, las ayudas que se brinden tendrán que ser generadoras de mayor autonomía y no pretender sustituir al proceso cognitivo, intelectual, que ha de hacer necesariamente el estudiante.

De acuerdo con las interpretaciones de docentes y estudiantes, las ayudas mencionadas contribuyen al logro paulatino de mayor autonomía. Los últimos van adquiriendo recursos para abordar desde diferentes perspectivas un tema o problema, aprenden a relacionar, jerarquizar y organizar la información, toman conciencia de las posibilidades de la escritura para potenciar el pensamiento. Por supuesto que se trata de un proceso lento, con avances y retrocesos, heterogéneo en tanto compromete la singularidad de cada estudiante en lo cognitivo, pero también en lo emocional y social.

Y dado que estamos acostumbrados a pensar la autonomía como un logro madurativo individual (Carlino 2005), consideramos importante remarcar nuevamente el papel fundamental que juega la intervención docente a modo de un "faro imprescindible" que impide perderse en la inmensidad de los textos (Carlino 2004). Y en esa intervención se destaca su palabra, como lo expresa un estudiante: "La estrategia más grande para mí es la palabra del docente, [...] cuando el docente hace participar a todos los alumnos, se interesa por saber cómo están, por las dudas, si comprendes, si no comprendes, [...] es un gran estratega."

Otro aspecto relevante es que los/as estudiantes que expresaron mayores dificultades en lectura y escritura son los de menor nivel de rendimiento académico. Por el contrario, algunos de los que atesoran mayor nivel de rendimiento expresaron facilidad para la escritura o la lectura, incluso atracción o gusto. Esto corroboraría lo que afirma Adriana Silvestri con respecto a que la falta de dominio en la comprensión de los géneros elaborados o complejos no permite que se construyan la conceptualización y las operaciones de razonamiento específicas (Silvestri 2002).

A modo de síntesis, y arribando a un final provisorio que al mismo tiempo que cierra abre a nuevas indagaciones y proyectos que van tomando forma en nosotros, quisiéramos retomar una frase de Carlino que nos impactó fuertemente: "Alfabetizar académicamente implica que cada una de las cátedras esté dispuesta a abrir las puertas de la cultura de la disciplina que enseña para que de verdad puedan ingresar los estudiantes que provienen de otras culturas." (Carlino 2005a: 15-16). Y así como –permítasenos la comparación– abrimos la puerta de nuestro hogar e invitamos a pasar y a quedarse a aquel en el que confiamos, podremos abrir las puertas de la cultura de la disciplina siempre y cuando confiemos en nuestros/as estudiantes, más allá de las carencias que reconozcamos en ellos/as. Una estudiante expresa: "Lo que más nos ayudó fue la confianza de los docentes en nosotros, por algo llegamos hasta acá." La mirada casi exclusiva en las carencias puede terminar sellando un destino con un carácter inexorable.

Por supuesto que sin el compromiso activo de aquellos/as no hay posibilidad de progreso alguno. Phillips Meirieu dice que "nadie puede ponerse en el lugar de otro y [...] todo aprendizaje supone una decisión personal irreductible del que aprende." (Meirieu 2001: 80). La responsabilidad del estudiante es ineludible en el proceso de formación, pero se trata, por las razones expuestas a lo largo de todo el trabajo, de una responsabilidad compartida *entre estudiantes, profesores e instituciones.*

Por eso, más allá de los avances reconocidos creemos que sigue siendo una tarea pendiente reflexionar profundamente acerca del valor que le atribuimos a las prácticas de lectura y escritura en la formación docente. Reflexión que no podrá eludir los debates sobre el posicionamiento ético y político que se juega en los modos de relación que fomentamos con esas prácticas. ¿Creamos condiciones para que todos/as los/as estudiantes, desde sus diferentes trayectorias, puedan ir apropiándose de estas prácticas que hacen al ejercicio de una ciudadanía plena? O ¿consideramos, desde cierto darwinismo social, que sólo cabe esperar que lleguen los "naturalmente" dotados por méritos exclusivamente individuales?

Nuestra postura es que frente al otro que llega, como diría Derrida, sólo cabe como actitud ética humana fundamental "la hospitalidad", para desde una relación de iguales ayudarlo a recorrer e imaginar otros mundos posibles.

A modo de crear condiciones para llevar adelante estos procesos de reflexión, sugerimos lo siguiente:

1. Ante la instancia actual de transformación curricular que afecta a los primeros años del IFD proponemos considerar:

1a. *Que el taller sobre oralidad, lectura y escritura,* planteado en el diseño curricular de la Provincia de Entre Ríos para formación docente de enseñanza primaria, se inserte como un espacio transversal que articule y direccione la acción y preocupación de los diferentes espacios por la alfabetización académica.

1b. *Orientar las tareas de los profesores tutores* de los primeros años en orden a atender a aquellos estudiantes que plantean mayores dificultades.

2. Implementar espacios de trabajo para docentes de primer año con el asesoramiento de los profesores a cargo de los espacios de Lengua, que faciliten la revisión y/o construcción de estrategias de alfabetización académica en los diferentes espacios curriculares de los tres cursos de primer año.

3. Realizar jornadas de trabajo en la institución con formadores reconocidos a nivel nacional en alfabetización académica y con continuidad en el tiempo del seguimiento de los especialistas. Lo planteado en este punto "nos lleva a plantear el debate en los estamentos de gobierno de nuestras instituciones, ya que hacerse cargo de la escritura de los estudiantes requiere formación y asesoramiento, y para ello es preciso destinar recursos y sostener programas." (Carlino 2002a).

4. Trabajar intensamente la escritura desde el primer año de modo gradual, acompañando en el aula el proceso, los resultados y las sucesivas revisiones, poniendo énfasis en los trabajos que requieren usar la escritura para transformar los conocimientos.

5. Organizar, al menos una vez al año, una jornada donde los/as estudiantes desarrollen ponencias orales, preparadas con la orientación de los docentes. También estos últimos presentarán ponencias. Docentes que leen, escriben y comparten públicamente sus producciones, contribuyen a la alfabetización académica.

6. Antes de finalizar, y habiendo iniciado nuestro trabajo con una frase de Paulo Freire, nos gustaría también cerrarlo con una sugerencia expresada por él:

> Un ejercicio de mucha riqueza del que he tenido noticia alguna vez [...] es el de posibilitar que dos o tres escritores, de ficción o no, hablen a los alumnos que los han leído sobre cómo produjeron sus textos. Cómo trabajaron la temática o los desarrollos que envuelven sus temas, cómo trabajaron su lenguaje, cómo persiguieron la belleza en el decir, en el describir, en el dejar algo en suspenso para que el lector ejercite su imaginación. Cómo jugar con el pasaje de un tiempo al otro en sus historias. En fin, cómo los escritores se leen a sí mismos y cómo leer a otros escritores." (Freire 2002: 51).

Bibliografía

AA.VV., "Alfabetización para adolescentes en áreas de contenido", Selecciones traducidas de El Telar del Conocimiento: Educadores Compartiendo y Aprendiendo Juntos. Disponible en línea: http://knowledgeloom.org

Araya Umaña, S. (octubre de 2002), "Las representaciones sociales: ejes teóricos para su discusión", *Cuaderno de*

Ciencias Sociales, núm. 127, sede académica, Costa Rica, FLACSO.
Avendaño, F. y Desinano, N. (2007), *Didáctica de las Ciencias del Lenguaje,* Rosario, Homo Sapiens.
Badano, Bearzotti, Berger (comps.) (2008), *Políticas, prácticas y saberes sobre el ingreso a la universidad,* UADER-UNER.
Bruner, J. (1996), *Realidad mental y mundos posibles,* Barcelona, Gedisa.
Carlino, P. (2002a), "Enseñar a escribir en la universidad: cómo lo hacen en Estados Unidos y por qué", *Revista Iberoamericana de Educación,* versión digital, OEI. Disponible en línea: http://www.campus-
Carlino, P. (2002b), "Enseñar a escribir en todas las materias: cómo hacerlo en la universidad", Ponencia invitada en el Panel sobre Enseñanza de la escritura, Seminario Internacional de Inauguración Subsede Cátedra UNESCO, *Lectura y escritura: nuevos desafíos,* Mendoza, Facultad de Educación, Universidad Nacional de Cuyo.
Carlino, P. (mayo de 2003), "Leer textos científicos y académicos en la educación superior: obstáculos y bienvenidas a una cultura nueva", Ponencia en el sexto Congreso Internacional de Promoción de la Lectura y el Libro, Buenos Aires.
Carlino, P. (2005/2006), *Prácticas y representaciones de la escritura en la universidad. Los casos de Australia, Canadá, EE.UU. y Argentina,* CONICET - Inst. de Lingüística de la UBA, Investigación Plurianual 2005-2006, PIP 5178, Leer y escribir en la universidad: perspectivas de alumnos y docentes en asignaturas de las ciencias sociales. Disponible en línea: *babbage.webpal. info/saece/trabajo/C3.doc*

Carlino, P. (2005a), *Escribir, leer y aprender en la Universidad. Una introducción a la alfabetización académica*, Buenos Aires, Fondo de Cultura Económica.

Carlino, P. (2005b), "Representaciones sobre la escritura y formas de enseñarla en universidades de América del Norte", *Revista de Educación*, núm. 336, pp. 143-168.

Castillo Cadena S., Narváez Cardona E., Chacón, M. M. (2008), "Alfabetización académica: una de las responsabilidades de la educación superior", Universidad Autónoma de Occidente, Cali, Colombia. Disponible en línea: *www.humanasvirtual.edu.ar/downloads/congreso*

Cisnero y Estupiñán, M. (2008), "Lectura y escritura en estudiantes universitarios: Un estudio de caso en la universidad Tecnológica de Pereira". Disponible en línea: *www.ascun.org.co/eventos/lectoescritura/mireyacisneros.pdf*

Derrida J. y Roudinesco E. (2001), *Y mañana qué...*, Buenos Aires, Fondo de Cultura Económica.

Estienne, V. y Carlino, P. (2004), "Leer en la universidad: enseñar y aprender una cultura nueva", en *Uni-pluri/versidad*, vol. 4, núm. 3, Colombia, Universidad de Antioquía.

Fernández, M. E. y Carlino, P. (2006), "Leer y escribir en la escuela media y en la universidad. Diferencias percibidas por ingresantes a la facultad de Ciencias Humanas de la UNCPBA", Memorias de las XIII Jornadas de Investigación y Segundo Encuentro de Investigadores en Psicología del MERCOSUR, 10, 11 y 12 de agosto, Paradigmas, métodos y técnicas, tomo I, UBA.

Flores, María Luz y Natale Lucía, "¿Cómo ayudar a los docentes universitarios a implementar la enseñanza de la lectura y la escritura? Análisis de una experiencia", Buenos Aires, Facultad de Ciencias Sociales, Universidad de Buenos Aires. Área temática: Leer y escribir en la educación superior. Disponible en línea: *www.fchst.unlpam.edu.ar/iciels/130.pdf*

Freire, P. (2002), *Cartas a quien pretende enseñar*, Buenos Aires, Siglo XXI.

Hébrard, J. (2004), "Clase N° 6: La lectura en la escuela", Diplomatura Superior en Currículum y Prácticas Escolares en Contexto, FLACSO.

Meirieu, P. (2001), *Frankenstein Educador*, Barcelona, Ed. Laertes.

Mercer, N. (1997). La construcción guiada del conocimiento. Paidós.

Ministerio de Educación de la Nación (2008), *Documento metodológico orientador para la investigación educativa*, OEI.

Narvaja de Arnoux, E.; Di Stéfano, M.; Pereira C. (2002), *La lectura y la escritura en la universidad*, Buenos Aires, Eudeba.

Nogueira, S. (coord.) (2004), *Manual de lectura y escritura universitarias*, Buenos Aires, Biblos.

Pasut, M. y Fortunato, L. (2003), "Cómo abordar las dificultades de lectura y escritura desde una institución de formación docente (Resumen), Instituto Superior del Profesorado Dr. Joaquín V. González, Buenos Aires, Argentina. Disponible en línea: *web.unvi.utp.ac.pa/bibliotecavirtual/files/*

Petit, M. (1999), *Nuevos acercamientos a los jóvenes y la lectura*, Traducción de Rafael Segovia y Diana Luz Sánchez, México, Fondo de Cultura Económica.

Pozo, Juan Ignacio (1992), *Teorías cognitivas del aprendizaje*, Madrid, Ed. Morata.

Sabino, C. (1996), *El proceso de investigación*, Buenos Aires, Humanitas.

Silvestri, A. (octubre de 2002), "Funciones Psicológicas y adquisición discursivas", en *Revista Propuesta Educativa*, año 12, núm. 25, Buenos Aires, FLACSO.

NUEVAS MODALIDADES DE ENSEÑANZA QUE POSIBILITAN EL ACCESO AL CONOCIMIENTO CON CALIDAD Y EQUIDAD EN LA EDUCACIÓN SUPERIOR

Nélida Beatriz Gelroth[40]
Elena Mariel Pacheco[41]
María Cristina Villata[42]
*(Instituto Superior de Formación Docente
n° 807 Perito Moreno, Chubut)*

Introducción

No podemos tener la esperanza de predecir el futuro, pero podemos influir en él. En la medida en que las predicciones deterministas no son posibles, es probable que las visiones del futuro, y hasta las utopías, desempeñen un papel importante en esta construcción.

Ilya Prigogine

El problema que se pretende indagar aquí está vinculado a los modos, los espacios y los tiempos de enseñanza y aprendizaje que posibilitan el logro de situaciones de equidad con calidad en el acceso al conocimiento en la educación superior, y de qué manera la gestión diferencial de modos, tiempos, espacios y uso de las nuevas tecnologías

---

[40] Profesora superior en Ciencias de la Educación, Especialista en Gestión
[41] Profesora en Geografía, Magíster en Investigación Etnográfica
[42] Profesora y Licenciada en Ciencias de la Educación, Magíster en Investigación Educativa

de la información y la comunicación social, influyen en los aprendizajes.

La intencionalidad, en un primer sentido, gira en torno a la construcción de evidencia empírica, que aporte información sustantiva respecto de la mejora en las condiciones de acceso al conocimiento con calidad y equidad en la educación superior de los estudiantes con diversas características socioculturales, que genera la gestión de modos, espacios y tiempos diferenciados en la acción de enseñar y aprender en la modalidad semipresencial, respecto de la modalidad presencial.

La indagación se centró en interrogantes vinculados a:
- Las razones de la elección de cursar una carrera bajo la modalidad semipresencial.
- Los problemas u obstáculos en el cursado.
- Las estrategias que ha generado la institución o los docentes para que los estudiantes las superen.
- Si todos los docentes han colaborado en el éxito de sus aprendizajes.
- Si hay paridad en los resultados de los aprendizajes con la modalidad presencial.
- Si las propuestas pedagógicas favorecen la autonomía en el aprendizaje.
- La posibilidad de acceso al conocimiento a través del uso de las nuevas tecnologías de la información y la comunicación social.
- Si los exámenes en mesas especiales generan mayores condiciones de equidad.
- Si la modalidad de cursado semipresencial posibilita el acceso a la educación superior con calidad y equidad.
- Si la modalidad de cursado semipresencial permite mejorar la tasa de retención.

En un segundo sentido, intenta obtener información acerca de las concepciones de los docentes sobre los modos, los espacios y los tiempos en que transcurre la acción de enseñar y aprender en la modalidad semipresencial y en la modalidad presencial.

En relación con la modalidad de cursado semipresencial, lo que caracteriza a nuestras ofertas formativas, cuyo diseño ha sido aprobado por el Consejo Federal de Educación, es un sistema de cursado flexible, con encuentros tutoriales y el uso de las nuevas Tecnologías de la Información y la Comunicación Social (TICS), teniendo en cuenta los siguientes "criterios epistemológicos, psicológicos, sociales y pedagógico-didácticos que las orientan:

- Flexibilización de los tiempos y los espacios de enseñanza y aprendizaje.
- Reemplazo de las frecuencias del espacio de interacción entre los que enseñan y los que aprenden por los soportes: textos, guías de observación de la vida cotidiana de las instituciones escolares, videos, módulos bibliográficos con guías de autoaprendizaje y propuestas evaluativas, correo electrónico.

Concretar esta propuesta implica la asunción de una actitud diferente a la tradicional, tanto de los que gestionan las instituciones como de los que enseñan y de los que aprenden concibiendo lo siguiente:

- El vínculo entre el docente, el conocimiento y el alumno no transcurre sólo en el espacio tradicional del aula de una institución que tiene horarios y a la que no se puede ir en cualquier momento, sino que se constituye también en el momento en que el alumno lo desea a través de los soportes.
- El aula se constituye en espacios y tiempos diferentes a los de la educación tradicional. Se instituye el aula virtual, la consulta electrónica, la bibliografía informatizada y/o duplicada, a las que se puede acceder en cualquier momento.

- El sujeto que aprende asiste al encuentro tutorial a compartir su producción de saberes, a confrontar, a plantear las dificultades, y no sólo a escuchar.
- El ejercicio de la autonomía personal frente al acto de aprender implica deconstruir matrices de aprendizaje adquiridas en su biografía escolar de educación tradicional, y construir matrices de aprendizaje autónomo: la organización personal de los tiempos de aprendizaje, la posibilidad de trabajar y aprender, y la constitución de un sujeto independiente.
- El sujeto que enseña es mediador entre el conocimiento a ser enseñado y el sujeto que aprende, incorporando como mediadores el recurso tecnológico, los textos, las guías orientadoras del aprendizaje, las nuevas Tecnologías de la Información y la Comunicación Social.
- El sujeto que enseña se constituye en tutor y orientador de los aprendizajes, modificando así la gestión de la enseñanza tradicional vinculada a concepciones conductistas de aprendizaje, pues no concurre a enseñar con la asiduidad que le exige la carga horaria asignada en el espacio a cumplir en la modalidad presencial, y propone encuentros tutoriales con el desafío de acompañar y orientar el proceso de aprendizaje tanto individual como grupal, construir hipótesis de acción que orienten con mayor precisión el recorrido de lecturas obligatorias, y consignas claras y precisas que permitan al destinatario, la resolución satisfactoria de los problemas puestos en cuestión." (ISFD nº 807 2004)

En síntesis, el proceso se podría esquematizar de la siguiente manera:

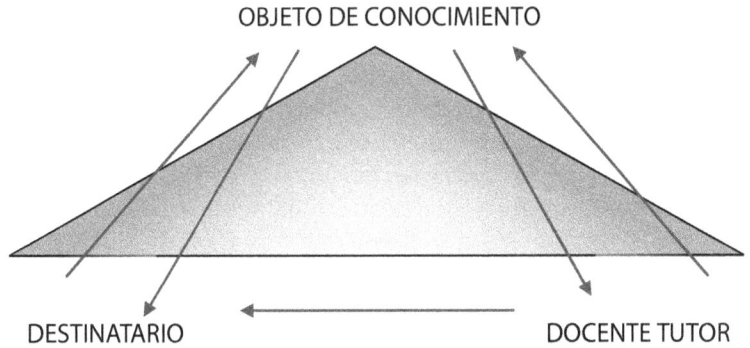

Esta perspectiva innovadora no siempre es reconocida como valiosa para acceder al conocimiento, razón por la cual la centralidad de nuestra investigación giró en torno a la desmitificación de las creencias o supuestos que abundan tanto en docentes como estudiantes, sobre la dudosa calidad de los aprendizajes en los espacios formativos semipresenciales y a través de las nuevas Tecnologías de la Información y la Comunicación Social.

Esta nueva modalidad de gestión del acceso al conocimiento se funda en entender a la diversidad como inherente a toda organización social, y a la posibilidad que ofrece a los estudiantes con diferencias iniciales de lograr aprendizajes con calidad y equidad. Posición que tensiona por una parte con la histórica –y ficcional– idea de igualdad que primó en el sistema educativo desde sus orígenes. Pues la duda que se plantea es hasta qué punto el sistema educativo no realizó y realiza un filtro selectivo en función de las características iniciales de los alumnos. O en qué medida ha contribuido o puede contribuir a contrarrestar los efectos sociales. O si, finalmente, a pesar de los esfuerzos realizados, procuró y procura invisibilizar esas características, y mantiene las diferencias iniciales con las que los estudiantes accedieron a las instituciones educativas, no garantizando, por ende, la permanencia y el egreso del sistema educativo con calidad y equidad.

Por otra parte, también tensiona con las históricas ideas de calidad: excelencia, reconocimiento, perfección, competitividad; objetivos que están íntimamente vinculados a las interacciones entre los modelos de desarrollo económico y las políticas educativas, pretendiendo otorgar un sello de garantía a la realidad a la que se asocia. Paulatinamente la internacionalización de la economía, la creciente competencia entre los países, condujo a recuperar la importancia del sistema educativo para la formación de calidad de recursos humanos que puedan enfrentarse a las exigencias del mercado y la sociedad, contribuyendo al desarrollo y el progreso. Otro factor no menor vinculado a la calidad lo constituyen recientemente las evaluaciones y comparaciones internacionales en el campo de lo educativo, centradas principalmente en los resultados académicos en términos cuantitativos. Esto generó una preocupación en los países cuyos resultados estaban situados por debajo de la media. Finalmente, y desde otras preocupaciones e intereses, el abandono escolar, los problemas de las minorías étnicas y culturales y los pobres resultados educativos de determinados colectivos de alumnos, especialmente de aquellos que proceden de sectores sociales más desfavorecidos, condujeron a reclamar una mayor calidad de la enseñanza con el fin de resolver estos problemas.

Estas problemáticas asociadas al concepto de *calidad* indican que las relaciones entre educación y los cambios socioeconómicos no son un simple proceso de adaptación del sistema educativo a las necesidades económicas y sociales de un período histórico determinado, y que la educación, ante todo, tiene como función primordial el desarrollo de sujetos sociales de acuerdo con su condición humana. Y es en esta búsqueda de articulación de finalidades y funciones, en donde la educación comparte e incluye entre sus objetivos prioritarios el concepto de *calidad* en el sentido de vindicar lo que se ofrece o aspira desde el sistema educativo.

Los planteos actuales que están dotando de sentido a la igualdad y a la calidad incluyen además el concepto de *equidad*. Creemos necesario incluir aquí una extensa cita de Marchesi y Martín (1999: 50) para caracterizar lo referente a la equidad:

> El término equidad, aunque puede considerarse sinónimo del de igualdad, incluye algunos rasgos específicos que le otorgan una mayor significación. Por una parte, la equidad se refiere a la justicia que debe estar presente en la acción educativa para responder a las aspiraciones de todos los ciudadanos con criterios comunes y objetivos. Por otra, la equidad tiene en cuenta la diversidad de posibilidades en que se encuentran los alumnos y orienta las decisiones en el ámbito educativo de acuerdo con ellas.
>
> Los conceptos de igualdad y equidad son muy amplios y permiten concreciones diversas. En la práctica, dependen en gran medida de la orientación que se les dé, de los contenidos que se incluyan y de las consecuencias que se produzcan por las políticas educativas desarrolladas. De igual manera que en la conceptualización de la calidad, las distintas ideologías presentes en el campo educativo otorgan un significado diferente al concepto de equidad.
>
> El desarrollo de la noción de igualdad ha conducido a cuatro niveles cada vez más exigentes, referidos a las oportunidades, al acceso, al tratamiento y a los resultados. Todos ellos contribuyen a reducir las desigualdades, pero es el último el que plantea los objetivos más ambiciosos.
>
> *1) La igualdad de oportunidades* es el término más genérico, y refleja el planteamiento de que es necesario ofrecer a los individuos todo tipo de posibilidades, suprimiendo cualquier discriminación. Cuestión distinta es si las personas están en disposición de hacer uso de las posibilidades abiertas. Desde esta acepción, la igualdad de oportunidades reposa en la motivación y en el esfuerzo individual. Asegurar la

igualdad de oportunidades no supone necesariamente garantizar la igualdad de acceso, ni de experiencia educativa ni de resultados.

2) La igualdad en el acceso a la educación supone una mayor precisión conceptual. Denota no sólo que existan posibilidades abiertas, sino también que sean accesibles a todos los alumnos. Supone una superación de criterios o de las formas de selección encubierta, y el esfuerzo por adaptar las condiciones para promover una participación más completa y equitativa.

3) La igualdad en el tratamiento educativo representa un paso más, que englobaría, como etapa previa, la igualdad en el acceso. Significa una provisión del servicio educativo similar para todos: recursos, organización de las enseñanzas, metodología, oferta educativa, etc. El énfasis en la igualdad de tratamientos subyace en el impulso a la enseñanza comprensiva, en la que se oferta un currículo común e integrador para todos los alumnos de una edad determinada. En las escuelas comprensivas se integran ramas o vías tradicionalmente separadas que tenían una diferente valoración social, a las que accedían alumnos con distintos niveles académicos, que en gran medida reflejaban desigualdades sociales iniciales.

4) La igualdad de resultados entraña la concepción más fuerte y vigorosa de la igualdad en educación. No bastaría con eliminar la selección inicial, ni las barreras para el acceso, ni las desigualdades entre los centros; la igualdad de resultados apuesta por conseguir rendimientos similares entre los alumnos procedentes de distintas clases sociales, culturas o sexos, lo que, de alguna manera, apunta a remover las condiciones iniciales desiguales que existen entre ellos. No se pretende que todos los alumnos obtengan los mismos resultados, lo cual no es, por otra parte, posible, sino que las diferencias que se encuentran entre ellos no sean debidas a factores sociales o culturales.

Es por ello que el concepto de *igualdad* trae no pocas dificultades, y nos parece más fértil y fructífero el concepto de *equidad*, ya que plantea objetivos más ambiciosos y logros más efectivos.

El esfuerzo por conseguir una mayor equidad en la educación debe tener en cuenta las desigualdades iniciales que se evidencian en el ingreso al sistema educativo, producto de las distintas condiciones sociales y culturales de los estudiantes, y de los mecanismos que tienden a mantener esas desigualdades a lo largo de todo el proceso de escolarización. Y se deben igualmente comprender los factores más estrechamente relacionados con la calidad de la enseñanza, con el fin de conseguir una mayor interrelación entre ambos conceptos. En este sentido, sólo es posible el acceso con equidad y calidad a la educación superior, si las dinámicas de quienes conducen y lideran las instituciones generan condiciones concretas de participación democrática, sosteniendo que todos los actores involucrados en las trayectorias formativas son sujetos políticos con ejercicio pleno de la ciudadanía.

En relación con esta perspectiva, es fuerte nuestro posicionamiento institucional, que propicia y acepta distintos modos de participación: los formales e instituidos a través de los representantes de estudiantes y docentes, y los emergentes que responden a las situaciones diversas de los sujetos que integran el colectivo institucional. Este posicionamiento requiere de una gestión directiva de puertas abiertas, de una acción política que solucione problemas, conflictos y/o demandas de situaciones particulares de los diversos sujetos que dan sentido y razón de ser a la institución. Y además, de un colectivo docente que opere cotidianamente desde el mismo posicionamiento, asumiéndose a sí mismo como sujeto político y propiciando esta convicción y su materialización en acciones concordantes, respecto de las demandas de los estudiantes y de las propias.

No obstante, reconocer que todos los actores involucrados en las trayectorias formativas son sujetos políticos con ejercicio pleno de la ciudadanía requiere de prácticas concretas sostenidas por la confianza en las posibilidades del otro o de los otros. Convicción que presenta uno de los mayores desafíos: introducir la confianza en los nuevos modos de gestión y liderazgo institucional. Al decir de Cornu (2000: 33):

> Implica una reflexión política que plantea numerosos problemas. Apartemos dos malentendidos: no se trata de pensar la democracia política en la continuidad de una teoría del liberalismo económico que recientemente ha descubierto o redescubierto los efectos de la confianza. No se trata tampoco de una confianza (y menos aún de una confianza ciega) en los dirigentes políticos, sino en los ciudadanos, entre ciudadanos: es sobre este principio que reposan las instituciones republicanas y las prácticas democráticas.

En este sentido, para otorgar de hecho y de derecho un voto de confianza a los ciudadanos que enseñan y aprenden nos parece sustantivo recuperar el sentido que otorga Cornu a la confianza: "Consiste en dejar una parte de iniciativa a otro, en aceptar que el porvenir puede en parte descansar sobre la acción de otro diferente a uno [...] La confianza es un acto de alguien, que arriesga algo sobre el otro e implica cooperación, y, si ello ocurre, la confianza va a poder a la vez asegurar y arriesgarse nuevamente."

Si se otorga este sentido a los que enseñan y aprenden, en los procesos de enseñanza y aprendizaje basados en la confianza y en prácticas políticas democratizadoras, han de reconocerse dos aspectos esenciales que posibilitan dar cuenta de sus modos de desarrollarse:

- Que la enseñanza y el aprendizaje son autónomos, es decir, aun cuando se pueden visualizar en escenarios compartidos de conocimiento, las estructuras cognitivas que se enriquecen, mejoran o modifican, son inherentes a cada sujeto.
- Que la enseñanza y el aprendizaje, en tanto procesos inherentes a sujetos sociales insertos en un escenario histórico, se producen en contextos de intercambio de

significados culturalmente potenciados y ponderados, entre sujetos que portan versiones particulares de los mundos que referencian.

Desde lo primero, se admite la inmensa riqueza que representan los conocimientos previos en el proceso de enseñar y aprender, en tanto se constituyen en marcos de referencia desde los cuales los sujetos se disponen y se posicionan.

Desde lo segundo, se valida la importancia esencial que tienen los contextos colectivos de aprendizaje, donde el diálogo, la conversación y el debate son marcos propicios para el intercambio de significados.

Depositar la confianza en estos procesos implica, entonces, tanto para el que enseña como para el que aprende, dejar al otro márgenes para la libertad de acción, que permitan el surgimiento de ideas fuerzas para resolver problemas inherentes al acceso al conocimiento y a las relaciones interpersonales. En cambio, si la acción educativa está pregnada por la desconfianza, es probable que conduzca al fracaso, que paralice la acción e impida la búsqueda de caminos que conlleven al éxito. La ausencia de confianza genera en los otros control y amenaza, preocupación por pensarse desde el límite y no desde la posibilidad para acceder al conocimiento, percibiéndose a sí mismos en estado de abandono, sin un otro que coopere, y por lo tanto, como únicos responsables del fracaso. La presencia de confianza, en cambio, genera posibilidad de acción, con un otro que se arriesga y coopera en el recorrido del camino y se constituye en pilar del puente entre el pasado, el presente y el futuro: libera del "no puedo, no tengo condiciones, no lograré la meta."

En síntesis, y retomando palabras de Cornu, "el acto de confianza, al contrario de toda forma de abandono, tiene un efecto de emancipación. Así aparece su dimensión ético-política: la confianza en este sentido es un modo de relación que instituye sujetos en una libertad común." Acto que deviene en confiar en las posibilidades de aprendizaje del otro, y que implica asumir que los que aprenden con diversas características socioculturales lo pueden realizar con otros, en espacios y tiempos diferenciados, a través de las nuevas Tecnologías de la Información y la Comunicación Social, con una organización personal para el estudio y con opciones que les permitan realizar distintos recorridos y acreditar sus saberes de acuerdo a sus ritmos y tiempos personales.

Consideraciones metodológicas

> –¿Podría decirme, por favor, qué camino he de seguir desde aquí?
> –Esto depende en buena medida del lugar adonde quieras ir –dijo el gato.
> –No me importa mucho adónde.... –dijo Alicia.
> –Entonces no importa por dónde vayas... –dijo el gato.
>
> Lewis Carrol

Este proyecto de investigación es de carácter exploratorio y descriptivo. A los efectos de recabar información se optó por estrategias cualitativas y cuantitativas. En este sentido se seleccionaron como fuentes sustantivas de información:

- El perfil de los ingresantes: datos aportados por la encuesta elaborada por el Ministerio de Educación de la Provincia del Chubut.
- El informe cuantitativo y cualitativo sobre los resultados de la encuesta suministrada a los ingresantes, elaborado por la tutora institucional.
- Los datos estadísticos del libro matriz sobre ingresantes, alumnos regulares, y egresados de la cohorte

2004 del profesorado de tercer ciclo de la Educación General Básica y la Educación Polimodal en Formación Ética y Ciudadana, del profesorado de tercer ciclo de la Educación General Básica y la Educación Polimodal en Economía, y del profesorado de primer y segundo ciclo de la Educación General Básica de la modalidad presencial y de la modalidad semipresencial.
- Los datos de los libros matrices sobre promedios generales de estudios de las carreras y modalidades mencionadas.
- El discurso de los docentes seleccionados de las tres carreras y de las dos modalidades en relación con las concepciones sobre la equidad, calidad y diversidad; concepciones sobre los modos, los espacios, los tiempos y el uso de las TICS, en la acción de enseñar y aprender.
- El discurso de los estudiantes seleccionados de las tres carreras que cursan en la modalidad presencial y de los que cursan en la modalidad semipresencial: sus características socioculturales al ingresar, su trayectoria formativa en relación con situaciones obstaculizadoras o facilitadoras en la modalidad presencial y en la modalidad semipresencial, sus resultados de aprendizaje en distintos modos, tiempos, espacios y en el uso las Tecnologías de la Información y la Comunicación Social.
- El análisis de los discursos –tanto de los docentes como de los estudiantes– se realizó a partir de la información que arrojaron las entrevistas semiestructuradas y de los datos cuantitativos del perfil de los ingresantes, de los egresados en el tiempo de duración de la cohorte (cuatro años), de los egresados con posterioridad a la finalización de la cohorte, y de los resultados de los aprendizajes obtenidos en ambas modalidades de las carreras mencionadas.

- También a partir de las propuestas pedagógicas considerando la dinámica de gestión institucional desde lo organizativo, académico y evaluativo de ambas modalidades y de las carreras mencionadas.
- El análisis de las propuestas pedagógicas se realizó teniendo en cuenta fundamentalmente el modelo de gestión pedagógica basado en la problematización que sustenta la propuesta curricular. Problematizar la enseñanza de los contenidos –en el quehacer pedagógico-didáctico– y buscar las posibles soluciones, es un proceso complejo de búsqueda, hallazgos, contradicciones, avances y retrocesos en el trabajo cognoscitivo e implica procedimientos tales como: realizar un análisis situacional del problema a resolver; reconocer si el problema se vincula o no con la solución de una situación que le plantea la vida cotidiana de su propio contexto; interpretar la información que se brinda (condiciones, exigencias, datos directos, datos intermediarios, o ausencia de algunos de ellos); tener una representación mental de la situación; tolerar la tensión, la incertidumbre, el error y los aciertos; identificar las dificultades a resolver; recurrir a su esquema referencial previo y seleccionar la información necesaria para organizarla y anticipar preguntas; elaborar hipótesis anticipatorias de solución; movilizar las herramientas obrantes en su esquema referencial previo (conceptos, procedimientos y actitudes); buscar nuevos datos si es necesario; planificar hipótesis de solución; evitar la justificación al no hipotetizar estrategias de solución; registrar y/o verbalizar los procedimientos utilizados desde sus competencias heurísticas (gráficos, mapas mentales, esquemas, registros de datos, entre otros); aceptar y valorar la aparición de posiciones, perspectivas, soluciones, desde los distintos puntos de vista desde los cuales se puede resolver un problema; rechazar

procedimientos que parecen no conducir a la meta; estimar y proponer soluciones; analizar la razonabilidad y posibilidad de las soluciones; discutir si el problema tiene una o varias o ninguna solución; reinsertar los datos en el problema; validar el procedimiento o los procedimientos utilizados; analizar la economía y la "imaginación creativa" puesta en juego en los procedimientos elegidos; reconocer que hay problemas que en la vida cotidiana se plantean, que por lo pronto, en las condiciones concretas de existencia, no tienen solución.

En relación con la población objeto de estudio se incluyeron:
- Estudiantes del profesorado en Economía y del profesorado en Formación Ética y Ciudadana bajo la modalidad presencial en curso.
- Estudiantes del profesorado en Economía y del profesorado en Formación Ética y Ciudadana bajo la modalidad semipresencial en curso.

El criterio que primó en la elección de estos profesorados estuvo vinculado, en primer lugar, con el inicio de la experiencia del ISFD bajo las dos modalidades en el año 2004; y en segundo lugar, por haber sido la primera oportunidad que tuvieron los estudiantes del interior de la provincia de acceder a la educación superior sin tener que trasladarse a la ciudad de Comodoro Rivadavia, donde funciona la Sede Central del ISFD.
- Estudiantes de la carrera de Educación Primaria. Se incluyeron, además, los estudiantes de esta carrera, por ser el primer profesorado que ofrece el ISFD desde que la formación docente pasa a formar parte de la educación superior (año 1974), y porque desde el año 2004 se institucionalizó en la propuesta formativa un régimen de cursado, promoción y evaluación que flexibiliza los modos, los espacios y los tiempos de

enseñanza, aprendizaje y evaluación, que posibilita a los estudiantes realizar opciones personales según sus necesidades y características socioculturales diversas.
- Docentes que gestionaron los procesos de enseñanza solamente en la modalidad presencial.
- Docentes que gestionaron los procesos de enseñanza en la modalidad presencial en la sede central del instituto y en la modalidad semipresencial en los cuatro anexos que posee en el interior de la provincia.

Con respecto a la selección de la muestra, la misma ha sido intencional en relación con los docentes a partir de casos similares y diferentes. En este sentido, en los casos diferentes se seleccionaron docentes que se desempeñaron solamente en la modalidad presencial y en los casos similares se seleccionaron docentes que se desempeñaron en la modalidad presencial y semipresencial.

Los docentes seleccionados –excepto un caso– se desempeñaron en ambas modalidades, por lo cual la perspectiva del discurso involucró un análisis comparativo entre ambas modalidades; y del total de los mismos se seleccionó el 35% de un total de veintidós (aproximadamente 8 docentes). Se identificaron a aquellos actores que se percibieron como informantes claves, y que consideramos aportarían información significativa sobre sus experiencias formativas en ambas modalidades, contrastando con los docentes que se desempeñan solamente en la modalidad presencial.

En el caso de los estudiantes, la selección de la muestra fue intencional a partir de casos similares, diferentes y críticos. En los casos similares se seleccionaron estudiantes que cursaron la carrera en la modalidad presencial y estudiantes que cursaron la carrera en la modalidad semipresencial y finalizaron sus estudios al término de la cohorte (2004-2007). En los casos diferentes se seleccionaron estudiantes que cursaron la carrera en modalidad presencial y en la modalidad semipresencial y que finalizaron sus estudios con posterioridad al término de la cohorte. En los casos críticos se seleccionaron estudiantes que cursaron la carrera en la modalidad presencial y en la modalidad semipresencial que abandonaron sus estudios por razones familiares y/o laborales, y los retomaron nuevamente luego de un año.

Del total de estudiantes de los profesorados de Economía, de Formación Ética y Ciudadana y de Educación Primaria de las dos modalidades de cursado de la sede central y de los anexos, se seleccionó el 35% de un total de 120 estudiantes (aproximadamente cuarenta), teniendo en cuenta a los estudiantes de la cohorte 2004 que finalizaron las carreras al término de la cohorte 2007, que finalizaron la carrera en el 2008 y que estarán finalizando la carrera en el 2009, considerando la diversidad sociocultural de los estudiantes y la gestión institucional en aras del logro de una mayor equidad en el acceso al conocimiento en la educación superior.

En cuanto a los instrumentos de recolección de la información cualitativa, se utilizaron entrevistas semiestructuradas, y en la recolección de información cuantitativa se recurrió a fuentes documentales: encuesta a los ingresantes e informe de la tutora institucional, libros matrices, libros de actas de exámenes, propuestas pedagógicas y evaluativas de ambas modalidades, producciones de los estudiantes.

Las entrevistas semiestructuradas se elaboraron a partir de los objetivos de la investigación y de las categorías que se expresan en las siguientes unidades de análisis: estudiantes, docentes, modalidad presencial y modalidad semipresencial. En el caso de los estudiantes se analizaron las siguientes variables con sus dimensiones:
- Características socio-culturales de los estudiantes: diversidad.
- Concepciones sobre los modos, los espacios, los tiempos en los que transcurre la acción de enseñar y aprender, equidad y calidad en el acceso al conocimiento, equidad

y calidad en los resultados de aprendizajes: modalidad presencial, modalidad semipresencial y experiencias sobre el acceso al conocimiento a través de las Tecnologías de la Información y la Comunicación Social.

En el caso de los docentes se analizaron las siguientes variables con sus dimensiones:
- Concepciones sobre los modos, los espacios, los tiempos en los que transcurre la acción de enseñar y aprender: valoraciones sobre las modalidades presencial y semipresencial,
- Concepciones de enseñanza y aprendizaje, estrategias de gestión de modos, espacios y tiempos alternativos en el acceso al conocimiento: uso de Internet / correo electrónico, informatización de materiales, guías de lectura, elaboración de actividades en función de la bibliografía y propuestas evaluativas.

En los casos de la modalidad presencial y de la modalidad semipresencial se analizaron las siguientes variables con sus dimensiones:
- Tasa de retención: porcentaje de egresados en el plazo de la cohorte y con posterioridad al mismo.
- Calidad de los aprendizajes: notas de acreditación, proporción de alumnos que se presentan a exámenes en las fechas siguientes a la finalización del cursado de la materia y en fechas posteriores.
- Características de las propuestas pedagógicas en su relación con las TICS y características de las propuestas evaluativas: informatización de materiales, guías de lectura, elaboración de actividades en función de la bibliografía y propuestas evaluativas; producciones de los alumnos.

Con respecto al tratamiento de la información recogida, se realizó un análisis de los datos estadísticos (cuantitativos) y los datos cualitativos (entrevistas semiestructuradas) intentando efectuar una triangulación de los mismos.

Resultados[43]

> Somos conscientes de nuestros males,
> pero nos hemos desgastado luchando
> contra los síntomas,
> mientras las causas se eternizan.
>
> Gabriel García Márquez

1. Sobre la diversidad sociocultural de los ingresantes

> Yo sentía que tenía que cumplir un objetivo que todavía tenía pendiente, porque dejé la carrera de Contador Público en cuarto año y ya después no pude continuar. Cuando apareció esta propuesta en Sarmiento la aproveché. Aquí hay muchísima gente que se movilizó con esta modalidad de cursado de una carrera de Nivel Superior. Conozco bastantes personas que retomaron los estudios secundarios para tener el título y poder acceder así a alguna de las carreras que ofrece la 807.
>
> M. C.

El espacio del aula tradicional y el espacio del aula virtual son los lugares por excelencia de encuentro de lo diverso; en ellos están presentes –no siempre existentes– sujetos que aprenden con diversas características socioculturales. Aparecen voces desde la diversidad social, cultural, etaria, física, ideológica, de género, de religión, geográfica; es decir, voces portadoras de distintas

---

[43] Los epígrafes corresponden a los decires de los estudiantes entrevistados.

condiciones concretas de existencia. Nuestra posición institucional es aceptar la diversidad, asumirla y atenderla procurando que todos los sujetos accedan al conocimiento con calidad y equidad.

Mencionamos aquí algunos datos del perfil de ingresantes a las carreras de formación docente que involucran a las carreras que son objeto de nuestra indagación. La mayoría de nuestros estudiantes:
- Tienen más de 25 años.
- Son mujeres y madres, en algunos casos solteras y único sostén familiar.
- Trabajan, y en un número significativo han tenido experiencias anteriores en la educación superior.

Esta síntesis, tiene su correlato con los datos cuantitativos extraídos de la encuesta suministrada por la tutora institucional de los ingresantes de la cohorte 2004 de las modalidades y carreras seleccionadas.

	Ingresantes modalidad presencial: 147	Ingresantes modalidad semipresencial: 77
Edad	Menos de veinticinco: 27% Más de veinticinco: 36% Más de treinta: 37%	Menos de veinticinco: 18% Más de veinticinco: 43% Más de treinta: 39%
Sexo	Femenino: 95% Masculino: 5%	Femenino: 98% Masculino: 2%
Pareja e hijos	Pareja: 85% Con Hijos: 85%	Pareja: 78% Con hijos: 78%
Solteros	Solteros: 15% Con hijos: 8%	Solteros: 22% Con hijos: 20%
Experiencias anteriores en educación superior	22%	16%
Trabajo	85%	78%

2. Sobre las razones de la elección de la modalidad semipresencial:

> En realidad, yo no tuve opciones, pero aproveché la posibilidad de esta oferta. Si no hubiese existido la oferta de esta modalidad, no hubiese estudiado, y continuar estudiando... era una especie de "asignatura pendiente" en la carrera de mi vida.
>
> P. G.

> Al culminar mis estudios en esta casa que hoy me recibe, me toca representar al grupo de egresados de la Sede de Gobernador Costa que, con tanto sacrificio, pudimos llegar a nuestra meta y ser acreedores del Título de Profesores de primer y segundo ciclos de EGB, bajo la modalidad semipresencial, en la cual, a través de los años cursados, tuvimos que superar muchas barreras, ya sea por no contar con los medios de comunicación adecuados que nos hubieran permitido un contacto más directo con los profesores de esta institución; pero, a su vez, agradecidos de que se implementen estas carreras semipresenciales, ya que de otra manera no hubiéramos podido seguir estudiando debido a la ausencia de medios económicos necesarios para trasladarnos a otros lugares de la Provincia y, menos aún, cuando la mayoría de nosotros tenemos nuestras familias. Es por ello que los pueblos del interior están orgullosos de contar con estas carreras de modalidad semipresencial, para que no sigamos postergados en el tiempo, tener al alcance de nuestras manos la posibilidad de progresar social y culturalmente y que nos abre puertas para insertarnos en la sociedad y poder brindar algo de nosotros para el crecimiento de nuestro país.
>
> (Fragmento del discurso pronunciado en el Acto de Colación de Grado 2008, por los egresados de la Carrera de Primaria de la Sede Gobernador Costa).

En las razones que enuncian los estudiantes sobre la elección de la modalidad es interesante destacar, sobre todo, las vinculadas a:

- La perspectiva de género. El mayor porcentaje de alumnos de la modalidad semipresencial está conformado por mujeres, y la mayoría son madres. Esta realidad exige que la distribución temporal de las actividades de su cotidianeidad concite un tiempo significativo dedicado a la familia –quehaceres domésticos varios, atención de las necesidades habituales y escolares de los niños–, y les impida cursar una carrera bajo la modalidad presencial. Aparece en forma recurrente que uno de los motivos por el cual eligen esta modalidad para continuar sus estudios sea justamente el hecho de ser madres, argumentando tener poco tiempo para ir a clase en el horario de cursado de las carreras.
- La dispersión de los pueblos en el Interior de la provincia y su lejanía con los centros urbanos. La mayoría de los estudiantes visualizan la oferta semipresencial como la única posibilidad de acceder a la educación superior. En muchos casos no tienen acceso a la educación superior por razones de distancia, escasa frecuencia de los medios de comunicación terrestre y escasos medios económicos.
- La situación laboral. Los horarios del trabajo les impiden asistir todos los días, razón por la cual hay estudiantes que han tomado esta opción, y manifiestan haber interrumpido estudios de educación superior en instituciones que ofrecen carreras solamente bajo la modalidad presencial.

Estas razones son igualmente ponderadas por los docentes entrevistados, quienes manifiestan la importancia que reviste ofrecer este tipo de modalidad en lugares alejados de los centros urbanos, como una apuesta a la promoción y desarrollo de la región y sus habitantes y en relación con lo que podemos caracterizar como *democratización en el acceso a la educación superior de sujetos con diversas características socioculturales.*

3. Sobre las experiencias en esta modalidad: problemas y obstáculos

> Se me presentaron obstáculos fuertes en lo personal y lo familiar, tuve, por fuerza, que apelar al horario nocturno para estudiar, siempre de noche.
> [...] el manejo de los tiempos de lectura, y eso que encaré todo con mucha responsabilidad, pero había que equilibrar entre la familia, el trabajo y el estudio [...]
> Me costó muchísimo... al principio no comprendí nada de lo que leía, lo hacía con el diccionario en la mano. Me ha pasado que un párrafo me llevaba una hora.
>
> A. P.

Sobre sus experiencias en esta modalidad de cursado, los estudiantes no vinculan los problemas u obstáculos a la gestión organizativa y/o pedagógica de la institución, salvo en algunas situaciones relacionadas con la organización y comunicación del cronograma de los encuentros tutoriales. Situación que, en palabras de los estudiantes, se resolvió favorablemente.

No obstante, expresan de manera recurrente que los obstáculos centrales están asociados al trabajo intelectual y a las situaciones familiares:

- Las problemáticas ligadas al trabajo con el discurso académico, tanto en el aspecto de la comprensión como en la de producción de textos; problemática fuertemente ligada a las competencias lingüísticas, que se arraiga en las trayectorias educativas poco favorecedoras para su adquisición, y que parecería conectarse además, en algunos casos, con los grupos socioculturales de procedencia.
- La organización personal para el trabajo, la familia y el estudio, focalizado básicamente en el manejo de los tiempos dedicados al estudio, problemática vinculada a las experiencias en la trayectoria formativa del nivel

secundario y representaciones que ligan la educación institucionalizada con la modalidad presencial.

En cambio, los docentes entrevistados hacen un análisis puntual de los diferentes modos de enseñanza que exige cada una de las modalidades, y las modificaciones de tiempos y espacios convencionales de enseñanza que entraña el trabajo desde la semipresencialidad. El eje analítico aquí está situado en el abordaje metodológico, y no en las características socioculturales de los estudiantes. Características fundamentales a considerar a la hora de analizar las dificultades, el fracaso o el éxito en los aprendizajes.

Sin embargo, sin importar la modalidad, todos los docentes entrevistados ponen el acento en la reflexión necesaria que toda tarea docente requiere; y en particular, la modalidad semipresencial exigiría una suerte de plus de reflexividad y de ingenio a la hora de usar distintos lenguajes (el verbal, el icónico, el gráfico, el audiovisual), y de desplegar distintas estrategias de enseñanza que posibiliten el aprendizaje, tales como la analogía, la comparación, la descripción, la observación, el análisis, la formulación de hipótesis, la deducción y sobre todo la resolución de problemas.

4. Sobre las estrategias que ha generado la institución o los docentes para superar los obstáculos o problemas de la modalidad

> Los profesores me ayudaron de muchas maneras. Me han llamado por teléfono para hablarme de mis posibilidades, me han sostenido para que no abandone, me han escritos muchos mails para explicarme cosas y ayudarme. Me han citado para hablar de mis dificultades y cómo resolverlas, ellos se daban cuenta aunque yo no dijera nada.
>
> D. M.

Los problemas u obstáculos de la modalidad están vinculados a las condiciones climáticas, a las distancias y a la escasa frecuencia de los medios de comunicación terrestre. Estas condiciones no pocas veces adversas, sobre todo en el período invernal, dificultan la concreción del cronograma de encuentros tutoriales inicialmente pactado. Por ende, desde la gestión organizativa de la modalidad hay que reprogramar y pactar nuevamente los encuentros, avisar a todos los estudiantes y docentes en tiempo y forma, de modo tal que puedan asistir.

En este sentido, se evidencia en el discurso de los estudiantes un fuerte reconocimiento al modo democrático de gestión institucional, a la solución de problemas organizativos, y al trabajo pedagógico que concretan los docentes de la modalidad semipresencial. Sobre todo ponen el acento en los procesos de acompañamiento, en el voto de confianza en las posibilidades del otro, en la comprensión, en las explicaciones y/o devoluciones personalizadas, es decir, en la vindicación del vínculo pedagógico y en el compromiso con los resultados de los aprendizajes que propician la mayoría de los docentes de la modalidad.

5. Sobre si todos los docentes han colaborado en el éxito de sus aprendizajes

> Hubo algunos que no, que se nota mucho que son escépticos en relación a la modalidad. Me han dicho, frente al pedido de organización del material: "¿Vas a rendir libre? ¿Por qué no hiciste el proceso con nosotros?" Cuando rendí, y me pusieron un 9, una de ellas salió y me felicitó.
>
> D. T.

Uno de los principios rectores de la institución es el compromiso con los resultados de los aprendizajes de los alumnos; en tal sentido se sostiene que no siempre que el docente enseña, los estudiantes aprenden. Por lo tanto, el docente debe preocuparse por los fracasos en los aprendizajes y ocuparse de orientar, asesorar y acompañar el proceso de aprendizaje de los estudiantes, analizando sus dificultades y planteando estrategias que colaboren en la superación de las mismas.

Desde esta posición institucional, tanto en una como en otra modalidad los estudiantes mencionan puntualmente que los docentes que no han colaborado con el éxito en sus aprendizajes son unos pocos. Entre las razones que enuncian aparece la discriminación por el género, por la etnia, por la posición de clase; el escaso vínculo con el sujeto que aprende, los modos de gestión de los aprendizajes con rasgos autoritarios, concepciones tradicionales del aprendizaje, modelos de enseñanza positivistas, modos de gestión pedagógica propios del nivel secundario, sobre todo en lo relacionado con la asistencia y el control. Los rasgos vinculados a la asistencia y a un mejor control de los aprendizajes, según la ponderación evidenciada en el discurso de algunos docentes, se pueden verificar cuando dicen que pueden realizar un mejor seguimiento de los aprendizajes cuando el estudiante tiene presencia en el aula tradicional: aquella que tiene un espacio físico, que tiene horarios, a la que no se puede asistir en cualquier momento, sino en los instantes que están determinados por otros.

De aquellos docentes que han colaborado con el éxito en sus aprendizajes rescatan sobre todo la confianza en las posibilidades del otro, el compromiso con los aprendizajes de los estudiantes, el acompañamiento pedagógico-didáctico, el estímulo, el respeto, la democratización del vínculo, entre otros.

6. Sobre la paridad en los resultados de los aprendizajes

> Sí, muchas veces... los resultados eran parejos... así como aprobábamos también desaprobábamos los de una y otra modalidad... pero ellos... los de la semi se preparaban muy bien... venían afiladísimos... Las notas eran casi similares...
>
> L. C.

Los estudiantes de la modalidad presencial y de la modalidad semipresencial rinden sus exámenes finales en la misma mesa examinadora, por ende se conocen entre sí, interactúan en los momentos previos y posteriores a los exámenes, y en algunas oportunidades entablan relaciones de cooperación y trabajo compartido. Estas situaciones les permiten comparar sus resultados y analizar sus dificultades y logros.

Prácticamente la totalidad de los estudiantes entrevistados plantea una correspondencia en relación con la calidad de los aprendizajes entre la modalidad presencial y la semipresencial.

En los docentes entrevistados, si bien parece haber un acuerdo generalizado entre los discursos de los docentes de la modalidad semipresencial, en relación con la equivalencia en la calidad de los aprendizajes de los alumnos de ambas modalidades hay algunas disidencias. Estas disidencias aparecen más vinculadas al control que ejerce el docente y a la posibilidad de conducir el aprendizaje de los estudiantes en la modalidad presencial, porque los tiene ahí, sentados en el banco frente a él; sostiene que el estudiante aprende sólo en esa situación, y que no puede hacerlo en soledad. Esta falta de coincidencia en algunos docentes pareciera estar en relación con sus procesos formativos, experiencias laborales, en ocasiones con la estructura de personalidad y el área disciplinar que enseñan. No obstante estas disidencias, cabe destacar que en su gran mayoría, los docentes entrevistados aseguran que es posible lograr aprendizajes con calidad y equidad en la modalidad semiprensencial.

La correspondencia planteada por los entrevistados se evidencia en los promedios generales de estudio obtenidos por los egresados de las dos modalidades de la cohorte seleccionada, sobre todo en los alumnos que han obtenido promedios con 9 (nueve) puntos.

RESULTADOS DE LOS APRENDIZAJES				
Cantidad de egresados por modalidad	% con 7	% con 8	% con 9	% con 10
Presencial	23%	65%	11%	-------
Semipresencial	38%	51%	11%	-------

7. Sobre las características de las propuestas pedagógicas y evaluativas

> Hubo un par de profesores que se limitaron a entregar el material, vinieron una vez y luego regresaron para el examen para tomarme lo que decían los libros. Esto me generó bronca, porque te dabas cuenta que ahí, la falta de ganas y responsabilidad estaba del lado de los profesores, y además, me parecía una gran contradicción con las cosas que yo leía en los materiales pedagógicos. Pero fueron solamente dos, y además no eran docentes (uno era Contador y el otro Licenciado).
>
> E. C.

El análisis comparativo de las propuestas pedagógicas y evaluativas de los docentes entrevistados de ambas modalidades permite visualizar un modelo de gestión pedagógica basado en la resolución de problemas, lo que conlleva a modos autónomos de aprendizaje. Sólo en dos casos aparecen modos dependientes de aprendizaje y evaluación: en uno las consignas remiten mayoritariamente a la búsqueda de respuestas teóricas que se encuentran en los textos. En el otro, las propuestas evaluativas requieren el saber mnemotécnico de las distintas teorías planteadas en los ejes de contenidos.

Al analizar las respuestas de los entrevistados sobre las diferencias entre ambas modalidades, no aparecen consideraciones en relación con las estrategias de trabajo que despliegan los docentes, con los abordajes metodológicos diferenciados asociados a la semipresencialidad, a excepción de una clara explicitación de dos casos en los que aluden y caracterizan la propuesta pedagógica de dos docentes como *tradicional*, lo que por otra parte se evidencia en el discurso de dos docentes entrevistados y en el análisis de las propuestas pedagógicas y evaluativas.

El eje analítico, en el discurso de los alumnos de la modalidad semipresencial, se instala en ellos mismos, adquiere una dimensión autorreferencial en el planteo de posibilidades y obstáculos. Las posibilidades las sitúan en las oportunidades que tienen de acceder a la educación superior con esta modalidad, y los obstáculos los vinculan con sus situaciones personales y con su biografía escolar.

La totalidad de los entrevistados asume que las eventuales diferencias de las propuestas pedagógicas y evaluativas entre una y otra modalidad (ponderadas positiva o negativamente) no influyeron directamente en sus dificultades de aprendizaje, sino que las mismas están íntimamente ligadas a las características personales de los estudiantes (compromiso, responsabilidad, organización de los tiempos, habilidades, competencias lingüísticas) y sólo en algunos casos a la propuesta del docente.

Son significativos, en este sentido, los comentarios que aparecen en cuatro de las entrevistas, en las que se liga la correspondencia entre saberes de los alumnos de las dos modalidades, y en las que se marcan significativamente las diferencias en aspectos socioculturales en los que se mencionan la "soltura y el desparpajo" de los estudiantes de la modalidad presencial (que en su mayoría son de la ciudad más grande de la provincia), frente a una conducta más "retraída y silenciosa" de algunos de los representantes de la modalidad semipresencial (que en su mayoría son de las ciudades del Interior).

8. Sobre el uso de las Tecnologías de la Información y la Comunicación Social

> Me parece que la distancia puede llegar a ser un obstáculo, pero creo que hoy, por lo que te comentaba antes sobre la utilización de Internet, esto ya no sería un problema. Aunque desde mi perspectiva, no sé... el tema de la distancia, en mí, a la larga, se transformó en algo que colaboró, porque ya en mí se instaló el hábito de la lectura, actividad que te decía antes, yo percibí como esencial para aprovechar bien a los profesores en los encuentros presenciales. Así que hoy en día te digo que agradezco enormemente a eso que percibí como dificultad.
>
> D. M.

Cuando se alude a las nuevas Tecnologías de la Información y de la Comunicación Social, no se supone solamente que los estudiantes tengan en sus hogares y en el aula la computadora. Usar equipos multimediales en la enseñanza, tener una computadora o Internet en la escuela y/o en los hogares, no son garantías de aprendizajes y menos aun de innovación. La eficacia pedagógica no se decreta, aun cuando se juegue mágicamente con los pretendidos poderes de la tecnología. Se construye, lo que implica un trabajo pedagógico específico.

Por lo tanto, el uso de las nuevas Tecnologías de la Información y la Comunicación Social con fines pedagógicos implica tres niveles de análisis: un primer nivel vinculado a los procesos de alfabetización digital, centrado en el desarrollo de competencias de carácter procedimental o instrumental; un segundo nivel relacionado con el uso educativo para la mejora de los procesos de enseñanza y aprendizaje; y un tercer nivel vinculado a la reflexión crítica acerca de las implicancias de las Tecnologías de la Información y la Comunicación Social en el contexto actual y en la vida cotidiana de los sujetos y las instituciones educativas. En este nivel se trata de dotar a los estudiantes de un marco de análisis crítico, que les permita desarrollar criterios propios al utilizar y producir o participar en proyectos con las nuevas Tecnologías de la Información y la Comunicación Social, acordes con dichos criterios. Se trata de sumar una visión de investigación y análisis a las prácticas docentes y a los procesos de aprendizajes de los estudiantes.

Desde esta perspectiva, la totalidad de los entrevistados reconoce las posibilidades comunicativas de las TICS y la sincronía que permiten establecer con sujetos que están en otros contextos. También valorizan la riqueza audiovisual propia de los códigos de comunicación, el poder organizador de los tiempos y ritmos individuales de trabajo y estudio (interjuego entre sincronía y asincronía), dentro y fuera de las instituciones educativas. Asimismo, expresan que la utilización instrumental de las nuevas Tecnologías de la Información y la Comunicación Social se constituye en una formidable herramienta para favorecer la relación con el conocimiento y con los docentes en tiempos acotados, para el desarrollo de trabajos, preparación de materiales, informes, etc.

No obstante, la utilización concreta de las mismas, especialmente el acceso a Internet, se encuentra todavía en proceso de expansión entre el colectivo de alumnos, sobre todo entre aquellos que tienen más de treinta años y aquellos que no poseen la computadora o el acceso a Internet en sus hogares, sin haber entrado todavía en la etapa de la profundización de las múltiples y variadas posibilidades que pueden brindar.

Todos reconocen la importancia de estas tecnologías para indagar, ampliar información y comunicarse. Sin embargo, el uso de la TICS como recurso pedagógico-didáctico, la posibilidad de trabajar cooperativamente en redes entre pares y con docentes a través de estas herramientas, y de enseñar estas posibilidades a los alumnos, son cuestiones que concretan de manera incipiente muy pocos de los entrevistados.

Los alumnos que cursan bajo la modalidad presencial destacan también en forma significativa el uso de las Tecnologías de la Información y la Comunicación Social, como un recurso pedagógico-didáctico empleado por los docentes no sólo con la finalidad de sostener el vínculo pedagógico, sino además a los efectos de profundizar el tratamiento conceptual posibilitando de esta manera un manejo diferente de los tiempos, lo cual optimiza la tarea docente y posibilita a los alumnos trabajar y estudiar.

Es significativo verificar en el discurso de varios de los entrevistados de qué manera se opera la transformación de un elemento percibido originalmente como obstáculo para acceder a la educación superior –la distancia de los centros académicos– y que se torna paulatinamente favorable, pues al no contar con el profesor todos los días, concita a los estudiantes a recurrir al libro con mayor asiduidad e incursionar en el uso de las TICS como vías de acceso al conocimiento. En este sentido, la distancia, obstáculo original, es la que va exigiendo con mayor asiduidad el contacto más estrecho con el texto, con el uso de la tecnología, y un trabajo de profundización cada vez más sistemático, que va posibilitando simultáneamente, el desarrollo de competencias de lectura, una relación cada vez más fluida con la palabra escrita y, finalmente, el logro de la autonomía en los procesos de aprendizaje.

Con respecto al uso de las TICS en el discurso de los docentes entrevistados, se evidencia en la mayoría su uso –tanto en la modalidad presencial como en la semipresencial– con el fin de acompañar en forma permanente el proceso de aprendizaje de los alumnos, y fundamentalmente atender a la diversidad personal en los tiempos de apropiación y acceso al conocimiento con equidad y calidad.

9. Sobre los exámenes a todo tiempo

> Sí, a mí me ayudó muchísimo. Tenés que trabajar más, de manera más sostenida, pero tenés que esperar menos tiempo. Terminás más rápido que si tenés que esperar los turnos convencionales. Facilita mucho.
>
> H. P.

Los exámenes a todo tiempo se instituyeron por pedido de los estudiantes en el año 2003. Además de los turnos convencionales de marzo, julio y diciembre, los estudiantes pueden acceder a ser examinados cuando se sientan en condiciones de rendir satisfactoriamente. Para acceder a esta posibilidad los estudiantes deben solicitar por escrito el pedido de constitución de la mesa examinadora y fecha estimativa con previo acuerdo del profesor de la cátedra que ha realizado el seguimiento del estudiante.

Los estudiantes de ambas modalidades los solicitan con asiduidad y reconocen las ventajas de los exámenes a todo tiempo –además de los turnos convencionales–, y en general aluden a la posibilidad de elegir el momento del examen en relación con sus tiempos, con sus ritmos, con sus obligaciones laborales y familiares.

La información aportada por los estudiantes se visibiliza en los porcentajes de estudiantes que han rendido sus exámenes al finalizar la cursada y en los porcentajes de quienes han rendidos sus exámenes con posterioridad a la finalización de la cursada, o sea, en las mesas examinadoras a todo tiempo.

Alumnos que rindieron al finalizar la cursada cuatrimestral o anual	
Presencial	34%
Semipresencial	28%

Alumnos que rindieron con posterioridad a la finalización de la cursada cuatrimestral o anual	
Presencial	66%
Semipresencial	72%

10. Sobre la calidad y equidad de los aprendizajes de la modalidad semipresencial

> Elegí esta modalidad porque sentía que tenía que cumplir un objetivo que tenía pendiente, dejé la carrera de Contador en cuarto año y luego todo se complicó porque me casé y comencé a trabajar aquí.
>
> E. C.

Recuperando en un primer sentido el planteo de Wilson (1992) sobre "la igualdad de oportunidades, la igualdad en el acceso a la educación y desde nuestro posicionamiento la permanencia y el egreso, la igualdad en el tratamiento educativo y la igualdad de resultados"; y en un segundo sentido el planteo de Cornu (2000) sobre la confianza que "consiste en dejar una parte de iniciativa a otro, en aceptar que el porvenir puede en parte descansar sobre la acción de otro diferente a uno y que la confianza es un acto de alguien, que arriesga algo sobre el otro e implica cooperación"; podríamos decir, recuperando las voces de los estudiantes y de los docentes entrevistados, que la oferta formativa de la modalidad semipresencial permitiría el acceso al conocimiento en la educación superior con calidad y equidad.

Prueba de ello es la caracterización de la modalidad semipresencial que realizan todos los estudiantes y la mayoría de los docentes: la ponderan como una vía eficaz para la democratización del acceso al conocimiento con calidad y equidad. Desde voces mayoritarias aportadas por las entrevistas es posible caracterizar esta democratización desde cinco vías:

1. Como acceso al conocimiento y a la educación superior para aquellas personas que, por problemas laborales o familiares, no pueden concretar el cursado de una carrera desde la modalidad tradicional, es decir, de modo presencial, y como una situación de equidad ante la única posibilidad de acceso de los sectores subalternos.
2. Con un claro tratamiento educativo de igualdad a los sujetos con diversas características socioculturales.
3. Con un claro posicionamiento sobre la confianza en las posibilidades de los sujetos.
4. Como una clara posibilidad de desarrollo de aquellas zonas alejadas de los centro urbanos y de acceso a la educación superior de los habitantes de las mismas.
5. Como un modo de acceder al conocimiento en la educación superior con calidad y equidad cuando aluden a la paridad en los resultados de los aprendizajes, al compromiso de los docentes con los resultados de los aprendizajes y a los modos de gestión de la propuesta pedagógica y a la gestión institucional.

11. Sobre la tasa de retención

Los datos cuantitativos en relación con la tasa de retención han sido analizados en los estudiantes que finalizan la carrera en el plazo "normal" (cuatro años) y en estudiantes que finalizan la carrera en el plazo extendido.

Se puede observar que en la modalidad semipresencial el porcentaje es levemente superior en términos de retención de los mismos.

TASA DE RETENCIÓN POR MODALIDAD EN EL PLAZO "NORMAL"		
63% egresados modalidad presencial	45% de abandono	2% de pases
66% egresados modalidad semipresencial	44% de abandono	0% de pases

TASA DE RETENCIÓN POR MODALIDAD EN EL PLAZO EXTENDIDO		
63% a egresar modalidad presencial al 2009 17% a egresar modalidad presencial al 2011 **TOTAL: 80%**	20% de abandono	2% de pases
66% a egresar modalidad semipresencial al 2009 17% a egresar modalidad semipresencial al 2011 **TOTAL: 83%**	17% de abandono	0% de pases

Discusiones y tensiones a resolver

A los mutantes, que cambian,
y a los que no cambian,
sin quienes los mutantes no podrían existir.

Leonardo Schvarstein

Nuestro más sincero reconocimiento a quienes hicieron posible esta innovación, más allá del signo político partidario, y que –genuinamente y por convicciones– la instituyeron y la sostuvieron como política de Estado: una innovación en aras del acceso al conocimiento de los sujetos con diversas características socioculturales y un voto de confianza al ISFD nº 807:

Al ex Gobernador de la Provincia del Chubut, Don José Luis Lizurume
A la ex Directora General de Educación Superior, Prof. Viviana Martínez
Al actual Gobernador de la Provincia del Chubut, Don Mario Das Neves
A la actual Ministro de Educación de la Provincia del Chubut, Sra. Mirtha Haydeé Romero
A la actual Directora de Educación Superior y Formación Docente Inicial, Prof. Judith Lezama
Al ex intendente de la localidad de Gobernador Costa, Don Miguel Ángel Larrauri
Al intendente de la localidad de Sarmiento, Don Ricardo Britapaja
A la actual Intendente de la localidad de Gobernador Costa, Doña Marcela Amado
A todos los docentes que acompañaron la gestión de este proceso innovador en épocas de crisis (2001-2002) y en las actuales circunstancias.
Muchas gracias.

Toda innovación en aras de logar mayor equidad con calidad implica, en primer lugar, la definición política y la presencia activa de un Estado Nacional garante y capaz de equilibrar las desigualdades de acceso a los bienes materiales y simbólicos de los sujetos con diversas características socioculturales. Por otra parte, requiere de la adhesión política y el compromiso de las jurisdicciones provinciales como posibilitadoras del acceso a la educación superior a los sujetos con diversas características socioculturales, a través de la concreción de acciones políticas, como por ejemplo, la extensión del servicio educativo a las regiones geográficas alejadas de los centros educativos. Estas acciones sólo son posibles si se constituye una trama de redes solidarias y cooperativas entre el Ministerio de Educación, las instituciones de educación superior y las organizaciones municipales. En tal sentido, nuestra jurisdicción, y los intendentes de nuestra zona de influencia han otorgado, en primer lugar, un voto de confianza en las posibilidades institucionales, y en segundo lugar, un respaldo político y económico para el desarrollo de las propuestas formativas.

Si bien esperamos que los resultados de la investigación hayan contribuido a la desmitificación de las falsas antinomias que tensionan en términos negativos la calidad de los aprendizajes de la modalidad semipresencial respecto de la modalidad presencial, entendemos que el desarrollo de esta modalidad requiere, además, de un liderazgo y una gestión institucional democrática de quienes conducen las instituciones de educación superior y de los distintos actores institucionales que tienen intervención directa en las trayectorias formativas.

En tal sentido, las modalidades alternativas o nuevas que flexibilizan la gestión de los espacios, los tiempos y el uso de las nuevas tecnologías en la acción de enseñar y aprender, posibilitando la reflexión, la autonomía y la toma de decisiones, presuponen algunas consideraciones a tener en cuenta:

- Que primero hay que romper muros, para luego construir puentes.
- Que no sólo hay que estar dispuesto, sino también disponible para el otro.
- Que no hay cambios sin *invariancias*.
- Que no puede haber una visión compartida sin la posibilidad de disentir.
- Que no hay expectativas sin decepciones.
- Que no hay apropiación de la innovación sin un claro sistema jerárquico de roles legitimados con poder de competencias y con poder de referencia.
- Que no hay proyecto sin resistencias, ni negociaciones sin pérdidas, ni innovación sin riesgos, ni aprendizajes sin errores, ni errores sin costos, ni alineamientos sin conflictos.

- Que la diversidad implica evitar el *destierro del otro* –que es *un otro ciudadano como yo*–, articulando las diferencias en pos de un ejercicio pleno de la ciudadanía al que todos tenemos derecho.

Estos planteos conllevan a reflexiones sobre nuestro desempeño profesoral. Una primera mirada gira en torno a cómo concebimos la libertad. Consideramos que la *libertad* –por su carácter histórico– se concentra ligada a lo decisional, como posibilidad transicional entre el pasado, el presente y el futuro. Es decir, nos direcciona, no sólo para decidir "el hacia dónde", la finalidad –ya que esto lo indican todos los valores–, sino también para permitirnos elegir el modo operativo más adecuado, y el tiempo más oportuno de concretarlo. Como formadores de formadores ejercemos la libertad de enseñanza como "posibilidad de" que nuestros estudiantes aprendan, y como "posibilidad para" operar en el marco de los acuerdos institucionales básicos vinculados a los derechos de la población a la que se atiende. Lo decisional ha de devenir, entonces, en prácticas democráticas, asumiendo con claridad y responsabilidad –en los distintos ámbitos y niveles de participación– una posición reflexiva, crítica y superadora en la búsqueda de solución a las dificultades institucionales.

Una segunda mirada vinculada a la libertad está puesta en la visibilidad de nuestro desempeño profesoral de elegir y dar muestras de *solidaridad*. Sobre todo ante los aciertos y errores en las actuaciones de todos los actores; y ante el dolor o la pérdida, en procura de la escucha, el acompañamiento, la sugerencia y el reconocimiento, rechazando toda forma de violencia: verbal, material, gestual o simbólica, tanto desde nuestros discursos como desde nuestras prácticas políticas como sujetos sociales que enseñan y aprenden.

Una tercera mirada vinculada a la libertad está puesta en el grado de *compromiso* que hemos de asumir con respecto a nuestro saber profesoral y cómo concebimos este saber. Sostenemos que es un saber esencialmente temporal, un saber profesoral que necesita tiempo para construirse, pero que para conducirse en el tiempo precisa actualizarse. En este sentido, depende de cada uno de nosotros el grado de compromiso con la propia formación docente continua, para que nuestro saber profesoral, al ser desplegado en la formación, reúna características tales como un saber con actualización en la disciplina, un saber académico situado, portador de memoria colectiva y de utopías transformadoras de la realidad social. Un saber profesoral que no sólo conceptualice, argumente y simbolice, sino que también identifique los caminos de su acción educativa con los sentidos y la direccionalidad política de educación. Estas connotaciones lo constituyen en un saber prudencial que se sustenta en concepciones del conocimiento como provisorio y sujeto a validaciones permanentes, que identifica lo pertinente y lo posible en lugar de lo correcto y lo definitivo; por ello ha de abrirse a reformulaciones constantes a partir de la escucha, el aprendizaje, el dejar ser –ante todo, a las situaciones históricas–, en su novedad y en su diferencia, y a partir de distinguir los distintos tiempos (el tiempo de hablar en el ámbito institucional adecuado y el tiempo del silencio en los espacios poco oportunos, el tiempo de actuar y el tiempo de saber esperar).

Es decir, un saber profesoral comprometido, responsable, con honestidad intelectual, de procedimientos y de actitudes, es entonces un saber elegir actuando en consecuencia, un saber hacia dónde ir en relación con los objetivos institucionales –proceso en el cual ha de primar el saber como reflexión y acción desde el rol, sobre el saber meramente discursivo–, evidenciándose en el compromiso con los resultados institucionales.

La innovación y el saber profesoral se enfrentan, además, a la escena contemporánea caracterizada por:
- La consolidación de una nueva sociedad mundial en la que surge un mundo interdependiente, con nuevas formas de relaciones internacionales, con transformaciones en las estructuras y con nuevas relaciones de poder económico, social, cultural, político y educativo.
- Diversos eventos de socialización, de uso y acceso a los bienes de consumo ante la estrechez del mercado del trabajo y las pérdidas de expectativas escolares.
- El importante desarrollo científico-tecnológico y la innovación en las áreas de las Tecnologías de la Información y la Comunicación Social (TICS) que impactan a nivel mundial en el aumento de la productividad y el circuito financiero internacional, como así también en los procesos comunicacionales masivos.
- El surgimiento de nuevas formas de organización social de jóvenes y adolescentes, así como de movimientos urbanos y culturas juveniles, y de conflictos multiculturales de la globalización en distintas partes del mundo.
- Los altos índices de violencia e intolerancia mundial frente a la pluralidad y del escaso valor asignado a la vida humana propia y ajena, en desmedro de la convivencia de diversas culturas.
- La circulación mundial de la imagen y la palabra que aspira a gestar una cultura universal, perdiéndose de vista la singularidad de las culturas y las identidades nacionales y personales y la pérdida de credibilidad en "la palabra".
- El aumento de procesos de desigualdad, exclusión y desempleo para grandes sectores de la sociedad, como consecuencia del proceso de globalización, que no posibilitan a la condición humana de universalidad el derecho a un proyecto de vida.

- Una trama de relaciones sociales que aparece entrecruzada por problemáticas y exigencias de diversa índole, en donde la educabilidad está bajo sospecha, y la educación aparece fuertemente interpelada pues parece no contribuir con respuestas a las exigencias de los procesos de globalización y a las escenas de la vida contemporánea que generan el surgimiento de nuevas identidades culturales y sociales.

Desde las reflexiones sobre la innovación, el saber y la actuación profesoral, y la escena contemporánea en la que se procura el acceso a la educación superior con calidad y equidad de los sujetos con diversas características socioculturales, no son menores los desafíos que se nos presentan a los actores que gestionamos las instituciones de educación superior, entre los que mencionamos algunos:

- Es un desafío instalar cambios en la dinámica organizacional en donde ya no basta con ocuparse de la burocracia administrativa –que no es menor–, sino que hay que preocuparse y ocuparse por la gestión pedagógica con algunas condiciones de liderazgo de cara a lo diverso.
- Es una cuestión ética y política inscribir a los estudiantes como existentes y no sólo como presentes en la trayectoria formativa, dotando de nuevos sentidos el ingreso a la educación superior y superando el mero formulismo burocrático.
- Es imprescindible reemplazar en la enseñanza la lógica de la explicación por la lógica de la pregunta y escucha.
- Es un voto de confianza concretar una planificación cooperativa, logrando la implicancia de todos los actores institucionales en las políticas y decisiones institucionales vinculadas a la mejora de las actividades pedagógico-didácticas de incidencia directa en las trayectorias formativas.

- Es necesario revisar las condiciones organizativas, el uso de los espacios y la distribución de los tiempos de la enseñanza y el aprendizaje.
- Es una fuerza potenciadora profundizar el uso de las nuevas Tecnologías de la Información y la Comunicación Social.
- Es inherente a la actividad profesoral implicarse en el asesoramiento, en la orientación y seguimiento tanto a los que enseñan como a los que aprenden para lograr éxito en las trayectorias formativas.

Asimismo, no es menor el desafío que se le presenta a un Estado que se dice garante del acceso con calidad y equidad a la educación superior de sujetos con diversas características socioculturales. Reconocemos el aporte material y simbólico en general en materia de política educativa nacional respecto de la formación docente, como asimismo en el orden jurisdiccional.

No obstante, respecto de ello nos permitimos sugerir, repensar algunas cuestiones:
- La accesibilidad de los potenciales interesados en carreras profesorales. En relación con ello, uno de los criterios vinculados al Programa Nacional de Políticas Estudiantiles de los aspirantes a becas es la edad: ¡veintiún años! Los resultados de la investigación denotan que sólo aproximadamente el 20% de los aspirantes tiene menos de veinticinco años de edad y el 50% tiene entre veintidós y veintiocho años. El Estado que propugna atender a los sujetos con diversas características socioculturales, ¿no podría tener en cuenta esta cuestión de accesibilidad?
- Las condiciones edilicias en donde se desarrolla la educación superior. La mayoría de las instituciones de educación superior funcionan de prestado en instituciones de nivel medio, en las cuales parecería ser que

las representaciones de sus gestores giran en torno a una lógica de propiedad privada, por ser las instituciones más antiguas en el uso del edificio, y no dejan un margen de libertad para las acciones propias de una institución de educación superior que tiene otros tiempos, otros ritmos y otros estilos de funcionamiento.

Situación que en primer lugar nos deja a los gestores de la educación superior en un estado de soledad y abandono, y que conlleva además a sostener escenarios de trabajo que no son los óptimos. En segundo lugar, la ausencia del bien material, aunque se cuente con el bien simbólico, es percibida como no otorgante de identidad al nivel superior en el territorio de su zona de influencia: definitivamente no está en el paisaje. En tercer lugar, todos los actores que formamos parte de este nivel educativo somos blanco de una crítica que duele como herida abierta en la pelea: ¡secundarizan el nivel! Sufrimos esta crítica tanto por parte de la ciudadanía en general como de aquellos que deciden y conducen la política educativa, y que probablemente se deba, entre otras razones, al funcionamiento en edificios de nivel medio. En cuarto lugar, no son menores los planteos de docentes y estudiantes sobre la carencia de espacios adecuados para el desarrollo de la enseñanza y del aprendizaje con el uso de las nuevas Tecnologías de la Información y la Comunicación Social, para el impulso de acciones de capacitación, de investigación y desarrollo, para el uso de la biblioteca; y sumado a ello, debe considerarse la falta de un mobiliario adecuado para estudiantes adultos.

Estas situaciones y estos problemas entran en tensión en la vida cotidiana de las instituciones de este nivel educativo con el discurso de la calidad y la equidad en el acceso al conocimiento, y con la institucionalidad de modelos organizacionales diferentes a los modelos de las instituciones educativas de nivel medio.

Estas tensiones, a su vez, se extreman con las decisiones tanto del Estado Nacional como del Estado Provincial, que construyen edificios educativos para el nivel inicial, el nivel primario y el nivel secundario, con ausencia de decisiones políticas en torno a la construcción de edificios para el nivel superior, situación que nos genera algunas preguntas: ¿acaso la educación superior no tiene existencia real legitimada, y por lo tanto no tiene el mismo derecho que los demás niveles educativos? ¿No es de prioridad en nuestro país la educación superior como lo son los demás niveles educativos? ¿Los estudiantes que asisten a las instituciones de educación superior no tienen los mismos derechos que los estudiantes de los otros niveles educativos? ¿Cómo interpelar a los gestores de instituciones de educación superior para que introduzcan cambios en las dinámicas organizacionales de las instituciones que lideran si no les pertenecen como bien material? ¿No se podría tener en cuenta, entre otras, la cuestión edilicia a la hora de pensar políticas para el nivel? Esperamos que las preguntas que nos hacemos sean consideradas, y que *no por más fuerte que se haga el trazo, mejor se dibuje la historia...*

Bibliografía

Abdallah, Angélica *et al.* (2008), *País diferente. Jóvenes, TIC y desarrollo*, Buenos Aires, Prometeo.

Ainscow, Mel (enero de 2005), "El próximo gran reto: la mejora de la escuela inclusiva", Presentación de apertura del Congreso sobre Efectividad y Mejora Escolar, Barcelona.

Albergucci, Itzcovich, Martínez, Mire y Silvero Salguiero (2006), "La Inclusión en números", Seminario internacional *La formación docente en los actuales escenarios:*

desafíos, problemas y perspectivas, Universidad Nacional de La Matanza.
Allidiére, Noemí (2008), *El vínculo profesor-alumno. Una lectura psicológica*, Buenos Aires, Biblos.
Apel, Karl-Otto (2007), La *Globalización y una Ética de la Responsabilidad*, Buenos Aires, Prometeo.
Arendt, Hannah (1998), *La Condición Humana*, Buenos Aires, Editorial Paidós.
Beltrán Llavador, Francisco (2006), "Formación para la gestión", Seminario internacional *La formación docente en los actuales escenarios: desafíos, problemas y perspectivas*, Universidad Nacional de La Matanza.
Bendit, René *et al.* (comp.) (2008), *Los jóvenes y el futuro. Procesos de inclusión social y patrones de vulnerabilidad en un mundo globalizado*, Buenos Aires, Prometeo.
Bleichmar, Silvia (2008), *Violencia Social-Violencia Escolar. De la Puesta de límites a la construcción de legalidades*, Buenos Aires, Editorial Noveduc Libros.
Burkún Mario y Krmpotic, Claudia (2006), *El conflicto social y Político. Grados de libertad y sumisión en el escenario local y global*, Buenos Aire, Prometeo.
Carballeda, Alfredo (2008), *Los cuerpos fragmentados. La intervención en lo social en los escenarios de la exclusión y el desencanto*, Buenos Aires, Paidós.
Cardelli, J. *et al.* (2007), *Identidad del trabajo docente en el proceso de formación*. Buenos Aires, Miño y Dávila.
Carli, Sandra (2006), *La cuestión de la Infancia. Entre la escuela, la calle y el Shopping*, Buenos Aires, Paidós.
Celso, Viviana (2006), "Cómo sobrevivir en la era del zapping: los entornos virtuales en las prácticas pedagógicas", Seminario internacional *La formación docente en los actuales escenarios: desafíos, problemas y perspectivas*, Universidad Nacional de La Matanza.

Corea, Cristina y Lewkowicz, Ignacio (2008), *Pedagogía del aburrido. Escuelas destituidas, familias perplejas*, Buenos Aires, Paidós.

Cornu, Laurence (2000), "La confianza, una cuestión democrática", en Quiroga, Villavicencio y Vermeren (comp.), *Filosofías de la Ciudadanía*, Buenos Aires, Homo Sapiens

Duschatzky y Corea (2008), *Chicos en banda. Los caminos de la Subjetividad en el declive de las instituciones*, Buenos Aires, Paidós.

Duschatzky, Silvia (comp.) (2008), *Tutelados y asistidos. Programas sociales, políticas públicas y subjetividad*, Buenos Aires, Paidós.

Dussel, I. y Poggre, P. (comp.) (2007), *Formar docentes para la equidad. Reflexiones, propuestas y estrategias hacia la inclusión educativa*, Buenos Aires, Propone Argentina.

Fraser, Nancy (2000), "¿De la redistribución al reconocimiento? Dilemas de la justicia en la era 'postsocialista'", *Pensamiento crítico contra la dominación*, Madrid, Ediciones Akal.

Greco, María Beatriz (2007), *La autoridad (pedagógica) en cuestión. Una crítica al concepto de autoridad en tiempos de transformación*, Buenos Aires, Homo Sapiens.

Gvirtz, Silvina (coord.) (s/f), *Equidad y niveles intermedios de gobierno en los sistemas educativos. Un Estudio de casos en la Argentina. Chile, Colombia y Perú*, sin referencia bibliográfica.

Gvirtz, Silvina, Silvia Grinberg y Victoria Abregú (2008), *La educación ayer, hoy y mañana. El ABC de la Pedagogía*, Buenos Aires, Aique.

Instituto Superior de Formación Docente n° 807 (ISFD n° 807) (2004), *Diseños Curriculares de los Profesorados para el tercer Ciclo y la Educación Polimodal en Economía y en Formación Ética y Ciudadana*, aprobados por el CFC y E por Resoluciones n° 780/06 y 781/06, Comodoro Rivadavia, Chubut, Argentina.

Kochen, Narromores, Cardosi, Torchio y García Giorno (2006), "La inclusión educativa y la construcción de la igualdad", Seminario internacional *La formación docente en los actuales escenarios: desafíos, problemas y perspectivas*, Universidad Nacional de La Matanza.

Litwin, Edith (2008), *El oficio de enseñar. Condiciones y contextos*, Buenos Aires, Paidós.

Litwin, Edith (2008), *Las configuraciones didácticas. Una nueva agenda para la enseñanza superior*, Buenos Aires, Paidós.

Llomovatte, S. y Kaplan, C. (coord.) (2005), *Desigualdad educativa*, Buenos Aires, Noveduc.

Maddonni, Fontana (2006), "Políticas Públicas para la igualdad, la inclusión y la justicia social", Seminario internacional *La formación docente en los actuales escenarios: desafíos, problemas y perspectivas*, Universidad Nacional de La Matanza.

Marchesi A. y Martín E. (1999), *Calidad de la enseñanza en tiempos de cambio*, Madrid, Alianza Editorial.

Margulis-Urresti (s/f), "Construcción de la Juventud en el cruce de los siglos", *Revista Cultura juvenil: modos de comunicar un mundo nuevo*, sin referencia bibliográfica.

Margulis-Urresti (s/f), "Desigualdad, incertidumbre y carencias", *Revista Cultura juvenil: modos de comunicar un mundo nuevo*, sin referencia bibliográfica.

Martin, M. Victoria (2006), "Entre la escuela y los medios: las identidades juveniles contemporáneas", Seminario internacional *La formación docente en los actuales escenarios: desafíos, problemas y perspectivas*, Universidad Nacional de La Matanza.

Martin, M. Victoria y Laura Pérez de Stéfano (2003), *Miradas desde y sobre los jóvenes platenses del Siglo XXI*, Buenos Aires, Ed. Colegio del Centenario.

Meirieu, Philippe (2004), *En la escuela hoy,* Buenos Aires, OCTAEDRO-Rosa Sensat.
Míguez, Daniel (comp.) (2008), *Violencias y conflictos en las escuelas,* Buenos Aires, Paidós.
Mirada, Patricia (2006), "Inclusión de la infancia en el Nivel Inicial, articulación y políticas recientes", Seminario internacional La formación docente en los actuales escenarios: desafíos, problemas y perspectivas, Universidad Nacional de La Matanza.
Narodowski, Mariano (2008), *Infancia y poder. La conformación de la pedagogía moderna,* Buenos Aires, Aique.
Perrenoud, Philippe (2008), *La evaluación de los alumnos. De la producción de la excelencia a la regulación de los aprendizajes. Entre dos lógicas,* Buenos Aires, Colihue.
Pierre Carrier, Jean (2003), *Escuela y Multimedia,* Madrid, Siglo XXI.
Pineau Pablo y otros (2007): *La escuela como máquina de educar. Tres escritos sobre un proyecto de la modernidad.* Paidós Argentina
Puiggrós, Adriana (2003), *El lugar del saber. Conflictos y alternativas entre educación, conocimiento y política,* Buenos Aires, Galerna.
Puiggrós, Adriana (2005), "¿Será cierto que, como dijo el nigromante, 'somos unos nadas'?", *De Simón Rodríguez a Paulo Freire. Educación para la integración iberoamericana,* Bogotá, Andrés Bello.
Redondo, Patricia (2006), *Escuelas y pobreza. Entre el desasosiego y la obstinación,* Buenos Aires, Paidós.
Reguillo Cruz, Rossana (2000), *Emergencia de culturas juveniles. Estrategias del desencanto,* Buenos Aires, Norma.
Sarlo, Beatriz (2001), *Tiempo Presente. Notas sobre el cambio de una cultura,* Buenos Aires, Siglo XXI.
Sarlo, Beatriz (2005), *Tiempo Pasado. Cultura de la memoria y giro subjetivo. Una discusión,* Buenos Aires, Siglo XXI.

Sarlo, Beatriz (2006), *Escenas de la vida posmoderna*, Buenos Aires, Seix Barral.

Siciliani, Norberto (2008), *La escuela me tiene podrido*, Buenos Aires, Seix Barral.

Skliar, Carlos (2006), *El destierro del otro,* Buenos Aires, Miño y Dávila.

Susinos, Teresa (2005), "¿De qué hablamos cuando hablamos de inclusión educativa?", *Escuela Española*, núm. 13, pp. 3-6, Universidad de Cantabria España.

Tedesco, Juan Carlos (2007), *El nuevo Pacto educativo. Educación competitividad y ciudadanía*, Buenos Aires, Santillana.

Wilson, John (1992), *Cómo valorar la calidad de la enseñanza*, Barcelona, Paidós.

ATENDIENDO A LA INCLUSIÓN: ESTRATEGIAS DE INTERVENCIÓN EN LA FORMACIÓN DOCENTE INICIAL

Susana Díaz Amodey
Alicia Paugest
Aldo Villanueva
Co-responsables: Claudia Gocek, Luisa Moglia, Lilian Pereyra,
Sandra Seitune, Patricia Todero
(Instituto de Formación Docente de San Antonio Oeste, Islas
Malvinas y Alemandri, San Antonio Oeste, Río Negro [8520])

Introducción

En este artículo se presentan los resultados de la investigación centrada en una propuesta que busca favorecer la inclusión y permanencia de los alumnos en el nivel superior no universitario. La investigación permite avanzar en el análisis de las *estrategias sistemáticas de apoyo*[44]

---

[44] Se entiende por *Estrategias sistemática de apoyo*: 1. *Espacio de Definición Institucional*, que a efectos de esta investigación se focalizará en el Taller de Tecnología. Se trata de un espacio de cinco encuentros de dos horas semanales, cuya finalidad es elaborar un práctico de Tecnología con el acompañamiento de algunos docentes. El práctico requiere de la lectura y producción escrita y oral de un texto expositivo que dé cuenta de la evolución de un objeto tecnológico. 2. *Cuadernillo de herramientas*, se trata de un material impreso cuya finalidad es brindar herramientas procedimentales básicas que faciliten, promuevan y guíen el modo de leer y escribir requerido en los estudios superiores. Como así también información y actividades para que comiencen a entender y cuestionarse sobre todas las dimensiones que implica el plan de estudio de la carrera.

implementadas en el *Proyecto de Trabajo*[45] iniciado en el ciclo lectivo 2008, y al que se dio continuidad durante todo el año en un Espacio de Definición Institucional (EDI). El problema central de la investigación es: *"¿Cómo influyen las estrategias sistemáticas de apoyo, implementadas en el proyecto de trabajo 2008 (etapas I y II), en el Instituto de Formación Docente de San Antonio Oeste, en las producciones escritas de los estudiantes ingresantes?"*

La lectura y el análisis de las historias escolares de los alumnos ingresantes de 2008, permiten inferir que si bien el entorno social de éstos les ofrece múltiples experiencias, necesitan resignificarlas para que favorezcan el desarrollo de las competencias requeridas por el nivel. De allí la importancia de reconocer los procesos de apropiación de las capacidades adquiridas, lo que implica actuar dentro de una concepción de educación que atienda a la diversidad sociocultural, no desde una mirada compensatoria o asistencialista, sino desde una concepción de sujeto histórico-social. Se considera que las personas no son reflejo automático de una cultura social, sino que cada una la incorpora en función de sus peculiaridades y del contexto concreto que ha vivido: "Concreción y reflejo de la cultura social en este individuo y en este grupo complejo." (Pérez Gómez 1991).

En este sentido, la problemática se define inicialmente como *la tensión entre los significados y esquemas de acción que los estudiantes han construido en distintos contextos y las exigencias académicas y culturales de la formación docente.* Por esta razón, resultan temas prioritarios: trabajar sobre las condiciones de ingreso y de permanencia en la

---

[45] Se entiende por *Proyecto de trabajo 2008* a la tarea desarrollada desde el inicio de las cien horas del Módulo Introductorio (al que denominaremos etapa I) y su continuidad en el Espacio de Definición Institucional donde confluyen las distintas áreas (al que denominaremos etapa II).

carrera, y generar propuestas inclusivas que contemplen la diversidad de la población ingresante y potencien la calidad de la formación.

De acuerdo con el concepto de *inclusión* que se desprende de los enunciados de la UNESCO, entendemos que ésta implica una reorientación del sistema educativo, sostenido por la capacidad de construir y responder a la diversidad de necesidades de los estudiantes. La propuesta institucional analizada en el este proyecto se enmarca en esta concepción, ya que procuró no minimizar la situación de contacto de lenguas y de culturas, al momento de indagar la distancia entre las competencias construidas y las exigencias de la formación docente.

Sintéticamente, el desafío para los estudiantes fue plantearles, en el marco del *Módulo Introductorio*[46] (MI), situaciones de aprendizaje que les permitieran ubicarse como estudiantes del nivel superior. En un primer momento se indagaron, mediante cartas y biografías, las representaciones y expectativas de los estudiantes en cuanto a la carrera que iniciaban. Luego se propuso un trabajo de lectura y producción escrita y oral, en torno a una temática elegida por ellos.

Para la realización de este trabajo, los alumnos contaron con un material impreso que se denominó *cuadernillo de herramientas*, el cual ofrecía una serie de herramientas procedimentales básicas que facilitaran y guiaran el modo de leer y escribir requerido en los estudios superiores. También tenían información y actividades tendientes a aproximarlos a las diferentes dimensiones que implica el plan de estudio de la carrera. Este primer espacio de formación (MI) constituye la *primera etapa* definida para esta investigación.

---

[46] Primer espacio de formación –cien horas– en el plan de estudios "Profesorado en EGB 1 y 2", Aprobado por Resolución n° 245/01 DNS.

Para dar continuidad al trabajo iniciado en el MI, se propuso un *Espacio de Definición Institucional* (EDI) que permitiera continuar abordando las dificultades que los textos académicos plantean a los ingresantes. Tales dificultades tienen que ver con el hecho de que exceden sus competencias, son materiales fragmentados, o que aluden a otros anteriores que el alumno desconoce; presentan un alto nivel de polifonía o una estructura secuencial compleja, entre otras. Se buscó trabajar conjuntamente con otras áreas, entendiendo a cada disciplina como un espacio discursivo, retórico y conceptual. El trabajo realizado en el EDI se define dentro del proyecto de investigación como la *segunda etapa*.

La propuesta del Proyecto de Trabajo 2008 (EDI) se centró en la alfabetización avanzada. Se entiende por *alfabetización avanzada*[47] el dominio de los procesos de comprensión y las formas de producción de los textos de circulación social que posibilitan el desempeño autónomo y eficaz en la sociedad, y la chance de acrecentar el aprendizaje en los distintos campos del conocimiento. La alfabetización avanzada permite que los alumnos permanezcan en el sistema, evitando el desgranamiento y la repitencia, en la medida en que fortalece sus habilidades de lectura y escritura y los capacita para seguir aprendiendo contenidos disciplinares cada vez más exigentes. En este marco, la *alfabetización académica* apunta a las prácticas del lenguaje y pensamiento propias del ámbito académico.

Pensar la alfabetización académica en el contexto de la formación, implica una lógica condicionada por un requerimiento básico que supone la inclusión de todas

---

[47] "La alfabetización inicial y las condiciones para la alfabetización avanzada", Seminario Federal *La escuela y la alfabetización inicial y avanzada: hacia la definición de proyectos integrales de mejora*, 2, 3 y 4 de septiembre de 2002.

las áreas del nivel. Partiendo del presupuesto de que las diversas áreas constituyen, en realidad, diversos *modos de ordenar la experiencia* y construir la realidad, tomando a Bruner (1996: 23-24) se sostiene la idea de que cada una lo hace desde dos modos básicos de funcionamiento cognitivo: *la modalidad paradigmática o lógico-científica y la modalidad narrativa*. Creemos necesario sumar a estas dos modalidades básicas, una tercera: la modalidad argumentativa, cuya lógica interna, distinta de las lógicas formales, es un tema largamente discutido en el campo de los estudios argumentativos. En este sentido Vignaux sostiene: "Reinvindicaré sin embargo la posibilidad de que exista una lógica de la argumentación, aunque ella esté todavía por constituirse." (Vignaux 1986).

Estas tres modalidades se distinguen por presentar principios funcionales, criterios de corrección y procedimientos de verificación diferentes. La modalidad paradigmática, cuyo ideal de búsqueda tiene que ver con alcanzar causas generales a partir de un sistema formal de descripción y explicación, se caracteriza por lo siguiente:

- Sus premisas buscan llegar a una verdad universal, no son afirmaciones coyunturales. Por eso se utiliza predominantemente el tiempo presente para formularlas.
- Son acumulativas, es decir, que una verdad se suma a otra preexistente sin refutarla.
- Utilizan lógicas de no contradicción, por eso sus enunciados son verificables frente a las entidades observables, por lo que se atienen a criterios de verdad o falsedad.
- Se utilizan conceptos discretos, nítidos, no difusos, unívocos, y terminología precisa que intenta escapar a la polisemia.
- Arriban a proposiciones generales partiendo de enunciados de contextos particulares, buscando niveles de abstracción cada vez más altos.

Esta manera de estructurar la información está presente en una diversidad de formas o tipos textuales, como la demostración matemática, la instrucción experimental, la explicación lógica, la descripción categorial y la definición, entre otros.

En cuanto a la modalidad narrativa, presente también en una diversidad de géneros discursivos como la narración conversacional, la crónica periodística, la narración ficcional literaria, la exposición oral, entre tantos otros, su real importancia radica en la posibilidad que brinda para comprender la identidad, tanto individual como grupal. Esto es posible por características que le son propias:

- Los enunciados están contextualizados en tiempo y espacio.
- Presenta un doble plano: el plano observable de los hechos o las acciones y un plano no observable sino inferible, el de la subjetividad o conciencia de los personajes.
- Si bien su objetivo no consiste en alcanzar una verdad universal, tampoco se limita a lo puramente individual, ya que busca delinear las diferentes concepciones sobre la condición humana a las que han arribado las diversas épocas.

Con respecto a la modalidad argumentativa, es preciso decir que comparte rasgos con las dos modalidades básicas anteriores, pero también posee rasgos propios. Con respecto a los rasgos compartidos, encontramos sobre todo en la argumentación razonada, el hecho de que exige, al igual que la modalidad paradigmática, un desarrollo discursivo sostenido por una secuencia lógica, aunque ésta no se asienta sobre principios de no contradicción sino de pertinencia y compatibilidad. En tanto que con la modalidad narrativa, comparte el hecho de que tiene en cuenta el horizonte de la conciencia humana para incidir en la creencia del receptor, por lo que exige un alto grado de metarrepresentación.

En cuanto a sus rasgos propios se caracteriza por:
- Su objeto discursivo posicionado en campos como las ciencias sociales, las creencias o las ideologías.
- Presenta una estructura arbórea que valida una multiplicidad de contraargumentos ante cada argumento presentado para defender la tesis.
- Alto nivel de recursividad representacional para incidir en el punto de vista del otro o para defender el propio.

Durante la formación, el alumno deberá comprender y producir una cierta diversidad de tipologías textuales organizadas desde estas lógicas, tales como el ensayo, la monografía, el artículo de opinión, el comentario de textos y la crítica literaria, entre otros; textos propios de una cultura académica que el alumno desconoce.

Decisiones metodológicas

La *población en estudio* son los estudiantes ingresantes de 2008 que permanecen en la institución. En el año 2008 ingresaron 58 alumnos, y en el mes de octubre cursan todas las áreas (seis), incluidas anuales y cuatrimestrales, aproximadamente 35 alumnos. Entre ellos, iniciaron el EDI de Tecnología veintidós y terminaron dieciséis. El total de estudiantes se distribuyó en dos comisiones por conveniencia horaria.

La *matriz de datos* está constituida por tres unidades de análisis. El EDI: el taller de Tecnología en el que se analizan las características de la actividad propuesta –situación retórica, planificación de los escritos, revisión, escritura final– y el tipo de apoyo que este espacio promueve. El cuadernillo de herramientas (objetivos, ejes de organización).

Y la producción de textos escritos en la etapa I y II. Las variables y dimensiones que se analizan son la estructuración de la información en relación con la modalidad lógico-paradigmática, la dimensión textual –coherencia, cohesión–, y la dimensión normativa (ortografía).

Los *instrumentos de recolección de datos* utilizados son: en primer lugar, la *observación* del espacio del EDI, teniendo en cuenta ejes como las características de la actividad y el tipo de apoyo. En segundo lugar, el *análisis documental*, esto es, el cuadernillo de herramientas con su diseño, estructura, coherencia lógica; las producciones escritas finales de las etapas I y II de los estudiantes ingresantes de 2008. Y por último, las *entrevistas* a los estudiantes cursantes del EDI ingresantes en el 2008, y a los docentes responsables de la ejecución del EDI.

Para el análisis de las *producciones escritas* se realizó una *muestra intencional*, definiendo el criterio de casos similares: que el grupo estuviera constituido por los mismos alumnos, tanto en la producción de la etapa I como en la producción de la etapa II. El análisis se realizó sobre cuatro producciones, dos pertenecientes a un grupo de la comisión 1 y las otras dos pertenecientes a un grupo de la comisión 2.

Las *entrevistas* se suministraron al 50% de los estudiantes ingresantes, lo que sumó un total de diez. Se trata de una muestra intencional de casos similares (cursantes del EDI y que presentaron la producción de la etapa I).

La *observación* se centró en los docentes que participaron en el espacio de definición institucional (EDI); en los alumnos ingresantes de 2008; en el EDI, específicamente en el taller en el que se trabajó conjuntamente con el área de tecnología; en las producciones escritas de los estudiantes ingresantes de 2008, correspondientes a las etapas I (MI) y II (EDI); y en el cuadernillo de herramientas en relación con el análisis del diseño.

El *tratamiento realizado de los datos* es cualitativo. Se utilizaron variables de tipo exploratorio, no probabilísticas. El análisis y la interpretación se centraron en el contenido temático y discursivo.

Presentación y análisis de los resultados

Los datos recolectados a través de los diferentes instrumentos permiten tener una aproximación al objetivo general de esta investigación: *comprender cómo influyen las estrategias sistemáticas de apoyo implementadas en el Proyecto de trabajo 2008 (etapas I y II), en el Instituto de Formación Docente de San Antonio Oeste (Río Negro), en las producciones escritas de los estudiantes ingresantes.*

El análisis y la interpretación de los datos aportados por la *observación* de la puesta en acto del taller de Tecnología posibilitan visualizar la dinámica de la situación de enseñanza y los contenidos que en él se ponen en juego. El análisis y la descripción de las características de las *producciones escritas* de los estudiantes, posibilitan visualizar en qué grado los estudiantes se adecuaron a las consignas de trabajo propuestas, al género solicitado para dar respuesta a esa situación de comunicación, y a las condiciones que establecía el género seleccionado. Las *entrevistas* permitieron recuperar las "voces de los estudiantes" en relación con los aspectos que a ellos les posibilitaron sus procesos de producción en las etapas I y II.

La triangulación de los datos aportados por los diferentes instrumentos permite avanzar en el análisis de las *estrategias sistemáticas de apoyo* implementadas en el *Proyecto de Trabajo* iniciado en el ciclo lectivo 2008, realizando los ajustes necesarios o fortaleciendo aquellos aspectos que son valorados positivamente para dar continuidad al proyecto institucional en el año 2009.

1. Análisis e interpretación de las observaciones del taller de Tecnología

Para el dictado del taller de Tecnología se organizaron dos comisiones: comisión 1 (C1) y comisión 2 (C2). En ambas se incorporaron estudiantes de años anteriores teniendo en cuenta su interés por cursar este espacio curricular.

En la *comisión 1* se realizaron cuatro talleres en diferentes espacios: aula, biblioteca, sala de informática. De los registros de la *observación* se puede realizar el siguiente análisis, teniendo en cuenta una serie de variables e indicadores.

Una de las variables consideradas fue la característica de la actividad: ésta, centrada en la producción de un texto, implicó la identificación de la situación retórica –con qué propósito, para quién, cómo–, la organización y planificación de los escritos, la revisión recursiva de cada versión, y la comunicación y el trabajo colaborativo.

Con respecto a la *identificación de la situación retórica (con qué propósitos, para quién, cómo)*,[48] en el primer taller se encuadró la tarea, se explicitó la *"organización del EDI, los propósitos",* y se planteó la importancia del cuadernillo de herramientas para la producción de textos. Se observa cómo se presenta una actividad donde la utilización del cuadernillo de herramientas se constituye en una necesidad. Sin embargo, es notable que sólo una alumna tenga el cuadernillo de herramientas. En el desarrollo de los otros talleres se enfatiza sobre el modo de abordar la producción

---

[48] Se entiende por *situación retórica*, siguiendo a Daniel Cassany (1995) que retoma el modelo teórico de Flower y Hayes, al análisis de la situación de comunicación propuesta, que requiere como respuesta un texto escrito. Es el conjunto de microhabilidades cognitivas que implican saber analizar los elementos de la comunicación, ser capaz de formular en pocas palabras el objetivo de una comunicación escrita y dibujar el perfil del lector del texto, esto es, interrogarse sobre el sentido del escrito que se quiere producir: ¿quién lo leerá? ¿Qué se quiere conseguir? ¿Qué se sabe del tema? ¿Cómo es el lector? ¿Cómo quiere presentarse el autor?

solicitada por el profesor del área de Tecnología (un texto explicativo-expositivo).

En relación con la *organización y planificación de escritos*, se observa que la producción solicitada se realiza en forma grupal. Del análisis del registro se desprende que los grupos para organizar sus escritos recurrieron a distintas fuentes disponibles (libros, Internet). En ambos casos la tarea implicó realizar la lectura de la información recolectada, seleccionar la misma, resumir.

En algunos casos comentan, con respecto a la utilización del cuadernillo de herramientas, que lo utilizaron como soporte para comprender cómo organizar los escritos. En otros casos, comentan las dificultades que tuvieron: les costó entender el contenido del cuadernillo.

En la *revisión recursiva de cada versión* se puede observar que en el taller tres predominó una dinámica de revisión de las producciones, pero fuertemente vinculada a la figura del coordinador.

Con respecto a la *comunicación* se puede observar que en el proceso de escritura son frecuentes las intervenciones del coordinador a través de preguntas. Ante lo cual en reiteradas oportunidades se producen silencios, en otras se manifiestan respuestas por parte de los estudiantes en forma aislada o colectiva. También se puede observar que en el desarrollo de los talleres los estudiantes preguntan o manifiestan sus dudas o inquietudes.

En el transcurso de los cuatro talleres se observa cómo los grupos fluctúan a la hora de la producción de textos desde cierta autonomía en la búsqueda de información a la notable dependencia a la hora de la revisión y la corrección. Destacándose la figura del coordinador en esta última acción y no la utilización del cuadernillo de herramientas como soporte.

En la *comisión 2* se realizaron cinco talleres en el aula y la sala de informática. Los registros de los talleres transcriben en *forma global* la dinámica de los mismos. Con esta dificultad se intentó identificar las variables definidas para este instrumento de recolección de datos. La actividad en sí comenzó con la *identificación de la situación retórica (con qué propósitos, para quién, cómo);* en el primer taller se realizó el encuadre de la tarea a desarrollar utilizando como soporte una presentación en *PowerPoint* y el pizarrón. Se hace notar la importancia de contar con el cuadernillo de herramientas, aunque no se registra cuántos alumnos en esa instancia lo trajeron.

En cuanto a la *organización y planificación de los escritos,* se puede observar que los distintos grupos se organizaron de acuerdo a la temática seleccionada y que realizaron la búsqueda de información recurriendo a todos los soportes disponibles. Esa es una tarea que realizan con las intervenciones del coordinador. Se ejecuta el señalamiento de que el tipo de texto solicitado en el taller no está desarrollado en el cuadernillo de herramientas, y en consecuencia se puntualizan las características de este tipo de texto.

Con relación a la *revisión recursiva de cada versión* aparecen registros que hacen mención a cambios en cuanto a la elección de la temática. De algún modo, esto da cuenta de que en el taller se prioriza la producción de texto vinculado al interés.

Las características del registro no permiten identificar claramente cómo se desarrolló la *comunicación.* Sin embargo, se infiere que algunas intervenciones del coordinador son para orientar, aclarar; también que, en y entre los grupos, se prestan información y ayuda.

Síntesis parcial
En ambas comisiones, con los matices que se señalaron anteriormente, se puede observar lo siguiente:
- Se constituye en una constante la necesidad de explicitar el contenido y la finalidad del taller. Especialmente el lugar de la producción del texto solicitado. Una

cuestión a revisar en este sentido es la incorporación, en el cuadernillo de herramientas, de información respecto del tipo de texto solicitado en el taller.
- Se evidencia una mayor autonomía por parte de los estudiantes en el momento de la elección de la temática y la búsqueda de información. Para ello acuden a diversos soportes dentro y fuera de la institución.
- La figura del coordinador, con todas las variantes de intervenciones mencionadas, adquiere un lugar relevante en el proceso, quedando relegada en este caso la utilización de la herramienta como soporte de consulta y revisión.
- Prevaleció el trabajo cooperativo y solidario en los diferentes grupos.

2. Análisis e interpretación de las producciones de los alumnos y del cuadernillo de herramientas

El análisis detallado y la descripción de las características de las *producciones escritas* de los estudiantes en las etapas I y II, permiten objetivar dimensiones, y mediante un trabajo comparativo, arrojar luz con respecto al uso de las estrategias sistemáticas de apoyo.

En relación con el cuadernillo de herramientas, posibilita analizar el diseño para confrontar con su uso, teniendo en cuenta las "voces" recuperadas en las entrevistas y la información aportada por las observaciones del taller de Tecnología.

3. Análisis e interpretación de las producciones: etapa I y etapa II

Para analizar las producciones se utilizó una herramienta con indicadores que permiten objetivar el análisis de las diferentes dimensiones y niveles de un texto. No obstante, cabe aclarar que resulta imposible abordar cada aspecto en forma aislada, sino en función del entramado de cada texto. Por otra parte, el trabajo con las producciones se realizó a la luz de las consignas planteadas en las etapas consideradas en esta investigación.

> **Consigna etapa I:** indaguen sobre una problemática de interés y elaboren una producción escrita y oral que les permita dar cuenta de las conclusiones a las que llegaron.

> **Consigna etapa II:** en grupos de tres personas seleccionen un producto tecnológico cualquiera y describan su evolución histórica considerando:
> * Necesidad o demanda que lo originó.
> * Reconstrucción del marco referencial.
> * Razones que motivaron su cambio en las distintas etapas.
> * Comparación con otro producto similar que cumpla la misma función.
> * Personas a quienes está dirigido el producto (usuario).
> * Impacto del producto en la sociedad (aspectos negativos y positivos).
> * Determinación de los elementos que se mantienen y de los que se modificaron, materiales utilizados.
>
> Luego, elaboren una síntesis parcial de los aspectos investigados y produzcan un texto expositivo que dé cuenta del origen y evolución.

Es necesario recordar que para cada una de las muestras se toman dos producciones de los mismos alumnos, una correspondiente a la primera etapa (MI) y otra a la segunda (TT). Las producciones son el resultado de un proceso que implicó diferentes etapas, desde la planificación del escrito a las sucesivas escrituras y revisiones hasta llegar a las versiones finales que se nombran como textos 1 y 2 de cada muestra.

Muestra A

La *selección del género en ambos textos de la muestra A* es adecuada a la consigna planteada. El formato corresponde al género seleccionado: informe. La organización secuencial se adecua a la modalidad de pensamiento lógico-científica propia de los géneros académicos.

En cuanto al *grado de objetividad en la enunciación*, ambos textos tienden a borrar las huellas del sujeto y establecer una distancia que genere objetividad. No obstante, la primera producción presenta cierta dificultad en la inclusión de otras voces, ya que resulta difusa la frontera entre el discurso citante y el citado.

Respecto de la *dimensión textual*, en la producción uno se observan problemas en cuanto a la *coherencia local* (presenta dificultades en la noción de *párrafo* como unidad temática, se producen desequilibrios en cuanto a la extensión, alternando párrafos largos y cortos sin razón aparente); se producen desórdenes en el interior del párrafo que rompen su unidad significativa (ideas que debieran ir juntas, aparecen en párrafos separados). En el texto dos de esta muestra se observan avances, tanto en la concepción de párrafo como en la progresión y asociación de ideas en su interior: las ideas van aportando nueva información en forma gradual y satisfactoriamente asociadas, debido a que los nexos hacen explícitas las relaciones que mantienen.

En el texto uno, además de las dificultades ya mencionadas en la coherencia local, la ausencia de conexiones explícitas entre los diferentes párrafos cuyas relaciones el lector debe inferir, alteran la *coherencia global* del texto. La información se presenta desorganizadamente, ya que se mencionan ideas que podrían haberse asociado con otras ya desarrolladas anteriormente en el texto. En general, la coherencia global a lo largo de todo el texto tiene un estilo fragmentado.

En el texto dos, siguiendo con la coherencia global, ésta ha mejorado notablemente, ya que si bien el texto se organiza en distintos apartados, la información avanza respetando el orden cronológico determinado por el tema. A diferencia de la producción uno, se percibe una mayor relación en el desarrollo de cada apartado.

En cuanto a la *cohesión*, como se observa en el siguiente cuadro, en la segunda producción se optimiza y diversifica el uso de los recursos cohesivos.

VARIABLES	TEXTO 1	TEXTO 2
COHESIÓN	Uso incorrecto de las referencias pronominales (relativos, personales) que genera ambigüedad en algunos párrafos. Organiza la información mediante conectores de exposición u orden[49] (en primer lugar, en segundo lugar). Excesivo uso del pronombre demostrativo. Nominalización del adjetivo *mismo/a*. En general uso inadecuado de los relativos que genera ambigüedad en la subordinación. Elipsis que generan ambigüedad.	Uso diversificado del sistema referencial: pronominal y léxico. Uso de conectores lógicos que hacen explícitas las relaciones en el texto (variedad y adecuación). Consistencia textual a partir del uso de campos léxicos. Escasa presencia de elipsis.

---

[49] Las relaciones entre proposiciones y párrafos consecutivos fueron estudiadas y catalogadas por Haliday (1976), Pradle (1979), Comte (1977) y Dressler (1974). Serafini (1991) recupera estos estudios para la enseñanza de la redacción de textos y les concede un lugar prioritario en la formación del escritor. La escritora sostiene: "Las diferentes partes de un escrito bien hecho deben estar relacionadas entre sí con el fin de ayudar al lector a seguir el hilo del discurso. Esta operación tiene éxito sólo cuando este hilo conductor existe, es decir, cuando el texto ha sido bien planificado."

En cuanto a la *puntuación* del texto 1, el uso de los puntos no presenta un criterio claro, lo que provoca las dificultades en la coherencia global ya mencionadas anteriormente. El uso de comas presenta el mismo estilo, ya que no sigue un único criterio. En ocasiones se respetan los usos obligatorios y en otras no. Por último, podemos agregar que el abanico de signos de puntuación utilizado es reducido. Esto revela un bajo nivel de complejidad de la prosa. En general sólo se utilizan puntos, comas, puntos y comas, dos puntos y etcétera, con cierto grado de dificultad en su uso.

Los fragmentos donde están presentes otros signos como paréntesis, guiones y puntos suspensivos, entre otros, son fragmentos citados textualmente. Además se presentan numerosos errores de acentuación en diversos tipos de palabras.

En el texto 2 la puntuación ha mejorado notablemente. El uso de los puntos resulta adecuado. En cuanto a las comas, son empleadas siguiendo los criterios normativos. Se incorporan en la producción signos auxiliares como comillas, paréntesis y dos puntos en construcciones propias, a diferencia del texto 1 en el que estos signos aparecían sólo en los fragmentos citados. Aún persiste la ausencia de acentos en los pronombres demostrativos.

Muestra B

En el caso del texto 1 de esta muestra, el *género* es adecuado a la consigna. La producción tiene las partes propias del género: introducción, desarrollo, conclusión y anexo. En cuanto a su *estructura interna* predomina la secuencia expositiva-explicativa que se intenta desarrollar a lo largo del informe. No obstante, el desarrollo refleja un desplazamiento hacia el polo argumentativo; el enunciador se hace presente permanentemente en el discurso, tomando postura acerca de distintos aspectos de la problemática sin delimitar claramente la frontera entre las distintas voces. Si bien es clara la intención de explicar y exponer sobre una problemática de manera objetiva, en la conclusión hay párrafos claramente persuasivos

El texto 2 se adecua a la estructura prototípica del *género*: expositivo-explicativa. Presenta fragmentos descriptivos y narrativos marcados con nitidez y justificados por la temática y la intención del texto. Con respecto a la producción anterior, la incorporación de otras voces en el discurso ha mejorado notablemente, mediante el uso adecuado del discurso indirecto.

En el texto 1, las imprecisiones en la *selección léxica* producen enunciados que rompen el estilo del texto. En el 2, la temática exige un vocabulario específico y técnico que fue seleccionado y utilizado adecuadamente.

En ambos textos se incorporan elementos *paratextuales* como imágenes y gráficos: en el texto 1, no se justifica su inclusión, ya que no aportan información relevante. En el texto 2, si bien los elementos paratextuales como fotografías y gráficos se han incorporado al texto, solamente una imagen con su respectivo epígrafe aporta información significativa (no redundante).

En cuanto al uso de *recursos propios del tipo textual*, en el texto 1 se utilizan recursos propios de la explicación al inicio del desarrollo, y preguntas retóricas para apelar al lector en la conclusión. En el texto 2, en cambio, los recursos están utilizados para generar mayor claridad en la explicación.

Con respecto a la *dimensión textual*, en el texto 1 se evidencia una suma de ideas que da cuenta de la lectura de las distintas fuentes, pero sin lograr apropiarse de la producción y darle un estilo propio. La acumulación de ideas sin uso de puntos es también un uso frecuente. La alternancia de párrafos largos y cortos sin función aparente refleja la dificultad en la estructura del texto, lo que obliga al lector a reconstruir ese orden. El texto ganaría en claridad si se hiciera más evidente esa estructura.

Por otro lado, dentro de los *párrafos lata* (Cassany 1995: 87) se manifiestan dificultades con el uso de signos de puntuación, ambigüedad referencial y, en algunos casos, mal uso de la subordinación, lo cual también afecta la coherencia textual.

En el texto 2, se advierte una mejoría en el concepto de *párrafo*, ya que los párrafos presentan mayor claridad en su desarrollo temático. Sin embargo, aún existen ciertas dificultades en la organización jerárquica de las ideas de párrafo a párrafo.

La *cohesión* en el texto 2, como se puede apreciar en el cuadro, ha mejorado notablemente con respecto al texto 1, tanto a nivel de la cohesión léxica como gramatical. Si bien el texto 2, dada su brevedad, no requiere demasiadas conexiones, el sistema de *conectores,* tanto en el interior de párrafos como entre éstos, es usado correctamente.

VARIABLE	TEXTO 1	TEXTO 2
COHESIÓN	Presencia de algunos conectores que establecen relaciones entre los párrafos. Uso de conectores en el interior del párrafo que no establecen la relación pertinente. Uso de la referencia con antecedente impreciso. Recurrencias léxicas en las construcciones. Referencia pronominal ambigua por dificultades en la acentuación.	En el desarrollo es escasa la presencia de conectores para explicitar la relación de ideas entre párrafos. Uso de conectores en el interior del párrafo que establecen la relación entre las ideas. Presencia y uso adecuado de conector concesivo y causal. Uso adecuado de las referencias pronominales. Repeticiones y elipsis de uso justificado.

En cuanto a la *normativa*, el texto 1 presenta errores de puntuación frecuente y de acentuación en el uso de pronombres demostrativos. En el segundo, se superan los errores en cuanto al uso obligatorio de la coma y de los puntos seguido y aparte.

El abanico de signos de puntuación en el texto 1 es muy reducido, en ocasiones están ausentes, aun en construcciones que lo requieren, como por ejemplo, el uso de los dos puntos y de comas. El uso de la acentuación también presenta dificultades, ya que afecta el nivel semántico. Con respecto a la segunda producción, destacamos la ausencia de errores ortográficos, a excepción de problemas de tipeo.

Algunas conclusiones parciales respecto a las producciones escritas

De la puesta en relación entre los textos de ambas muestras, se observa un significativo desarrollo de las habilidades de escritura en la segunda etapa con respecto a la primera, que pueden fundamentarse desde distintos aspectos. Uno de éstos tiene que ver con la formulación de las consignas (etapa I y etapa II).

Si bien el género textual analizado es el mismo, las consignas que generaron las producciones fueron distintas en cuanto a su formulación. La primera consigna presenta un carácter más abierto, ya que los alumnos pudieron elegir la temática y el género. La segunda, específica de un área, de carácter más estructurado y pautada. De esto se desprende que en la primera producción, los alumnos pusieron en juego los saberes con los que ingresaron. En cambio, en la segunda también es posible inferir que los avances se debieron a la característica de la consigna, el momento del año en el que fue realizado el trabajo y el contexto de producción (taller EDI) en el que los alumnos podían disponer de los distintos espacios físicos (aula, sala de computación, biblioteca, cocina), recursos tecnológicos y profesores tutores.

En cuanto a las falencias que persisten, en el caso de la primera producción, revisando el material consultado para la producción del informe, se advierte que muchas de éstas tienen su origen en la dificultad para producir textos autónomos, aplicando el procedimiento de "cortar y pegar", sin reflejar coherencia interna y sin brindar un estilo personal al texto.

La segunda producción denota una mayor autonomía en el procesamiento de la información consultada, así como también mejorías en la coherencia y cohesión interna y el estilo personal.

Para finalizar, observando la prosa de ambos textos se puede decir que la organización secuencial, predominantemente expositivo-explicativa, se adecua a la modalidad de pensamiento lógico-científica propia de los géneros académicos.

Análisis del documento cuadernillo de herramientas

El cuadernillo de herramientas presenta coherencia entre propósitos, ejes de organización, contenidos y actividades propuestas. El contenido se centra en los géneros académicos y en las estrategias de lectura y producción que éstos requieren.

Las consignas de trabajo se relacionan con la propuesta de producción que debían realizar los alumnos durante el cursado del módulo introductorio (etapa I), no obstante, las mismas pueden servir de guía para la elaboración autónoma de otros textos académicos, en las distintas áreas y en cualquier momento de la formación.

También es cierto que una herramienta escrita como la analizada, que brinda información y guía con consignas la comprensión y producción de textos académicos, no favorece por sí sola el proceso de inclusión. Ésta es sólo parte de una estrategia más compleja que implica un trabajo sistemático e institucional con los textos académicos, que en su conjunto sí puede resultar efectiva.

Análisis e interpretación de las entrevistas

Las entrevistas se realizaron al profesor de Tecnología –con ejes de indagación definidos en la matriz de datos– y a una muestra de alumnos ingresantes cursantes del EDI.

En la entrevista al docente responsable del dictado del Espacio de Definición Institucional (etapa II), taller de Tecnología, los ejes de indagación se centraron en *la característica de la actividad que se promueve en el EDI y el tipo de apoyo que se promueve*. De esta entrevista se obtienen los siguientes datos:

- *Las actividades* que se desarrollaron fueron de investigación teórica y rastreo bibliográfico para el análisis de un objeto tecnológico. Se realizaron comparaciones y se elaboró un texto expositivo-explicativo. Para la exposición oral se acompañó la presentación con cuadros, redes y diapositivas en *PowerPoint*.
- *El tipo de apoyo* que se promovió en dicho espacio fue positivo. Permitió la ayuda, corrección, revisión, guía y seguimiento en el proceso de producción y en el uso de los recursos tecnológicos, logrando seguridad, predisposición e integración de los participantes del taller. Posibilitó que en este espacio no sólo participaran profesores del área de Lengua sino también de Educación, Residencia y Tecnología.

- *Las producciones escritas* de los estudiantes fueron muy fructíferas, lograron presentar el trabajo en el tiempo y la forma acordados e incluso en algunos casos superaron los objetivos planteados en un principio.

Por otro lado, en las entrevistas realizadas a los ingresantes de 2008 cursantes del EDI (la edad de los estudiantes entrevistados oscilaba entre dieciocho y treinta años), los ejes de indagación fueron *los procesos de producción de textos en las etapas I y II y la dinámica de trabajo del taller de Tecnología.*

En cuanto a los *procesos de producción de textos en la etapa I*, los entrevistados manifestaron que la libre elección del tema para la elaboración del informe facilitó la escritura, ya que se sintieron comprometidos y motivados para realizarlo.

Los aspectos puntuales en los que el cuadernillo los ayudó son: información sobre cómo producir un informe, sus características, cómo citar bibliografía, cómo hacer un resumen, claridad en la apropiación de diferentes tipos de textos, en la elaboración de cuadros conceptuales y presentación en *PowerPoint.*

En cuanto a *los procesos de producción de textos en la etapa II,* algunos entrevistados manifestaron que el formato de texto expositivo ayudó en el proceso de escritura a sistematizar la información y a organizar las partes. Otros manifestaron que no fue positivo ya que *"no entendieron este tipo de texto y consideraron que hubiera sido positivo realizar, por ejemplo, una monografía." (E7) o "me sentí perdida ante la elección del tema ya que no favoreció dicho proceso" (E10).*

Respecto a la *orientación de los docentes en las etapas I y II,* los entrevistados manifestaron que la orientación los ayudó a interpretar el formato del texto expositivo, en la organización del contenido, en la oralidad y en la producción textual, a escribir y dar la oportunidad de revisar y corregir los errores. Esto les permitió incorporar nuevos aprendizajes ya que tenían el acompañamiento del profesor, además de poder compatibilizar ideas en el grupo. También agregan que en la etapa I los profesores orientaron en la elaboración de entrevistas, y en la etapa II en la producción de textos.

En cuanto a los *tiempos,* en las etapas I y II consideraron que fueron adecuados; sólo un alumno manifestó que en la etapa II se le dificultó porque se superponía con otras actividades.

Respecto a la *dinámica de trabajo en el taller de Tecnología y a las características de la actividad,* expresaron que fueron interesantes ya que les permitieron indagar sobre el origen y la evolución de los aparatos tecnológicos, y que les gustó cuando buscaron información sobre distintos aparatos tecnológicos a partir de los cuales tenían que investigar.

En el taller de Tecnología, en cada etapa de producción las mayores dificultades se centraron en la producción escrita, en elegir la temática, acotar el tema para investigar o sintieron que eligieron algo que no les gustaba. También se les dificultó, en algunos casos, la búsqueda teórica, porque tenían mucha información y no sabían cómo seleccionarla y organizarla. Algunos manifestaron que en la producción escrita no tuvieron dificultades porque contaban con la ayuda de las profesoras de Lengua. Por otro lado, algunos alumnos comentaron que el momento de la exposición oral resultó positivo, ya que les permitió desinhibirse, y otros manifestaron que les costó.

Respecto al *tipo de apoyo que promueve el taller,* consideraron que la intervención de otros docentes fue positiva. La intervención de los profesores fue pertinente, ya que los ayudó en la producción de los textos expositivos, en el uso del cuadernillo de herramientas, en la búsqueda de coherencia en la elaboración de textos, a reconocer la importancia de la implicancia de otras áreas en dicho espacio. El mismo les permitió desinhibirse, participar y promover momentos de encuentros.

Discusión

¿Cómo influyen las estrategias sistemáticas de apoyo, implementadas en el proyecto de trabajo 2008 (etapas I y II), en el Instituto de Formación Docente de San Antonio Oeste (Río Negro), en las producciones escritas de los estudiantes ingresantes?

¿Qué aspectos de la puesta en acto en el taller de Tecnología posibilitaron los procesos de producción escrita de los estudiantes ingresantes 2008?

¿Cuáles son las características de las producciones escritas de los estudiantes en las etapas I y II en el proyecto de trabajo 2008?

¿Cuáles son los aspectos que reconocen los estudiantes ingresantes de 2008 que posibilitaron sus procesos de producción de textos en las etapas I y II?

Se podrían enunciar las siguientes conclusiones de carácter provisorio, en el sentido que la investigación realizada, más que el cierre de un trabajo realizado, es la motivación necesaria para avanzar en la implementación de la propuesta y abrir nuevas "puntas" para investigar.

El Espacio de Definición Institucional taller de Tecnología. De las recurrencias en las observaciones de los talleres se desprende que los aspectos que los estudiantes señalan como facilitadores de sus procesos de producción son: la libre elección de la temática, orientación / asesoramiento / ayuda del coordinador y la dinámica de trabajo (grupo total, pequeños grupos) en distintos espacios físicos para favorecer la búsqueda y organización de la información. Las intervenciones de los coordinadores son evaluadas positivamente por los alumnos entrevistados. Las observaciones dan cuenta de que las mismas posibilitan respetar el encuadre y la finalidad de los talleres.

Las estrategias sistemáticas de apoyo posibilitaron la producción de los textos, observándose un avance significativo entre la producción de las etapas I y II en las dos muestras (tal como se señalara anteriormente). No obstante es necesario garantizarles a todos los estudiantes ingresantes la participación en los talleres.

El cuadernillo de herramientas requiere institucionalizar más tiempos y espacios para la sensibilización y concientización de su uso, tanto por parte de todos los profesores del IFDC como de los estudiantes.

Es preciso tener presente que esta herramienta no garantiza por sí sola la eficacia de un espacio de ayuda para el trabajo con los textos académicos; sí es un aporte significativo que unifica marcos teóricos de la lectura y la escritura, como así también la caracterización de algunos géneros discursivos propios del ámbito académico.

El Espacio de Definición Institucional taller de Tecnología presenta, por un lado, un aspecto que es necesario controlar; las intervenciones de los coordinadores no deben generar dependencia sino una mayor autonomía en los procesos de producción. Sí es positivo el uso de distintos espacios físicos institucionales –biblioteca, sala de informática, aulas, SUM– como facilitadores de los trabajos de lectura y producción

Con respecto al tipo de apoyo que promueve el taller; los alumnos vieron positiva la intervención de los profesores ya que les permitió resignificar el uso del cuadernillo de herramientas, reconocer la importancia de la implicancia de otras áreas en dicho espacio, encontrar el sentido de la lectura a partir de las reflexiones sobre el para qué leer, el qué convenía leer, en dónde buscar información, cómo seleccionarla en función de los propósitos del trabajo propuesto.

En cuanto a la producción, fue reconocido como fundamental el apoyo en el proceso de planificación del texto, en la "vigilancia compartida" durante la elaboración del plan de escritura.

Del análisis comparativo entre los textos de la primera etapa y la segunda se observa que los alumnos lograron, en la segunda etapa, producciones más o menos autónomas –en el sentido de desprenderse de los textos bases– y escribieron en función de los destinatarios previstos: en este caso los propios compañeros y docentes del instituto.

Partir de la enseñanza de las modalidades de pensamiento con las operaciones mentales que ponen en juego, permitiría al alumno comenzar a tener una representación más clara de la estructura profunda de la diversidad de tipos textuales que debe comprender y producir. Con esto tendría gran parte del aprendizaje resuelto para luego incorporar rasgos que definen la clase textual, como los rasgos contextuales o funcionales-comunicativos, además de características lingüísticas propias del género, como cuestiones relacionadas con el léxico, el registro y el formato. Aunque es preciso aclarar que en general no existe una relación uno a uno entre formas discursivas y modalidades de pensamiento sino que es más adecuado hablar de compatibilidad entre ambas. Por otra parte, una forma discursiva puede presentar elementos de diversas formas de pensamiento, aunque siempre habrá una modalidad que predomine y le brinde su estructuración lógica.

Los géneros discursivos constituyen instrumentos semióticos que le permitirán al sujeto un mejor desenvolvimiento en las diferentes situaciones comunicativas que deberá enfrentar. El dominio que los alumnos logren de esos instrumentos dependerá en gran medida de factores contextuales que tienen que ver, en parte, con la importancia que se les asigna en los ámbitos educativos. Es por eso que consideramos substancial repensar las cuestiones referidas a la enseñanza sistemática de la formación discursiva de los alumnos.

Durante la formación, el estudiante debe comprender y producir una cierta diversidad de tipologías textuales organizadas desde esta lógica, tales como el ensayo, la monografía, el artículo de opinión, el comentario de textos y la crítica literaria, entre otros. Ante esta realidad, la experiencia de años de implementación de propuestas que favorecieran la inclusión y permanencia en los estudios terciarios, y en el marco de la investigación en cuestión, aparta el supuesto que da por sentado que los alumnos ingresantes al nivel tienen incorporados los modos discursivos y las formas de leer los textos de las distintas áreas que integran el plan de estudio, que en las áreas cada profesor enseña todo lo que requiere la formación.

Se adoptó, al comienzo de la investigación, la concepción de *alfabetización* como proceso y no como un conjunto de habilidades que se logran construir de una vez y para siempre; por eso es que se fortalece, en cambio, el supuesto de que los problemas para analizar y producir textos académicos no reflejan una falencia de la enseñanza en los estudios anteriores o déficit de los alumnos, sino una problemática propia del nivel terciario que se relaciona con el ingreso a un espacio que plantea una nueva cultura escrita (Fernández 2004). Lo que implica la necesidad de incorporar en el currículo las prácticas discursivas de cada disciplina para que la alfabetización académica no sea tema de especialistas sino propia de acciones institucionales.

Bibliografía

Alliaud, A. (2004), "La escuela y los docentes: ¿eterno retorno o permanencia constante? Apuntes para abordar una particular relación desde una perspectiva biográfica", en *Cuaderno de Pedagogía*, año VII, núm. 12, Rosario, pp. 91-92.
Arnoux, E. *et al.* (2000), *Talleres de lectura y escritura. Textos y actividades,* Buenos Aires, Eudeba.
Bajtín, M. (1992), *Estética de la creación verbal*, México, Siglo XXI.
Bajtín, M. y Voloshinov, V. (1998), *¿Qué es el lenguaje?*, Buenos Aires, Ed. Almagesto.
Bronckart, J-P. (2004), *Actividad verbal. Textos y discursos. Por un interaccionismo sociodiscursivo*, Madrid, Infancia & Aprendizaje.
Bronckart, J-P. (2007), *Desarrollo del lenguaje y didáctica de las lenguas,* Buenos Aires, Miño & Dávila.
Bruner, J. (1972), *La proceso de la educación*, México, Unión Tipográfica Editorial Hispano-Americana.
Bruner, J. (1996), *Realidad mental y mundos posibles*, Barcelona, Gedisa.
Carlino, P. (2005), *Escribir, leer y prender en la universidad: una introducción a la alfabetización académica*, Buenos Aires, FCE.
Cassany, D. (1995), "La cocina de la escritura", *La cocina de la escritura,* Barcelona, Graò, p. 87.
Ciapuscio, G. E. (1994), *Tipos textuales*, Buenos Aires, Universidad de Buenos Aires.
Fernández, G. M. *et al.* (2004), "El docente universitario frente al desafío de enseñar a leer", en Carlino, P. (coord.), *Textos en Contexto,* núm. 6, Buenos Aires, Asociación Internacional de Lectura. Lectura y Vida, pp. 95-109.
Ferry, G. (1997), *Pedagogía de la Formación. Buenos Aires: Formación de Formadores,* Serie Los Documentos,

Facultad de Filosofía y Letras, UBA, Buenos Aires, Ediciones Novedades Educativas, Paidós educador.

Gimeno Sacristán, J. (1998), "Profesionalización docente y cambio educativo", en Alliaud, A. y Duschatzky, L. (comp.), *Maestros, formación, práctica y trasformación escolar*, Buenos Aires, Instituto de Investigaciones en Ciencias de la Educación, UBA, p. 220.

Maimone, M. y Edelstein, P. (2003), *Acerca de la Dignidad en el proceso educativo*, Buenos Aires, La Crujía.

Pérez Gómez, A. (1991), *Comprender y transformar la enseñanza*, España, Morata.

Vignau, G. (1986), *La argumentación. Ensayo de lógica discursiva*, Buenos Aires, Hachette.

Vignaux, G. (1986), "Una lógica de la argumentación discursiva", en *La argumentación. Ensayo de lógica discursiva*, Buenos Aires, Hachette, p. 38.

Implementación de mapas conceptuales como estrategia de aprendizaje en el primer año del profesorado de la carrera de EGB 1 y 2 de la Escuela Normal Superior Florentino Ameghino

Ana María Aragón[50]
Graciela del Valle Giménez[51]
Rita Elena Villafañe Almonte[52]
(Escuela Normal Superior Florentino Ameghino, Tucumán)

Introducción

El crecimiento de la educación superior en Argentina a lo largo del siglo XX ha sido sostenido por el proceso de recuperación y fortalecimiento de la democracia. Sin embargo, puede decirse que a pesar de dicho crecimiento la equidad y la inclusión social siguen siendo un desafío a superar que repercute de manera directa en las instituciones educativas, repercusión que se manifiesta en altas tasas de deserción de los estudiantes del nivel superior.

Se señalan generalmente diferentes causas para el alto nivel de fracaso; las externas a las instituciones educativas se vinculan con los problemas socioeconómicos de los estudiantes –la mayoría de ellos trabaja muchas horas semanales–, deficiencias de formación en los niveles anteriores, falta de adecuada orientación vocacional,

---

[50] aragonanamaria@yahoo.com
[51] gracieladelvalle@live.com.ar
[52] ritvilla@yahoo.es

etc. Entre las causas internas, se señalan las defectuosas competencias cognitivas que afectan las condiciones de aprendizaje en los primeros años del nivel superior, modalidades pedagógicas poco apropiadas para ayudar a los estudiantes en la difícil transición hacia la educación superior. A partir de esto último es que en nuestra institución se decide la incorporación creativa y responsable de la implementación de una estrategia "mapa conceptual", por considerarla importante para mejorar la enseñanza, la calidad y la equidad de la educación.

Así, los interrogantes que guiaron nuestra investigación son: *¿de qué modo influye el uso de los mapas conceptuales en la retención y el rendimiento? ¿Con qué modalidades y objetivos se aplican los mapas conceptuales en las materias de primer año de la carrera de EGB 1 y 2 de la Escuela Normal Superior Florentino Ameghino?*

En el presente trabajo nos proponemos:
- Describir los contextos, objetivos, dinámicas en que tiene lugar la estrategia de mapas conceptuales en las materias de primer año del profesorado de EGB 1 y 2.
- Indagar la percepción que tienen docentes y estudiantes sobre la utilidad de los mapas conceptuales para la comprensión de los temas, herramientas de estudios, etc.
- Analizar la influencia del uso del mapa conceptual en el rendimiento y retención de los alumnos del primer año.

Reflexiones teóricas

Definimos al *mapa conceptual* como un instrumento o medio; como un recurso esquemático para presentar un conjunto de significados conceptuales incluidos en una estructura de proposiciones; como estrategia de aprendizaje, cuya función es ayudar a la comprensión de los conocimientos que el alumno tiene que aprender; también hacemos alusión a una herramienta de instrucción que ha sido desarrollada en las bases de la teoría de aprendizaje de Ausubel.

Para Neisser (1981: 127) el mapa conceptual es un caso concreto de esquema, pues posee algunas características básicas:
- Organización del conocimiento en unidades o agrupaciones holística.
- Segmentación de las representaciones holística en subunidades interrelacionadas.
- Estructuración serial y jerárquica de las representaciones.

Antes de posicionarnos en el concepto de *mapas conceptuales* como estrategias, creemos conveniente aclarar qué entendemos por estrategia: "Se define como procesos ejecutivos mediante los cuales se eligen, coordinan y aplican las habilidades. Son pues los procesos que sirven de base para la realización de las tareas intelectuales. Se trata de una secuenciación de actividades planificadas para conseguir un aprendizaje." (Nisbet *et al.* 1987).

Si consideramos al mapa conceptual como estrategia o herramienta útil para ayudar al alumno, sirve para dibujar información de los textos que él lee, trazando relaciones, con palabras enlace, y situando al alumno frente a lo que tiene que aprender, de tal manera que al visualizarlo puede:
- Decir si el mapa contiene toda la información del texto que ha leído.
- Añadir nuevos conceptos que ya poseía.
- Clasificar en su lugar correspondiente los conocimientos que ya tenía, lo que está aprendiendo y lo que en un futuro podrá aprender.

Siguiendo a los mismos autores, "el mapa conceptual es una estrategia para que los profesores organicen los materiales objetos del aprendizaje." Para Ausubel (1989), lo principal en el proceso de enseñanza es que éste sea significativo, es decir, que tenga sentido para el alumno. El autor afirma que el aprendizaje significativo requiere dos condiciones: la primera es que el alumno necesita tener una disposición para aprender; si el individuo quisiese memorizar material arbitraria y literalmente, entonces el aprendizaje será mecánico. La segunda establece que el material a ser aprendido tiene que ser potencialmente significativo, o sea que tiene que ser lógica y psicológicamente significativo: el significado lógico depende de la naturaleza del material y el significado psicológico se vincula con las posibilidades de aprender ese contenido en especial (los esquemas). El autor sugiere un proceso de aprendizaje donde exista comunicación eficaz, y donde el alumno realice aprendizaje significativo y sea autónomo en la construcción del propio conocimiento.

Nos posicionaremos en el concepto de equidad entendida como condición de posibilidad. La inclusión enfatiza la igualdad por encima de la diferencia. El punto de partida de la inclusión es la igualdad inherente a todas las personas. La inclusión no habla sólo del derecho de determinadas personas a vivir y gozar de las condiciones de vida similares a la del resto de los ciudadanos, sino también del derecho y la obligación social de construir entre todos comunidades para todos, comunidades que permiten y valoran las diferencias, pero basadas en el reconocimiento básico y primero de la igualdad. La inclusión no sólo exige el esfuerzo de acoger a todos y garantizar su participación en distintos contextos, sino que además traslada esa misma exigencia a la construcción del conocimiento. En este sentido, tal como señala Juan Carlos Tedesco (citado en Dussel 2007), el concepto de *equidad* define situaciones en las cuales se enfrenta el problema de la igualdad pero respetando las diferencias.

En el marco de esta concepción, formar para la equidad significa combatir la desigualdad respetando la diversidad.

Así, la retención escolar es entendida como la capacidad que tiene el sistema educativo para lograr la permanencia de los alumnos en las aulas, garantizando la terminación de estudios en los tiempos previstos y asegurando el dominio de las competencias y los conocimientos. La inclusión y la permanencia de los jóvenes en la escuela son *los* retos de los sistemas educativos.

Decisiones metodológicas

Nuestra opción metodológica se orienta a abordar el objeto de conocimiento desde una perspectiva cualitativa-cuantitativa. La población de estudio está compuesta por 75 alumnos y ocho docentes de primer año de la carrera del profesorado de EGB 1 y 2.

Se tomaron como muestra tres espacios curriculares: sistema educativo, instituciones escolares y teoría psicológica y sociocultural del aprendizaje. El criterio de selección de los espacios y/o docentes se hizo teniendo en cuenta el grado de dificultad que éstos presentan para los alumnos en los exámenes finales. Para la recolección de la información se utilizaron: entrevistas a profesores y alumnos, análisis de producciones de los alumnos seleccionados y actas de exámenes finales.

Resultados

1. Condiciones de aplicación del mapa conceptual en los espacios curriculares

1.1. Contexto

Desde los años 2006 y 2007, todos los docentes de primer año de carrera de EGB 1 y 2 de la institución vienen trabajando en la aplicación de estrategias de enseñanza, para tratar de resolver la problemática de la deserción. Ante esta problemática la institución ha implementado la estrategia de "mapas conceptuales" para superar problemas de comprensión que se reflejaban en los exámenes.

Esta decisión ha surgido a partir de reuniones de autoevaluación institucional, donde directivos y docentes se vieron preocupados por la falta de comprensión de los estudiantes y su probable vínculo con la deserción

1.2. Objetivos

Los profesores de primer año acordaron trabajar el mapa conceptual por considerarlo una estrategia de enseñanza útil para ayudar a los alumnos en la comprensión de los temas de estudio. Es así que se comienza a implementar en todos los espacios curriculares con el objeto de propiciar el aprendizaje significativo en los alumnos de primer año del profesorado de EGB 1 y 2.

1.3. La visión de los profesores

Nos referimos aquí a cómo los profesores aplican la estrategia de los mapas conceptuales. Novak y Gowin (1988) sostienen que los mapas conceptuales "son herramientas útiles para ayudar a los estudiantes a aprender acerca de la estructura del conocimiento y los procesos de construcción de pensamiento (metacognición). De esta forma, los mapas conceptuales también ayudan a los estudiantes a aprender sobre el cómo aprender (metaaprendizaje)."

De las entrevistas realizadas a los profesores involucrados en esta investigación, ante la pregunta *"¿por qué elegiste implementar esta estrategia?",* los docentes respondieron: "Elegí enseñar esta estrategia porque permite a los alumnos profundizar y reflexionar los temas trabajados en clase"; "porque permite una mirada sistémica, es decir, como una unidad totalizadora de conceptos relevantes estructurados de acuerdo a su importancia"; "porque permite un mayor nivel de abstracción, logrando que los alumnos comprendan los diferentes temas mientras los construyen"; "estrategias para aprender a pensar bien".

Estas expresiones coinciden con lo que sostienen los autores en el párrafo anterior. Además se menciona que la implementación de mapas conceptuales sirve para desarrollar la acción docente de manera holística, mostrando su uso efectivo para organizar la información sobre un tema de manera que facilite la comprensión, el recuerdo de los conceptos y de las relaciones que se establecen entre ellos.

También nos manifiestan los docentes que son útiles como guía para generar la discusión sobre el contenido trabajado, para profundizar las ideas importantes y para proporcionar información al profesor sobre la calidad del aprendizaje que se está generando en el contexto del aula.

2. Percepciones de alumnos y docentes sobre el mapa conceptual

Según Jodelet (1986), "la representación social puede adoptar distintas formas: imágenes que condensan un conjunto de significados, sistemas de referencias para interpretar lo que nos sucede, categorías para clasificar las circunstancias, fenómenos e individuos con quienes debemos tratar, teorías para establecer hechos sobre ellos, etc."

2.1. Facilitador del proceso de enseñanza y aprendizaje

Cuando hablamos de *facilitador* hacemos alusión a cómo una estrategia posibilita y organiza el aprendizaje, dando respuestas a lo que tanto alumnos como profesores esperan, esto es, lograr el proceso de enseñanza y de aprendizaje. Compartimos algunas respuestas dadas por docentes y alumnos acerca de los mapas conceptuales.

ALUMNOS	DOCENTES
¿Qué te parecen los mapas conceptuales?	
• Herramienta eficaz para el aprendizaje. • Gran ayuda para el aprendizaje. • Te ayudan a tener un conocimiento distinto de lo que uno ya tiene adquirido. • Me parece muy bueno. • Guía en el estudio. • Es un método de estudio muy práctico. • Es un método de estudio muy aplicado en todas las materias. • Me parece que son muy efectivos. • Me parecen útiles para estudiar. • Interesante, me parece bien su instrumentación. • Es una excelente estrategia. • Me parece una estrategia recomendable. • Favorece la comprensión y luego el aprendizaje. • Una idea muy razonable. • Me parece muy fácil de comprender.	• Es una excelente estrategia. • Me parece una estrategia recomendable. • Permite a docentes y alumnos profundizar e integrar diversos temas. • Se presenta en su totalidad la estructura de aprendizaje. Qué se desea enseñar. • Potencia los conceptos fundamentales de los accesorios. • Está bueno para aclarar conceptos. • Sintetiza la información. • Requiere de trabajo intelectual. • Permite internalizar los conocimientos por aprender. • Es un constructo del que aprende el profesor y el alumno.

Cuando alumnos y profesores llegan a tener conciencia del proceso cognitivo que implica la aplicación de los mapas conceptuales, lo internalizan como una estrategia que sirve de base para la realización de tareas intelectuales. Ambos coinciden en que los mapas conceptuales son muy importantes porque ayudan a aprender y a organizar los materiales de aprendizaje.

ALUMNOS	DOCENTES
¿Crees que el mapa conceptual te facilitó el aprendizaje de las materias? ¿Por qué?	
• Gran ayuda-memoria. • Me permitió un orden claro de mis conocimientos. • Me facilitó porque fue un ayuda-memoria. • Un ayuda-memoria esencial. • Por una parte me facilitó el aprendizaje. • Me facilita porque aprendo más fácil. • Me facilita mucho el aprendizaje por medio del mapa conceptual.	• Sí, porque el alumno debe leer, comprender el tema para poder realizarlo correctamente. • Integra y conexiona el conocimiento permitiendo fundamentar de manera concisa y clara los conceptos relevantes. • Permite fundamentar de manera concisa y clara los conceptos relevantes. • Permite al alumno y al docente comparar los aspectos analógicos de los temas o problemas que lo plantean. • Facilita la comprensión de la materia, ya que su elaboración requiere de poder de síntesis y relación / precisión de definiciones. • Ayuda-memoria y ayuda-visual. • Es un facilitador del proceso de enseñanza y aprendizaje.

Los docentes rescatan a los mapas conceptuales como un recurso para la enseñanza que mejora la comprensión, como así también el conocimiento estructurado y profundo de lectura.

Alumnos y docentes muestran a la estrategia como facilitadora de aprendizaje porque construye procesos que sirven de base para la realización de las tareas intelectuales. Esto se debe a que la adquisición de una información nueva depende de las ideas pertinentes que ya existen en las estructuras cognitivas, y en el aprendizaje permite a ambos tener conciencia del propio proceso cognitivo.

2.2. Un recurso útil y una estrategia importante

Nos referimos al *recurso* como un medio y a la *estrategia* como un proceso ejecutivo mediante el cual se eligen, coordinan y aplican las habilidades. Es pues el proceso que sirve de base para la realización de la tarea intelectual; se trata de una secuenciación de actividades planificadas para conseguir un aprendizaje (Nisbet y Shucksmith 1987: 12 y 45).

Para recabar información sobre su aplicación realizamos las siguientes preguntas:

ALUMNOS	DOCENTES
¿Cómo te resultó la aplicación de los mapas conceptuales en el aula?	*¿Por qué elegiste implementar esta estrategia?*
• De gran ayuda. • *Muy práctico.* • Muy importante y de gran ayuda. • Positivo porque es de mucha ayuda. • Muy eficaz. • Me resultó bueno. • Creo que resulto porque nos ayudó a todos a comprometernos más en la materia en sí.	• Permite una mirada sistémica. • Como una unidad totalizadora de conceptos relevantes estructurados de acuerdo a su importancia. • Porque es una estrategia que permite a los alumnos profundizar y reflexionar los temas tratados en clase. • Favorece la compresión y luego el aprendizaje. • Me permite relacionar todo los contenidos enseñados.

Se desprende de las descripciones que hay una amplia coincidencia entre alumnos y docentes al reconocer la importancia de la implementación de esta estrategia, tanto para motivar a los alumnos como para el logro de aprendizajes. Un modelo didáctico capaz de captar su sentido profundo, para valorarlo en sus justos términos y para aprovechar todas sus virtualidades, permitiendo el desarrollo de actitudes de compromiso personal con la materia, ayudando a los alumnos en la participación activa y creativa de su propia cultura.

Los docentes coinciden en que al momento de enseñar con esta estrategia surge una nueva perspectiva a la hora de plantear la tarea, invita a los alumnos a compartir sus propios trabajos, a participar en la construcción de un conocimiento que sea aceptado favoreciendo la comunicación entre el profesor y el alumno, ya que ayuda a la integración de la información.

2.3. Transferencia del mapa conceptual

Los conocimientos adquiridos en la escuela deben ser útiles en situaciones fuera de las instituciones educativas. Como formadores de formadores, todos nos hemos hecho en algún momento la pregunta siguiente: "¿Pueden mis alumnos aplicar lo que les enseño en otras situaciones; por lo menos, en su próximo curso?" El lema clásico en donde se prescribe aprender para la vida y no para la escuela, refleja también esta preocupación que en realidad representa el interés de los profesores en la transferencia de lo aprendido. Podemos decir, entonces, que la transferencia ocurre cuando lo que se aprende en una situación facilita el aprendizaje o desempeño en otras situaciones.

ALUMNOS	DOCENTES
Como futuro docente, ¿en qué momentos del proceso de aprendizaje lo aplicarías?	*¿Qué utilidad le brindó la aplicación del mapa conceptual en su espacio curricular?*
• Lo aplicaría en el desarrollo de las clases. • En el momento de explicar y dar a conocer los temas. • Como trabajo práctico para relacionar diferentes temáticas. • Como metodología didáctica. • Para mejorar la calidad de los aprendizajes. • Para ayudar a que aprendan a estudiar los alumnos. • En algunos temas que le resulte difícil al alumno para ayudar aclarar sus conocimientos. • En el momento de aplicar un tema o en un resumen. • En el momento de la evaluación. • Lo aplicaría desde la primaria para que los chicos aprendan. • Cuando estén trabajando en grupo porque creo que es más eficiente porque les ayuda a comprender el tema que están estudiando.	• Para mejorar la calidad de los aprendizajes. • Para ayudar a que aprendan a estudiar los alumnos. • Reflexionar sobre los diferentes temas. • Integrar los temas y fijarlos. • Saber seleccionar aquello que realmente es significativo de lo que no lo es.

También alumnos y docentes reconocen que la transferencia de la estrategia del mapa conceptual permite obtener resultados positivos: en los alumnos, en el momento de aprender, y en los docentes, en el momento de enseñar.

El acto de enseñar presenta una nueva perspectiva a la hora de plantear la tarea, invita a los alumnos a compartir su propio trabajo, a participar en la construcción de un conocimiento que sea aceptado por todo ello. Es relevante su utilidad en la planificación de la enseñanza y como organizador de una exposición del contenido, porque facilita el canal de comunicación entre el profesor y el alumno y ayuda a la integración de la información.

2.4. Dificultades para la elaboración de mapas conceptuales

ALUMNOS
¿Qué dificultades has encontrado para la elaboración del mapa conceptual?
• Encontrar los conceptos principales. • Expresar en una palabra la síntesis de una definición. • Cuando no comprendí un tema en especial. • Encontrar la palabra enlace correcta y conectores. • Realizar una jerarquización de conceptos. • Relacionar los temas. • Realizar la jerarquización de lo más importante y lo menos importante, sobre todo sacarme esa costumbre de las flechas. • Relacionar temas cuando había muchas diferencias de opinión. • Relacionar los distintos conceptos para llegar desde algo globalizado a algo muy específico.

Las dificultades encontradas por los alumnos en la construcción de los mapas conceptuales son propias de la elaboración de los mismos, ya que requieren de una apropiación de contenidos y una posterior organización, haciendo una interrelación entre los conocimientos previos y los nuevos saberes.

Los mapas conceptuales sirven para unir los conceptos y señalar el tipo de relación que existe entre ellos; dichos conceptos están dispuestos por orden de importancia o de inclusividad: los más inclusivos ocupan los lugares superiores de la estructura gráfica, los ejemplos se sitúan en el último lugar.

Los mapas conceptuales se caracterizan por organizar los conocimientos en unidades o agrupaciones holísticas.

3. Variaciones en la aplicación de los mapas conceptuales en una muestra de alumnos

Los resultados globales obtenidos del análisis de los mapas conceptuales en tiempo 1 en relación con el tiempo

2, como señalan los gráficos, evidencian una mejora significativa en los indicadores de aprendizaje de los alumnos, los cuales demuestran un adelanto, no sólo en la comprensión sino también en el manejo de los elementos de los mapas conceptuales en el proceso de elaboración. Es importante destacar la incorporación de los mismos como la traza de relaciones con palabras enlace en los mapas conceptuales construidos en tiempo 2.

Acerca del nivel de complejidad, lo más importante está marcado en las palabras enlace, como así también denota un incremento en el número de conceptos y proposiciones utilizados. También se aprecia una clara mejora en la representación del mapa conceptual, observándose un avance en la organización de los temas abordados, destacándose también un adelanto en cuanto a la estructura serial y jerárquica en todos los casos y una disminución del número de errores en el mapa conceptual de tiempo 2 en relación con el del tiempo 1.

Mapa conceptual en tiempo 1 (previo a la enseñanza del mapa conceptual)

Mapa conceptual en tiempo 2 (posterior a la enseñanza del mapa conceptual)

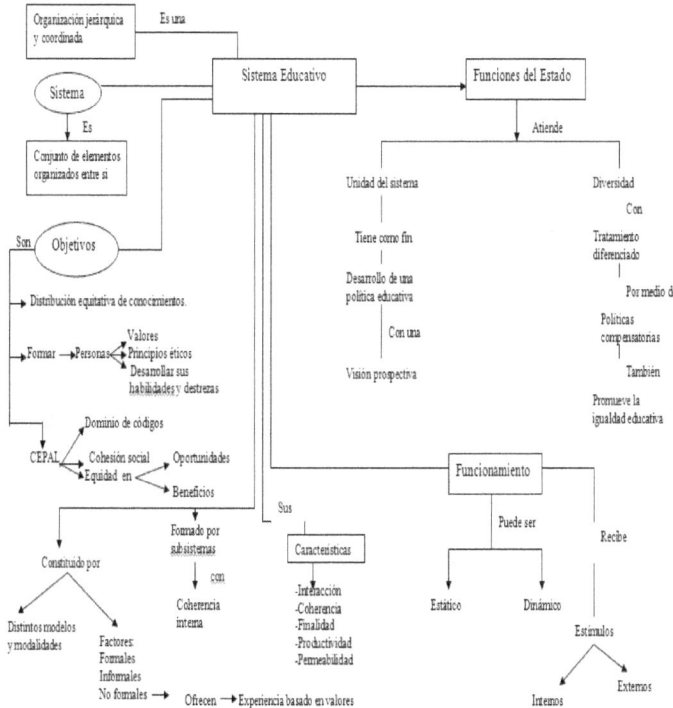

4. Rendimiento y retención de los alumnos. Su posible vinculación con la estrategia de mapas conceptuales

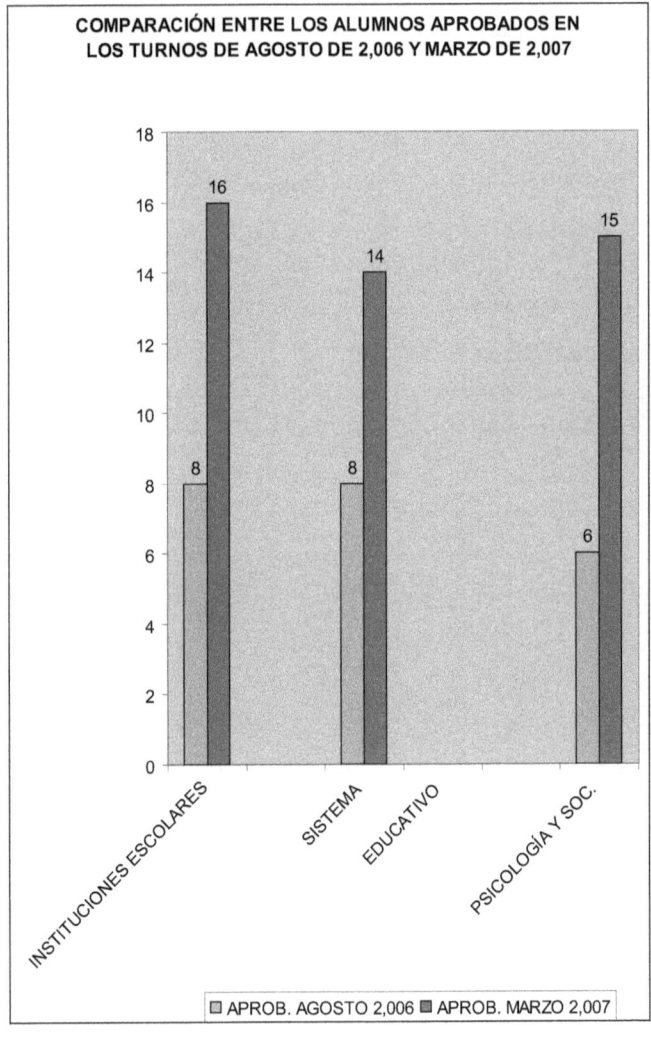

A partir de los datos de este gráfico se podría vincular la aplicación de la estrategia con los resultados obtenidos en los tres espacios tomados como muestra, ya que en todos ellos se observa un aumento considerable de alumnos aprobados.

Si bien no podemos atribuir el avance en la comprensión de estos alumnos solamente al uso de la estrategia del mapa conceptual, no podemos dejar de apreciar que en algunos de estos espacios la cantidad de estudiantes aprobados supera, entre un turno y otro, el 100%.

Discusión

En este trabajo intentamos mostrar la repercusión del uso de los mapas conceptuales en el aprendizaje de los estudiantes del profesorado de EGB 1 y 2, además de describir los contextos, objetivos, dinámicas en que se aplica dicha estrategia en las diferentes materias, y también indagar la percepción que tienen docentes y estudiantes sobre la utilidad de los mapas conceptuales para la comprensión de los temas, herramientas de estudio, etc.

Esta investigación nos permite reflexionar que cuando las instituciones implementan estrategias sistemáticas y continuas de apoyo a sus alumnos –y éstas les son comprensibles– logran acoger a todos y garantizar su participación en distintos contextos, además de trasladar esa misma exigencia en la construcción del conocimiento.

Entre otras estrategias, podría decirse que la elaboración del mapa conceptual sobre un determinado tema facilita una mejor comprensión de los contenidos desarrollados en clase, contribuyendo a nuevos aprendizajes, lo que se podría vincular con la permanencia en la institución, la terminación de los estudios en los tiempos previstos y el dominio de las competencias y conocimientos necesarios.

Asumir esta estrategia no sólo contribuiría a mejorar las condiciones para el aprendizaje y la retención, sino también a tomar un compromiso con la trayectoria escolar de cada uno de los alumnos, entendida ésta como el recorrido personal por el nivel superior, que produce a su vez consecuencias cognitivas, legales, afectivas y socioeconómicas en la constitución de su identidad.

Asimismo, podría suponerse que la implementación de la estrategia ha repercutido no sólo en un avance de la retención y el rendimiento, sino también, muy probablemente, en una mejora en los exámenes finales.

Los resultados de esta investigación nos han causado una enorme satisfacción, porque se vinculan con las anticipaciones de sentidos que esbozamos al inicio de este trabajo: *"El mapa conceptual es una estrategia que facilita la comprensión y por ende influye en la retención y rendimiento de los estudiantes de primer año."*

Bibliografía

Ausubel *et al.* (1989), *Psicología cognitiva*, Madrid, Ed. Trillas.

Dussel, Inés *et al.* (2007), *Formar docente para la equidad: reflexiones, propuestas y estrategias hacia la inclusión educativa*, Ed. Marcela Castro.

Jodelt, Denise (1986), "La representación social: fenómenos, conceptos y teoría", en Moscovici, Serge (comp.), *Psicología social II. Pensamiento y vida social. Psicología social y problemas sociales,* Barcelona, Paidós.

Neisser (1981), *Procesos cognitivos y realidad. Principios e implicaciones de la psicología cognitiva*, Madrid, Ed. Morata.

Nisbet *et al.* (1987), *Estrategias de aprendizaje*, Madrid, Ed. Santillana.

Nisbet, J. y Shucksmith, J. (1987), *Estrategias de aprendizaje*, Madrid, Ed. Santillana.
Novak, J. D. y Gowin, D. B. (1988), *Aprendiendo a aprender*, Barcelona, Ed. Martínez Roca.
Piaget, J. (1978), *Los procesos cognitivos*, Madrid, Ed. Morata.
Vigotsky, L. (1979), *El desarrollo de los procesos cognitivos*, Barcelona, Ed. Crítica.

El impacto de la primera instancia de evaluación en la permanencia de los alumnos de primer año del Profesorado de Educación Especial del Instituto de Nivel Terciario de Villa Ángela

Andrea Fabiana Bilán[53]
Silvia María Cristina Leite[54]
Rita Graciela Squarzon
(Instituto de Nivel Terciario de Villa Ángela, Rivadavia y Los Andes, Villa Ángela, Provincia del Chaco)

Introducción

Este trabajo integró dos de los ejes sugeridos por la Red PROPONE para realizar la investigación sobre *dispositivos de enseñanza y acceso y permanencia en los Institutos Superiores de Formación Docente,* focalizando el análisis en las estrategias de evaluación que colaboraron con la permanencia de los alumnos en esos institutos. Específicamente, en "las características que tiene *la primera instancia de evaluación* parcial en primer año".

La situación problemática detectada es el *gran porcentaje de abandono de los alumnos en primer año de la carrera de educación especial; en algunos casos, luego de la primera instancia de evaluación, y en otros, antes de la realización de ésta.*

---

[53] andreabilan@gmail.com
[54] silvia_leite67@hotmail.com

Los procesos de evaluación poseen una innegable importancia, no sólo para la permanencia de los alumnos dentro del sistema educativo, sino también por ser un insumo para la toma de decisiones que realicen los docentes y las instituciones, en relación con las dificultades que se plantean.

Por ello, la consideración sobre qué tipo de instrumentos y concepciones sobre la evaluación sostienen los docentes para valorar el rendimiento de sus alumnos, es crucial. Para investigar el problema de la permanencia de los alumnos a investigar, se abordó el tema de la evaluación: los dispositivos que más se utilizan en las primeras instancias, las características que poseen, su impacto en los alumnos, las concepciones de enseñanza y aprendizaje que subyacen en los mismos; como así también, la influencia de las expectativas y las actitudes de los docentes en relación con las posibilidades de aprobación de los alumnos.

La información que se obtuvo en esta investigación fue relevante para comprender cómo incidieron las estrategias de evaluación utilizadas en la permanencia y en los aprendizajes de los alumnos. Los objetivos que orientaron este trabajo fueron:

- Analizar el impacto de la primera instancia de evaluación parcial en los alumnos de primer año del profesorado de educación especial.
- Conocer las características de los instrumentos de evaluación utilizados por los docentes de primer año del profesorado de educación especial.
- Analizar cómo inciden los instrumentos de evaluación en la permanencia de los alumnos.
- Analizar los instrumentos de evaluación que aplican los docentes para indagar sus concepciones de enseñanza y aprendizaje subyacentes.

- Explorar qué actitudes de los docentes, en relación con la evaluación, inciden positiva o negativamente en los alumnos.

Dentro de un contexto social de extrema exclusión, marginalidad y ruptura de lazos sociales, el concepto de *educabilidad* adquiere especial relevancia:

> En términos generales, este último, parece hacer referencia a una suerte de inmadurez, incompletud o, visto desde su aspecto de apariencia positiva, a una gran flexibilidad o posibilidad de cambio como producto de la experiencia, en sentido amplio, que parece portar de modo especial -o incluso esencial- el ser humano. Incompletud y plasticidad parecen expresar aspectos complementarios [...]. Esto llevaría a considerar el problema de la educabilidad como "capacidad" de ser educado; esto es, como capacidad diferencial entre sujetos o grupos de sujetos. En tal sentido, el problema de la capacidad de ser educado, como atributo de posible humanización, se enhebra con el otro clásico problema, el del desarrollo intelectual. (Baquero 2001).

Por otro lado, este mismo autor, tomando las ideas de Vigotsky acerca de la importancia que tiene en el desarrollo las interacciones sociales, plantea que "la educabilidad de los sujetos no es nunca una propiedad exclusiva de éstos, sino, en todo caso, un efecto de la relación de las características subjetivas y su historia de desarrollo, con las propiedades de la situación."

Por lo que se podría decir que el reto escolar no se reduciría a adaptar la escuela para dar cabida a un determinado grupo de alumnos, sino que demandaría un proceso de reestructuración global de la escuela para responder a la diversidad de necesidades de todos y cada uno de los alumnos. Entonces, si todos los alumnos están en igualdad de condiciones para aprender en cuanto a posibilidad, el acceso al conocimiento en forma equitativa dependerá de las estrategias que implementen las instituciones para viabilizar esas condiciones. Lo que lleva a cuestionar si las instituciones están en condiciones de desarrollar estrategias que hagan frente a estas situaciones que generan desigualdad e inequidad en el acceso a los bienes más preciados de una cultura.

De este modo, la mirada sobre *la equidad en educación* giraría hacia la justicia escolar en cómo se resuelve la situación de aquellos que están en condiciones de desventaja, distribuyendo proporcionalmente según las necesidades. La desigualdad e inequidad en el acceso y la permanencia en el sistema educativo se producen cuando las instituciones no generan estrategias que compensen dichas desigualdades; y éstas no son sólo de orden social, sino que además, como lo expresa Dussel (2004: 9), "el 'provecho' que los individuos pueden obtener de su experiencia escolar está mediado por muchas otras variables además de su origen social."

Desde el marco teórico seleccionado, las nociones de *inclusión* y *exclusión* presuponen una comunidad en la que estamos incluidos o excluidos en términos de participación (no sólo de presencia en la misma). Y hablar de *inclusión* nos remite a la consideración de prácticas educativas y sociales democráticas.

En palabras de Parrilla Latas (2002), "la inclusión significa la presencia de todos en la comunidad, de modo tal que se garantice y respete el derecho no sólo a estar o pertenecer sino también a participar en forma activa [...]. Las reformas educativas inclusivas suponen la construcción de una escuela comprometida socialmente que responda no sólo a las necesidades de algunos alumnos, sino también a las de todos ellos."

En las instituciones de formación docente debería ser reforzada esta idea de escuela inclusiva, no solamente desde el discurso sino también en las prácticas mismas de estas instituciones. En este sentido Andrea Alliaud plantea:

En formación docente [...] lo que se hace tiene un impacto formador mucho mayor que lo que se dice. Por ejemplo, es lo que ocurre cuando como formadores pretendemos enseñar en defensa de determinados principios, pero luego desarrollamos prácticas educativas disonantes o incluso contradictorias con esos principios que pregonamos [...]. Es casi imposible formar docentes desde una perspectiva de equidad, en el respeto de la diversidad y la igualdad, si las prácticas educativas con que formamos a esos futuros docentes no son acordes con estos principios." (Alliaud 2007: 85-86).

Lo que llevaría a interrogar sobre *qué supuestos subyacen en las teorías y prácticas pedagógicas.* En expresiones de Liliana Sanjurjo (1994), los docentes reflejan en sus prácticas educativas, supuestos básicos subyacentes acerca del mundo, la educación, la ciencia, etc., que van formando a partir de sus experiencias, sus prejuicios, sus creencias, su pertenencia a un estrato social, a una comunidad científica determinada, sus lealtades ideológicas, políticas, etc. Y éstos no son factibles de ser demostrados, porque están en el origen más profundo y a veces oculto de las teorías y las prácticas.

Estos supuestos deberían explicitarse para ser revisados y analizados, y para hacer coherentes las prácticas con los principios asumidos, para analizar críticamente los fundamentos de las propuestas pedagógicas y didácticas que se utilizan en las instituciones educativas.

Una de las prácticas educativas que requiere ser analizada porque tiene efectos en la permanencia de los alumnos es la *evaluación;* y como este trabajo pretende *analizar cómo incide la primera instancia de evaluación en la equidad al acceso al conocimiento,* sería necesario explicitar desde qué marco teórico se aborda el problema de la *evaluación.*

Desde la mirada de Santos Guerra (1998), se expone la evaluación desde la dimensión crítico-reflexiva, como un proceso y no como un momento final. El planteamiento esencial, desde esta perspectiva, se refiere a la comprensión que genera el proceso de análisis. Las consecuencias que se obtienen con una práctica evaluativa inspirada en la evaluación como comprensión, convierten a ésta en un elemento generador de rasgos positivos en la cultura escolar y de profundos cambios. Instalándose en la escuela una cultura de la autocrítica, en virtud de la reflexión y comprensión de las situaciones contextuales; una cultura del debate, entendida como una plataforma de discusión y de diálogo.

Se puede resumir la propuesta de este autor cuando expresa que "la evaluación permite poner sobre el tapete todas nuestras concepciones. Podríamos decir a alguien: 'dime cómo haces la evaluación y te diré qué tipo de profesional (e incluso, de persona) eres'". La evaluación, además de ser un proceso técnico, es un *fenómeno moral*, porque tiene repercusiones importantes en las personas, ya que el docente, al evaluar, es quien *decide* la permanencia del alumno en la institución.

Para ampliar este abordaje del autor anterior, Alicia Camilloni (1998) afirma que "las decisiones (incluida la evaluación) que los docentes adoptan, están fundadas sobre las concepciones que ellos tienen acerca de qué es enseñar, qué es aprender, cuál es la naturaleza de los conocimientos que los alumnos deben adquirir y qué funciones debe cumplir la institución educativa."

Las concepciones de estos autores sobre evaluación brindan un fundamento teórico para abordar el problema de la inclusión y la equidad que se considera en este trabajo.

Metodología

En cuanto al *análisis metodológico,* el diseño de investigación seleccionado es de tipo descriptivo, cuantitativo y cualitativo, permitiendo la triangulación de la información obtenida. De este modo, el tipo de análisis realizado consistió en un *cruce de variables* a partir de *datos estadísticos* como: número de alumnos aprobados y desaprobados por espacios curriculares, número de alumnos aprobados por tipo de instrumentos de evaluación, tipos de instrumentos utilizados según espacios curriculares. Y desde la *interpretación de la información* obtenida a partir de las entrevistas y de las fuentes, se han analizado las siguientes variables: características de los instrumentos de evaluación, expectativas y actitudes de los docentes en relación con la evaluación y en relación con los alumnos, actitudes y dificultades de los alumnos.

La población sobre la que se trabajó fueron alumnos y docentes del primer año del profesorado de Educación Especial. Para obtener la información se utilizaron los siguientes *instrumentos y fuentes*:

- Observación y análisis de los instrumentos de evaluación y de los datos cuantitativos con que cuenta la institución.
- Entrevistas en profundidad a docentes de primer año y a alumnos (muestra seleccionada) del profesorado de Educación Especial.
- Entrevista en profundidad al director de estudios del profesorado de Educación Especial.
- Encuestas a la totalidad de los alumnos de primer año que *aún asisten en el momento de llevarse a cabo la investigación* (fines de noviembre)

Para la realización de las encuestas y/o entrevistas a los alumnos y docentes se seleccionó una *muestra no probabilística de casos extremos*.[55]

---

[55] Se entrevistó a cuatro docentes:
a. Dos docentes que lograron que sus alumnos mejoraran sus resultados en las evaluaciones (uno de un espacio pedagógico y otro disciplinar).

Dispositivos utilizados por los docentes en la primera instancia de evaluación

De la recolección de los *dispositivos de evaluación* utilizados por los docentes en la primera instancia de exámenes parciales, se pudo apreciar que éstos tienen en común el ser *individuales y escritos*.[56] Y en cuanto a *las diferencias*, algunos instrumentos son más *estructurados y con consignas de tipo cerradas* (por ejemplo, consignas donde los alumnos debían resolver un acróstico, marcar verdadero o falso, completar frases y definir conceptos). Otros son más *abiertos y no estructurados*, con *consignas de elaboración y reflexión* (aquí se solicita que el alumno traslade la teoría a situaciones prácticas, opinando, reflexionando y realizando ejercicios de metacognición sobre las temáticas abordadas). También algunos son *semiestructurados* a través de la resolución a distancia de guías de análisis donde los alumnos deben desarrollar diferentes procedimientos, continuando luego con un examen presencial que ponga de manifiesto sus saberes teóricos, conceptuales y empíricos. Esta clasificación fue adoptada del material de Mirta Bonvecchio de Aruani (2004), quien toma como criterio la estructura y el tipo de consignas solicitadas a los alumnos, clasificando a los instrumentos de evaluación de la forma anteriormente mencionada.

---

b. Y otros dos cuyos resultados fueron desfavorables (uno de un espacio pedagógico y otro disciplinar).
También se realizaron ocho entrevistas a los alumnos:
a. Cuatro alumnos que obtuvieron resultados favorables (dos de los espacios disciplinares y dos de los espacios pedagógicos).
b. Cuatro que obtuvieron bajo rendimiento (dos de los espacios disciplinares y dos de los espacios pedagógicos).

[56] Esto constituyó un acuerdo institucional para posibilitar el paso del régimen presencial al semipresencial en los alumnos que no cumplen con el porcentaje de asistencia exigido. El régimen semipresencial requiere de evaluaciones individuales.

Resultados obtenidos por los alumnos en las primeras evaluaciones aplicadas

En el siguiente cuadro aparecen representados el número de espacios curriculares y el porcentaje de alumnos que aprobaron dichos espacios.

Cantidad de espacios curriculares	Porcentaje de alumnos que aprueban
8 espacios	9% de alumnos
7 espacios	14% de alumnos
6 espacios	18% de alumnos
5 espacios	27% de alumnos
4 espacios	27% de alumnos
2 espacios	4,5% de alumnos

Lo significativo de esta tabla es que sólo el 9% de alumnos aprobaron la primera evaluación en *todos* los espacios de primer año. Mientras que el porcentaje más alto de aprobados (27%) sólo aparece en cuatro o cinco espacios.

Análisis y resultados según instrumentos y espacios curriculares

De los dispositivos de evaluación utilizados por la totalidad de los docentes de primer año de la carrera de Educación Especial, se obtuvo el siguiente dato:
- En cinco espacios se utilizó para la primera instancia de evaluación la *modalidad semiestructurada*.
- En dos espacios se utilizaron evaluaciones de tipo *estructuradas*.
- Y sólo uno utilizó la modalidad *no estructurada*.

Relacionando estas *modalidades con la información de las planillas de calificaciones* aportadas por los docentes, se pudo apreciar que el mejor rendimiento de los alumnos se presentó en las evaluaciones no estructuradas, con el 50% de alumnos aprobados; en segundo lugar, aparecen las evaluaciones semiestructuradas que lograron el 39% de aprobación; y en último término, con el 33% las no estructuradas.

Estos datos resultan significativos si tenemos en cuenta que la modalidad no estructurada se utilizó únicamente en un espacio, la semiestructurada en cinco, y la estructurada en dos.

En las encuestas realizadas a los alumnos, se pudo observar que los factores elegidos libremente por ellos que los han ayudado a "salir bien" en las evaluaciones son los siguientes:
- Una buena explicación del docente (25%).
- Los contenidos eran fácilmente aprehensibles (35%).
- Les agradaba la materia (20%).

Pero por otro lado, se manifiesta una falta de coincidencia entre lo manifestado por los alumnos en las encuestas (en las que sostienen que obtuvieron mejores resultados en determinados espacios) con los resultados registrados en las planillas de calificaciones (en esos mismos espacios). Tampoco coincidirían los factores señalados como positivos en las encuestas (relacionados con la evaluación y con el aprendizaje) con lo aportado en las entrevistas, donde tendrían más efecto las actitudes del profesor (ayuda y acompañamiento, preocupación por las dificultades, actitudes de reconocimiento a la identidad, etc.) que el tipo de evaluación empleada.

Esto permitiría inferir que probablemente lo que más influye en el rendimiento y permanencia de los alumnos, son las actitudes de los docentes, antes que la modalidad de evaluación utilizada.

El siguiente cuadro ayuda a visualizar la integración de los resultados obtenidos entre porcentajes de alumnos aprobados por espacios curriculares y por modalidad del instrumento de evaluación aplicado en cada espacio. Se aprecia un mayor porcentaje de alumnos aprobados en espacios con evaluaciones semiestructuras y no estructuradas.

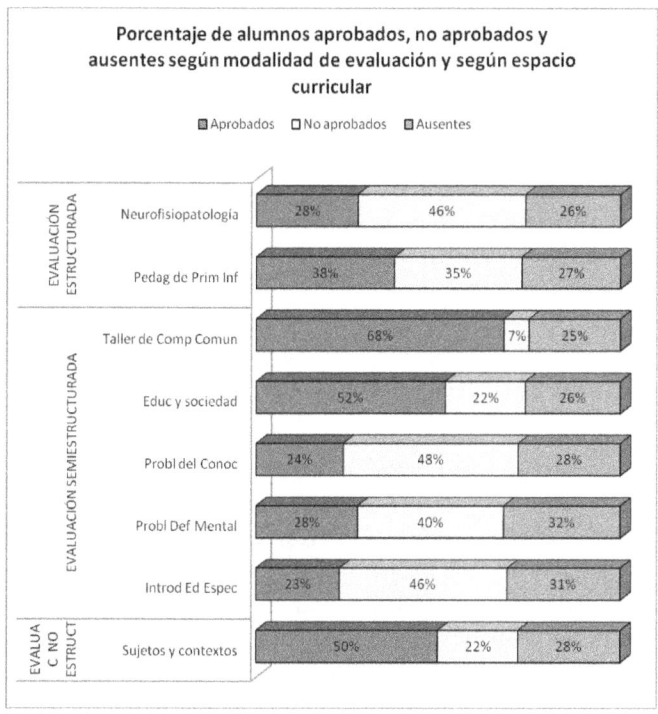

Los alumnos ante la evaluación

Los alumnos manifiestan haber tenido dificultades con respecto a:
- No entender las consignas.

- Las consignas no presentaban relación con lo dado en clase.
- El lenguaje utilizado era poco claro para ellos.
- El tiempo otorgado era insuficiente.

En las *entrevistas*, algunos alumnos expresaron lo siguiente:
- No adquirieron aún el hábito de darse el tiempo para estudiar, o dejan "todo para último momento", y por lo tanto, no les alcanza el tiempo.
- "Comienzan por leer y luego tratan de sacar una idea o escribir con sus palabras lo que entendieron"; además, algunos consideran que no saben hacer cuadros, esquemas, resúmenes y estudian de memoria. Lo que reflejaría la falta de técnicas de estudio.
- Les resultó más fácil estudiar a aquellos alumnos que contaban con un compañero o grupo de estudio.

Respecto de las estrategias utilizadas, las únicas que manifestaron aplicar los alumnos son *la lectura del material, hacer resúmenes e intentar elaborar cuadros y esquemas*. Ante la pregunta sobre si realizan algún tipo de *reflexión sobre sus errores*, la mayoría contestó que controla las respuestas con el material dado para ver sus dificultades; y en un menor porcentaje, algunos expresan consultar y comparar entre compañeros lo que hicieron mal. No obstante, coinciden en que reflexionan pero "no hacen nada" o no usan esa información en futuras evaluaciones.

Actitudes en torno a la evaluación

La mayoría de los alumnos manifiestan *sentir miedo y nervios* ante las evaluaciones, condicionándolos en la manera de enfrentar las situaciones de examen, ya sean

orales o escritos. De las *distintas causas posibles que originarían estos temores* se podrían nombrar las siguientes:
- Porque les resulta *difícil la materia.*
- Por la *cantidad de contenidos que abarcaba.*
- Por *el miedo a* la evaluación.
- Porque *no entendían al profesor.*
- Porque era la *primera vez que rendían.*
- Por la falta de preparación para el nivel superior.

En cuanto a las *acciones realizadas para superar los obstáculos* presentados en las evaluaciones, una amplia mayoría respondió que *acudía a sus compañeros o que se integraba a alguno de los grupos,* ya que consideran que esto es de gran ayuda para ellos; no sólo para la comprensión de los temas sino también por la contención que éstos ofrecen. En cambio, muy pocos señalan consultar al profesor, por diferentes motivos: la gran distancia que algunos establecen en el aula, temor, vergüenza, etc.

En cuanto a los *condicionamientos extraescolares,* la mayoría de los alumnos manifestó no tenerlos; no obstante, un buen porcentaje expresó la *falta de tiempo para el estudio* (muchos trabajan); y otro porcentaje significativo manifestó dificultades *familiares y económicas.* Apareció en las entrevistas un condicionamiento muy fuerte, *la distancia,* debido a que alumnos de otras localidades deben viajar todos los días para asistir a clases, generándoles desgaste físico y mental, deseos de abandonar sus estudios y un incremento de gastos en lo económico.

Del análisis de las planillas, con las evaluaciones de cada uno de los espacios de primer año, se pudo observar que *uno de los momentos más importantes del abandono de los alumnos es en la primera instancia de evaluación. Ya que del 47% que no aprueba el primer parcial, sólo el 22% aprueba el recuperatorio, perdiendo la regularidad del espacio el 33% de los alumnos ingresantes.*

Sin embargo, también aparecen indicios de abandono en el segundo y en el tercer parcial, y *con evaluaciones aprobadas*; cuestión que llama mucho la atención y nos lleva a reflexionar sobre la necesidad de indagar sobre estas situaciones en futuros trabajos institucionales.

Los docentes ante la evaluación

En las entrevistas a los docentes se les preguntó *cuáles eran sus expectativas con respecto a los alumnos,* surgiendo las siguientes:
- Que los alumnos "puedan ensamblar la teoría con la práctica".
- "Que puedan entender para qué le sirve a un futuro docente lo que está estudiando".
- "Que puedan articular los contenidos con otros espacios y módulos".
- "Que al finalizar el año los alumnos comprendan e integren los temas".

También expresaron que antes de realizar una evaluación a sus alumnos desarrollaron las siguientes actividades:
- Clases de repaso y revisión, como acción rutinaria antes de la evaluación.
- *"Por allí hacemos un cuestionario para que ellos lo tengan en cuenta al estudiar, y se lo damos antes de la evaluación. Eso hicimos este año."*
- En cambio, otros docentes realizan acuerdos con los alumnos antes de la evaluación, referidos a fechas, tiempos, metodologías, temas y criterios.

De las expresiones de los alumnos en las entrevistas, se pudieron inferir ciertos tipos de actitudes que demostraron los docentes hacia ellos con respecto a la evaluación. Algunas se podrían considerar positivas y otras negativas.

Positivas	Negativas
• Actitudes de ayuda y acompañamiento. • Apertura al diálogo y a la comunicación fluida. • Actitudes de apoyo, aliento y confianza. • Preocupación por las dificultades de los alumnos. • Actitudes de reconocimiento a la identidad del alumno. • Buena predisposición para el trabajo áulico.	• Relación distante. • Escasa o nula comunicación. • Menosprecio, subestimación de los logros de los alumnos. • Preferencias entre alumnos. • Lenguaje corporal que estigmatiza a los alumnos.

En relación con el *trabajo con las dificultades de los alumnos*, los docentes entrevistados manifestaron:
- Trabajar con las dificultades retomando las consignas en las que los alumnos tuvieron problemas.
- Volver a explicar los temas.
- Realizar ejemplificaciones.
- Relacionar con problemas cotidianos.
- Dándoles nueva bibliografía para que amplíen los temas.

Del análisis de la información aportada por los alumnos en las entrevistas, se notan algunas discrepancias con estas respuestas, ya que éstos sostienen:
- Que sólo algunos docentes trabajan las dificultades.
- Que algunos sólo señalan el error cometido.
- En cambio, otros sí realizan el trabajo en profundidad.

Otra de las preguntas realizadas a los docentes fue sobre las *dificultades encontradas en relación con la evaluación*. De sus respuestas se desprendieron tres grupos de dificultades, unas con respecto a la extensión de la materia, otras referidas a dificultades de los alumnos y otras en relación con el tiempo que insumen las evaluaciones en cada materia:

- En el primer caso, expresan que la "materia es muy larga"; "con muchos contenidos"; "los alumnos no llegan a tiempo para los exámenes".
- De las dificultades referidas a los alumnos señalaron: "No saben fundamentar desde la teoría"; "no entienden las consignas"; "no estudian"; "no saben escribir", por lo tanto, no se entiende lo que escriben (problemas con la redacción, la ortografía, la caligrafía, etc.).
- Otros docentes, en cambio, plantean la gran cantidad de alumnos en primer año, y en relación con esto, el tiempo que demanda la corrección de los trabajos escritos.

Discusión

La pregunta central con la cual se inició el trabajo fue: *¿cómo inciden en la permanencia de los alumnos las características de la primera evaluación?* Y los datos obtenidos han permitido arribar a las siguientes ideas:

En cuanto a los *instrumentos de evaluación más utilizados por los docentes*, la mayoría fueron de tipo *semiestructurado y no estructurado*; y varios de ellos contaban con una parte presencial y otra a distancia. Tomando como referencia el marco teórico y las características de estos tipos de evaluación, se podría inferir que los docentes que trabajan con esta metodología de evaluación consideran a la enseñanza como un acompañamiento y construcción compartida, asumiendo el rol de guía y orientador del proceso que realizan sus alumnos.

Otros, en cambio, utilizan dispositivos de evaluación de tipo *estructurado*, limitando las posibilidades de expresión y de reformulación de los contenidos; estas evaluaciones no incluyen una dimensión procedimental, de lo que se podría inferir concepciones de aprendizaje de tipo fragmentado y enciclopédico, basado en la acumulación de saberes, y una enseñanza donde importa la idea de "transmitir e impartir conocimientos", sin contemplar la participación del alumno como protagonista en este proceso.

Por otro lado, se observa que *algunos dispositivos utilizados no guardan relación con las expectativas explicitadas por los docentes*, pues estas últimas apuntan a la comprensión y resolución de situaciones prácticas, y en realidad son escasas las consignas o actividades que brindan la oportunidad al alumno para esto. Es decir, en muchos casos, *los objetivos de la evaluación no coinciden con el instrumento que se utiliza*.

Se puede deducir, a partir de los datos obtenidos, que los *dispositivos que en la primera instancia de evaluación han dado mejores resultados* han sido aquellos que brindan la oportunidad a los alumnos de realizar un trabajo de elaboración, reformulación y reflexión personal, aquellos que han incluido un fuerte trabajo procedimental y que, en algunos casos, complementaban la parte del trabajo presencial con uno a distancia.

Por ello se infiere que son productivos aquellos instrumentos que evalúan las distintas dimensiones del contenido y que permiten a su vez obtener una visión del proceso de aprendizaje que realiza el alumno. No ocurre lo mismo con instrumentos estructurados y con consignas cerradas, centrados solamente en la cantidad de contenidos que pretenden evaluar sin considerar la comprensión y aplicabilidad de los mismos.

Con respecto a *qué esperan los docentes de los alumnos en la primera evaluación*, hay coincidencias en pretender que los alumnos relacionen e integren los contenidos, y que puedan transferirlos a situaciones concretas y prácticas. Sin embargo, expresan los alumnos que aparentemente esto muy poco se trabajaría en el aula. Lo que permitiría expresar la falta de coherencia que existiría entre lo que dicen que hacen algunos docentes y lo que realmente llevan a cabo en el aula; y entre lo que dicen los docentes y lo que dicen los alumnos sobre la enseñanza y el aprendizaje.

Las expectativas de algunos docentes parecerían muy pretenciosas, sobre todo teniendo en cuenta que algunos alumnos de primer año ingresan con falencias en cuanto a conocimientos, procedimientos, hábitos y estrategias de estudio, junto con una rudimentaria capacidad para interactuar y constituir grupos de aprendizaje, considerando que es la *primera evaluación a la que se enfrentan los alumnos* con muy poca o ninguna experiencia al respecto.

Una de las hipótesis de nuestro trabajo establecía que *"las actitudes de los docentes condicionan las actitudes de los alumnos en relación con la evaluación"*. Se pudo inferir que no únicamente los condicionan en la evaluación, sino además en el proceso de aprendizaje y en la *permanencia* de en los espacios.

De los datos obtenidos en las entrevistas se podría deducir que las *actitudes de los docentes que inciden positivamente* en los alumnos serían:
- Una relación cordial y fluida.
- El trabajo en clase con las dificultades.
- La preocupación por el aprendizaje de los alumnos.
- Apertura para la consulta sobre dudas o dificultades.
- Expectativas de aprendizaje coherentes con las posibilidades de los alumnos.

Por el contrario, las *actitudes de los docentes que aparentemente no favorecerían el aprendizaje* de los alumnos tienen que ver con:
- Una preocupación excesiva por el desarrollo de *todos* los contenidos planificados, relación fría y distante.
- Escaso trabajo previo a la evaluación en el aula.
- Escaso trabajo individualizado posterior a la evaluación con las dificultades de cada alumno.

- Escasas expectativas de aprendizaje con respecto a los alumnos (actitudes de subestimación o menosprecio).
- Expectativas muy elevadas para un alumno ingresante.

De la misma forma, se podrían inferir las *actitudes de los alumnos* que favorecen sus aprendizajes:
- Autoestima.
- Deseos y acciones de superación de los obstáculos.
- Actitudes de apertura para el trabajo en grupos de aprendizaje cooperativos.
- Buena disposición para solicitar ayuda ante las dificultades a compañeros y docentes.

Otra información que se obtuvo, y que suponemos podría influir en el rendimiento de los alumnos ante las evaluaciones, fue la de los *condicionamientos extraescolares*. Aquí se evidenció, por ejemplo, que a algunos alumnos les faltaba tiempo para el estudio porque debían trabajar. En otros, condicionaron también sus resultados factores de tipo familiar y económico.

Además, en los datos empíricos, surgió otro condicionamiento muy significativo: la *distancia*, debido a que son muchos los alumnos que concurren de localidades cercanas, y que deben viajar *todos los días* para asistir a clases. Los mismos manifestaron que esto les genera un gran desgaste físico y mental, al punto tal que los lleva a considerar el hecho de abandonar la carrera. También los viajes ocasionan mucho gasto, por lo que lo económico influye en el rendimiento escolar.

A partir de estos datos, la institución decide implementar, en el ciclo lectivo 2009, una *modificación en la forma de evaluar a los alumnos de primer año*: durante el primer cuatrimestre sólo se utilizarán evaluaciones procesuales, a través de trabajos prácticos individuales, con la posibilidad de que la recuperación de los mismos se realice en el transcurso del segundo cuatrimestre.

Otra acción a realizar a nivel institucional es la extensión obligatoria del *proyecto de alfabetización académica* (que se venía trabajando con algunos docentes) para todos los primeros años de todas las carreras que ofrece este instituto.

Una acción sugerida por este equipo de investigación fue trabajar a nivel institucional sobre concepciones e instrumentos de evaluación, para lo cual se recurrirá a un especialista en el tema (solventado con los fondos de este proyecto), con el propósito de orientar a los docentes en esta temática, tendiendo a promover una mejora en las prácticas evaluativas y favorecer así una mayor equidad educativa.

A modo de cierre, y retomando las problemáticas centrales de esta investigación –cómo es la evaluación y la equidad educativa–, surgen nuevos interrogantes que se perfilan a partir del camino iniciado con este trabajo:

- ¿Implementa nuestra institución estrategias que efectivamente permiten a los alumnos el acceso al conocimiento y su permanencia en la misma?
- Las reglamentaciones que fundamentan el sistema de evaluación en las instituciones de nivel superior, ¿contemplan los principios de la equidad escolar y el respeto a la diversidad y la igualdad?

Bibliografía

Alliaud, Andrea (2007), "El peso de lo que se dice y de lo que se hace", en PROPONE, *Promoción de Políticas Nacionales de Equidad. Formar Docentes para la Equidad. Reflexiones, propuestas y estrategias hacia la inclusión educativa*, sin referencia bibliográfica.

Baquero, Ricardo (2008), *Construyendo posibilidades. Apropiación y sentido de la experiencia escolar*, Buenos Aires, Ed. Homo Sapiens.

Baquero, Ricardo (2001), "La educabilidad bajo sospecha", en *Cuaderno de Pedagogía*, Rosario, año IV, núm. 9.

Bertoni, Poggi y Teobaldo (1999), *Evaluación, nuevos significados para una práctica compleja*, Buenos Aires, Ed. Kapeluz.

Bolívar, Antonio (2005), "Equidad educativa y teorías de la justicia", en *REICE* (Revista Electrónica Iberoamericana sobre Calidad, Eficiencia y Cambio en Educación), vol. 3, núm. 2.

Bonvecchio de Aruani, Mirta (2004), *Evaluación de los aprendizajes: manual para docentes*, Buenos Aires, Novedades Educativas.

Camillioni, Alicia *et al.* (1998), *La Evaluación de los aprendizajes en el debate didáctico*, Buenos Aires, Paidós.

Díaz-Barriga y Hernández, G. (2002), *Estrategias Docentes para un aprendizaje significativo. Una interpretación constructivista*, México, Mc Graw Hill.

Dussel, Inés (2004), *Desigualdades sociales y desigualdades escolares en la Argentina de hoy. Algunas reflexiones y propuestas*, Buenos Aires, FLACSO.

Parrilla Latas, Ángeles (2002), en *Revista de Educación*, núm. 327, Universidad de Sevilla.

Sanjurjo, Liliana y Vera, María Teresita (1994), *Aprendizaje significativo y enseñanza en los niveles medio y superior*, Buenos Aires, Homo Sapiens.

Santos Guerra, Miguel (1998), *Evaluar es comprender*, Magisterio del Río de la Plata.

Santos Guerra, Miguel (2007), *La Evaluación como aprendizaje. Una Flecha en la diana*, Buenos Aires, Bonum.

Sen, Amartya (1995), *Nuevo examen de la desigualdad*, Madrid, Alianza.

Rawls, John (1999), "Justicia como equidad", en *Revista Española de Control Externo*, sin referencia bibliográfica.

Ministerio de Educación de la Nación (julio / agosto de 2008), "Evaluar. ¿Para quiénes? ¿Para qué?", en *El Monitor*, núm. 17, 5ta época.

www.ingramcontent.com/pod-product-compliance
Lightning Source LLC
Chambersburg PA
CBHW031308150426
43191CB00005B/126